당신에게도 세 번의 대운은 반드시 찾아온다

소림쌤의 운을 바꾸는 인생 상담
당신에게도 세 번의 대운은 반드시 찾아온다

초판 1쇄 발행일 2023년 3월 24일

지은이 소림(昭林)
펴낸이 박희연
대표 박창흠

펴낸곳 트로이목마
출판신고 2015년 6월 29일 제315-2015-000044호
주소 서울시 강서구 양천로344, B동 449호(마곡동, 대방디엠시티 1차)
전화번호 070-8724-0701
팩스번호 02-6005-9488
이메일 trojanhorsebook@gmail.com
페이스북 https://www.facebook.com/trojanhorsebook
네이버포스트 http://post.naver.com/spacy24
인쇄·제작 ㈜미래상상

ISBN 979-11-92959-03-0 (13190)

* 책값은 뒤표지에 있습니다.
* 잘못된 책은 구입하신 곳에서 바꾸어 드립니다.

소림쌤의
운을 바꾸는
인생 상담

당신에게도 세 번의 대운은 반드시 찾아온다

• 사주명리상담가 **소림** 昭林 지음 •

트로이목마
TROJAN HORSE

프롤로그

"52세가 되면 물이 저절로 흘러갈 운이니 걱정하지 말고 돌아가시오!"

스무 살, 결혼과 동시에 무척 가난하게 살았던 나의 엄마는 상대적으로 점사 비용이 저렴한 산동네 점집을 주로 다니셨다. 자식 셋을 두고 죽을 수도 없었던 엄마는 3천 원으로 온 식구의 점을 봐주던 동네 점집을 찾아 아무에게도 말 못하는 속내를 털어놓고 울고불고 욕하며 답답한 마음을 달래고 또 그렇게 하루를 버티며 살아가고 있었다. 그런 엄마가 40대 후반이던 어느 날, 1인당 2만 원이나 하는 비싼 복채를 내고 유명한 철학관에 다녀왔다며, 약간 흥분한 채로 이야기를 하셨다. 몇 년 만 있으면 쉰두 살이니 고생 끝난다고. 엄마는 정말 어렵게, 겨우 버티며 살고 있었기에 그 철학관에서 들은 말이 사실이기를 간절히 바랐을 것이다.

그렇게 어느덧 엄마는 쉰두 살이 되었다. 그러나 아무 일도 일어나지 않았다. 로또에 당첨되거나, 천지가 개벽하는 일은 없었다. 한결같은 우리 아버지는 여전히 생활비를 주지 않으셨고, 술을 끊지도 않으셨다. '물이 저절로 흘러간다고 하더니…….' 얼마나 실망하셨을까. 내가 농담 반 진담 반으로 "물이 저절로 흘러간다고 했지, 어디로 흘러가는지는 안 물어봤드나? 어디 이상한 데로 흘러가는 거 아니고? 잘 좀 물어보시지……."라며 염장을 좀 질렀는데, "당연히 좋은 데로 흘러가는 거지. 뭘 물어보란 말이고!"라며 약간 골을 내셨다. 이후 내가 사주명리 공부를 하고 나서부터는 "내꺼 좀 봐봐라, 물이 흘러간다는데 우찌 돼가노?" 하며 희망을 끈을 놓지 않으셨다.

엄마가 예순이 다 되어가던 무렵 어느 날, 가만히 돌아보니 엄마의 삶은 예전보다 많이 편안해졌고, 더는 이집 저집 돈을 빌리러 다니지 않아도 되었다. 드디어 '이제 물이 제대로 흘러가는가 보다.'라며 그때 그 사주 풀이를 회상하는 날이 온 것이다. 엄마의 대운수는 '2'대운이었다. 물론 52세 대운보다는 한참 늦게 편안해졌지만, 그렇게 52세는 엄마의 말년 대운이 좋게 열리기 시작하는 시기였던 것이다.

17년 전, 어느 중노년의 아주머니가 나의 상담실을 방문했는데, 아들이 결혼하고 오랜 시간이 지나도 자식이 없다며 걱정이 많으셨다. 사주를 살펴보니 아무리 봐도 자식이 적어도 2명은 있을 것이 확실한데, 왜 아기가 안 생기는지 보는 내가 너무 답답했다.

"아니, 어머님! 이 사주는 아무리 못해도 자식이 2명은 있는데, 애가 왜 없는지 도통 이해를 못하겠네요. 공부한 대로 보면 분명 자식이 있는데……."

그때는 사주명리를 공부한 지 오래되지 않았으니 배운 것을 곧이곧대로 적용해보는 데에 무척 예민해져 있었기에, 그럴 리가 없다며 분명 아기가 생길 것이니 걱정하지 말고 돌아가셔서 열심히 노력하도록 아들을 독려하라고 일러드리고는 상담을 마쳤다.

그리고 반년쯤 지났을까, 그 아주머니가 다시 방문하셨다. 그동안 일이 좀 많았는데, 그 이야기를 해주고 싶어 다시 왔노라고 하셨다. 내용인 즉, 나와 상담을 하고 나서 집에 가서는 아들을 앉혀놓고, 자식이 꼭 2명이 있다고 하는데 노력을 안 하고 뭘 하느냐, 자식이 있다 하니 부디 열심히 노력해보라고 다그친 모양이다. 그런데 한참을 듣고 있던 아들이 "나에게 자식이 2명이 있다고 그랬다고요? 진짜 2명 있다고?"라고 되묻고는 잠시 후에 그간 감춰두었던 비밀을 털어놓았고, 집안은 발칵 뒤집어졌다. 이 아들은 오래 전부터 외도를 하고 있었고, 소위 말하는 외도녀에게서 이미 자식을 둘이나 낳아 두 집 살림을 하고 있었던 것이다. 당시에는 나도 공부가 부족했던 터라 그것까지는 몰랐는데, 어머니가 사주를 보고 와서 자식이 둘 있다고 계속 그러시니 아들도 이제는 말해야겠다 싶어 비밀을 실토했고, 그런 난리(?)를 한바탕 겪었다고 전해주러 오신 것이었다.

가을이 되면 고3 수험생 부모님들이 상담을 받으러 오기 시작한다. 갈수록 입시가 복잡해지니 다양한 방법으로 진로를 정하고자, 입시 상담도 받고 혹시나 하는 마음에 사주 상담도 참고로 받으시는 것이리라.

하루는 외국어고등학교를 다니는 아들을 둔 어머니가 오셨다. "선생님, 아들이 무슨 과를 지원하면 적성에 잘 맞을까요? 법대를 가야 하는지 경영학과를 가야 하는지……." 학교가 특수하다 보니 대부분 문과로 진로가 맞춰져 있는데, 내가 배운 바대로는 아무리 봐도 문과 쪽에서는 일평생 잘 맞는 직업을 갖기 어려운 사주였다.

한참을 고민한 끝에 "어머니, 저를 한번만 믿고 집에 가셔서 아들을 설득해볼 수 있겠습니까?" 하고는 한의대를 지원하라고 말씀드렸다. 문과생을 뽑는 한의대를 찾아야 하고, 조금 복잡할 수는 있겠지만 한번만 진지하게 의논해보시면 좋겠다며 어머니를 돌려보냈다. 상담실을 나가면서 그 어머니는, 아들도 본인도 그쪽으로는 단 한 번도 생각해본 적이 없었고, 상상도 못 했고, 성적도 조금 부족하다며 많이 당황스럽고 어이없다고 말씀하셨다. 그래도 아들과 이야기나 나눠보시라며 재차 말씀드렸고, 그 아들은 수능을 치른 후 19년 동안 단 한 번도 염두에 두지 않았던 과를 선택해 지금은 어엿한 한의사가 되었다.

이런 일을 경험하면, '와~, 내가 잘 맞힌 거네?' 하는 약간의 우쭐함도 좀 생기긴 하지만, 곧 더 큰 의문이 생기고 고민이 깊어진다. '아……, 정말 운명이란 뭘까? 내가 지금 하는 이 방법이 잘하고 있는 것일까? 내가 무슨 자격으로 남의 인생에 개입하는 것이며, 과연 이래도 되는 일인가? 단편적 결과가 아니라 생애 전반에 걸쳐 나의 상담은 유의미하며 긍정적인 결과를 낳도록 돕는가?'

2014년, KBS의 다큐멘터리 프로그램 〈추적 60분〉에서 '운명의 바코드'라는 제목으로 일란성 쌍둥이로 태어난 자매에 대한 방송을 한 적이 있다. 쌍둥이 둘을 키우기 힘들었던 가난한 부모는 한 명을 미국으로 입양 보냈고, 그 중 어려운 가정환경에 남겨진 아이는 무속인이 되어 있었다. 입양 보낸 아이는 다행히 좋은 부모를 만났고, 열심히 공부하여 심리학 교수가 되었다.

사주팔자가 똑같고, 유전자마저 완전히 똑같은 두 사람인데, 객관적으로 너무 차이 나는 두 삶을 어떻게 설명할 수 있을까? 한 사람은 공부를 싫어했던 반면, 한 사람은 공부가 너무 재미있어 하루 종일 책을 보았다고 한다. 그럼에도 두 사람 모두, 사람을 연구하는 직업(?)이라는 측면에서 비슷하다고 해야 할까? 너무 억측인가? 한 인간의 탄생(생년, 생월, 생일, 생시=사주팔자)에는 어떤 비밀이 있는 것일까? 과연 이런 것을 보고도 사주팔자를 믿을 만한 것이라고 해야 할까? 도대체 무엇이 우리의 삶을 결정하는 것일까?

어느덧 '사주팔자'라는 도구를 사용하여 직업적으로 상담을 한 지 햇수로 24년이 되었다.

너무 어린 나이에 어쩌다 보니 이 길에 놓이게 되었고, 사회적으로 폼 나는 멋진 직업을 갖고 싶었던 20대 시절의 나는, 철학(점) 보는 사람(대부분은 이렇게 부른다)이라는 타이틀에 부끄러운 기분이 든 적이 많았다. 지금은 명리연구가, 사주상담가 등 직업적인 이미지가 많이 변하고 있지만, 대부분의 사람들에게는 명리(철학)든 무속이든 그냥 점 보는 사람으로 뭉뚱그려지는 것도 사실이기에 다른 일을 해보려고 무수히 도망을 꿈꾸었었다. 그렇게 도망을 꿈꿨던 이유는, 뭘 모르던 시절 "무당이고 철학이고 다 타고난 팔자가 사나워서 이 일을 하는 거야! 업장(업보=카르마)이 두꺼워서 이런 일을 하는 거다."라는 동종업계 선배들의 말씀이 어린 나에게 낙인처럼 남아, 내가 하는 일이 마치 벌을 받는 것처럼 느껴질 때가 많았기 때문인 것 같다.

아무튼, 마음 한 쪽은 콩밭 어딘가를 향해 슬쩍 걸쳐둔 채, 키워야 할 자식이 있는 20대의 젊은 가장이었던 나는, 생계를 위해 하루에 20명~30명씩 많은 손님과 상담해야만 했다.

그렇게 몇 년을 보내던 어느 날, 아직도 마음은 콩밭을 헤매며 절룩거리던 나에게 감사하게도, 이 일이 어떤 의미인지 알 수 있고, 내가 만나는 손님이 나에게 어떤 존재인지 알게 되는 날이 찾아왔다.

24년 동안 정말 열심히 이 일에 몰두한 적도 있고, 조금 살 만하니 현실은 잊은 채 또 다른 콩밭을 찾았던 적도 있었지만, 나는 정말로 운이 좋게도 대략 계산해도 2만 명은 족히 넘는 사람들을 만날 수 있었다. 그리고 이분들이 내 인생에 들어오면서, 과거 절(寺)에서 유년시절을 보냈고, 열다섯 살 중학교 2학년 여름방학을 보세공장에서 실밥 제거 아르바이트를 하며 보내야만 했던, 태어날 때부터 부모의 가난을 그대로 등에 업고 우울하게 살아야 했던 내 삶에 차츰차츰 변화가 찾아오기 시작했다.

물론 나는 여전히 이 업계에서 유명세를 떨치고 있는 것도 아니고, 억만장자 부자도 아니며, 외제차도 없고, 강남 아파트도 휴양지에 별장도 없다. 소위 말하는 성공 서적에 등장하는 그런 부와 명예, 성공을 아직 이루지 못했다. 누군가 "에이~, 성공한 사람이 아니네? 나보다 못살아? 아~, 그럼 뭐 볼 필요도 없겠네."라고 이야기한다 해도, 나는 크게 대꾸할 말이 없다. 마이너스 인생이 이제야 제로 라인에 서서 출발해 나아가는 중이니까.

그럼에도 내가 이렇게 책을 쓰면서 한 자 한 자 말을 건네는 것은, 내 이야기가 아니라 20년 넘게 나를 찾아준 2만 3천여 명의 삶이 건네는 이야기이기 때문이다. 이렇게 많은 분들의 삶을 통해 배울 수 있었던 덕분에 부족하지만 나 자신을 알게 되었고, 다른 사람에 대해, 인생에 대해 좀더 이해할 수 있었음에 정말 감사하는 마음뿐이다.

이분들의 각양각색의 삶을 함께 들여다보고 울고 웃으면서 내가 배운 가장 소중한 깨우침은, 세상 그 누구도, 그 어떤 탄생, 그 어떤 사주도 원래 나쁜 것은 없으며, 어떤 사주라도 활용법만 잘 찾아낸다면 모두 다 쓰임을 다하여 원하는 바를 성취할 수 있다는 것이었다. 대들보로 이를 쑤실 수 없고, 이를 청소하려면 이쑤시개가 안성맞춤이라는 것은 누구다 아는 평범한 사실이다. 쓰임에 따라 대들보가 좋은 것일 수도 있고, 이쑤시개가 좋은 것일 수도 있듯, 운은 그 크기보다 용도를 아는 것이 중요하다는 깨우침이었다. 그러니 세상에 태어난 이상 우리 모두에게는 대운이 있고, 누구에게든 적어도 세 번의 기회(10년 단위의 대운이든, 부모-배우자-자녀의 대운이든, 천지인(天地人)의 대운이든)는 있다. 조금만 눈 밝게 찾아보면 반드시 기회를, 그 대운의 용도를 살려낼 수 있다.

나를 알고 남을 알았으나, 나는 여전히 백전백승의 삶에는 크게 관심이 없다. 그렇기 때문에 이 글을 통해 남을 이기는 백승의 필살기를 알려드릴 수는 없겠다. 하지만 나를 알고, 나를 바꾸며, 그저 싸우지 않고 함께 웃으면서 살아가는 법에 대한 이야기는 해드릴 수 있을 것 같다. 이것이 내가 상담을 하는 궁극적인 목표이기도 하니까.

이 책에 실린 모든 내용은 나와 연을 맺은 2만 3천 명이 함께 써 내려갔다. 다만, 내 능력이 부족하여 대표로 이렇게 정리한 수만 명의 귀한 말씀이 잘 전달되지 않으면 어쩌나 하는 염려가 있다. 그럼에도 큰 용기를 내어 그 문을 열어보려 한다.

2023년 입춘 즈음에

제주도에서

윤회가 있어 다음 생이 있고,

만약 다음 생을 선택할 수 있는 특권이 내게 주어진다면,

나는 정말로 커다란 나무로 태어나고 싶다고 말한 적이 있다.

그만큼 나는 나무를 좋아한다.

나의 이 글이

다음 생에 내 몸이 될 그 나무들을

아깝게 소비해버리는 일이 되지 않기를…….

내 글이 담길 무수한 종이들은,

다음 생의 나였을 것이니.

- 소림(昭林) -

프롤로그 5

| 1장 | 사주명리 보는 상담사, 소림쌤이 되다

- 절집 아이 22
- 18세, 정신과 의사를 만나다 29

| 타로와 운명 – 특정 연도 카드 보는 법 | 39

- "도원암 처녀보살, 예언 좀 해줘!" 41
- "손님, 이번 생은 운이 없네요. 다음 생에나……" 48

| 대운(大運) | 53

- "잘 맞아서 또 왔어요."(앗! 생일이 틀렸네?) 55
- 손님의 거짓말, "내 여동생에게 남자가 있나요?" 64
- 남의 인생에 관여한다는 것, 비밀유지의무 70

| 2장 | 사람의 운명을 예측하는 다양한 방법들

• 내가 왕이 될 상인가? _ 관상(觀相) 76
• 나는 누구인가? _ MBTI와 육십갑자 일주론 85
| 육십갑자 표 | 93
• 심신 치유와 처세술 _ 점, 타로카드, 주역 95
| 주역(周易) : '주나라의 역' | 103
• 내가 사는 곳은 운명인가? _ 풍수지리, 공간학 105
• 라면을 먹고 자면 다음날 얼굴이 붓는다 _ 인과법칙 114

| 3장 | 인생의 속성, 운의 속성

• 삶은 고(苦)다 _ 94세 손님의 지혜, 일체개고 124
| "삶은 고통이다" | 131
• 변하지 않는 것은 아무것도 없다 _ 제행무상 132
• 정해진 운명은 없다 _ 쌍둥이의 운명과 사주 쌍둥이 137
• 모든 운의 출발, 가화만사성 _ 가족 간 갈등을 푸는 대화 147
• 어린아이 사주는 보면 안 되나요? _ 우리 아이 사주 검사 152
• 남이 보는 나, 내가 보는 나 _ 인생 복기(復期) '나의 인생표' 159
| 인생 복기, 나의 인생표 만들기 | 164
• 사주팔자에 법칙이 있다면? _ 팔자 관성의 법칙 168

| 4장 | 운을 바꾸는 시작 단계 : 아는 만큼 보인다

- 바람이 불 때 파도를 타자 _ 때를 기다리며 준비하는 힘 176
- 빨간불에는 멈춰요! _ 멈출 수 있는 힘이 진정한 힘 182
  | 변화하는 운 | 191
- 나의 크기보다 나의 용도를 알자 _ 방향과 용도가 맞으면 운이 든다 ... 192
- 내가 사는 세상의 속성을 파악하라 _ 파도를 일으키는 바람을 보자 ... 200
- 주인공보다 중요한 조연 _ 내 삶의 등장인물들 208
- 죽기 전에 사주팔자나 한번 보려고요 _ 태도가 기적을 만든다 216
- 운을 바꾸기 위한 준비 _ 살풀이, 개명, 부적, 이사 222
  | 돈 안 드는 셀프 살풀이 방법 | 231

| 5장 | 운을 바꾸는 단계 : 의도를 갖고 적극적으로 행동하라

- 한 가지 소원만 들어드립니다? _ 선택과 집중 234
- 매일 하루를 시작하기 전에 점을 치자 _ 힘을 빼는 시작 241
- 굿을 하면 해결될까요? _ 오늘 변하지 않으면 내일도 똑같다 248
- 착하게 살지 말아라? _ 바른 삶, 팔정도 254
  | 인격을 완성하는 불교의 '팔정도' 중 1, 3, 4, 5번째 | 262
- 흙수저의 복 짓기 _ 무재칠시 263
  | 무재칠시(無財七施) | 270
- 다시는 되돌아가지 않으려면 _ 팔자 관성 깨기 272
- 부산진역 교회 창문 _ 기도했으면 행동하라 278

| 6장 | 운을 바꾸는 최종 단계 : 용서하고, 기도하고, 사랑하자

• 보이지 않으면 믿을 수 없을까? _ 효용론자가 되자 286
• 내 운명을 남에게 맡기지 마라 _ 이번 생은 내가 선택한 것 293
• 운명의 영향 범위를 알자 _ 어리석음으로 회귀하지 않는 법 300
• 누구에게나 세 번(가지)의 대운은 반드시 있다 _ 진인사대천명 ... 311
• 내일 지구가 멸망해도 사과나무를 심는 삶 _ 시작하기에 늦은 때란 없다 322
• 상처가 많은 분들을 위하여 _ 당신은 운디드 힐러가 될 수 있습니다 ... 329
• 나만의 기도문을 만들자 _ 고요하고 편안한 삶을 위한 북극성 338

에필로그 344

1장

사주명리 보는 상담사, 소림쌤이 되다

절집 아이

"당신 배만 빌렸지 당신 자식 아니니 절에 보내라."

여섯 살의 어느 날, 아침에 눈을 뜨니 눈알이 빠질 듯이 아프고 따가웠다. 가난한 산동네에 살면서 어린이집이나 유치원을 다닐 형편이 못 되어 마냥 이집 저집 다니며 동네 아이들과 놀고, 엄마 따라 시장에 가는 그런 평범한 아이였는데, 아무 이유 없이 눈알이 빠질 듯 아파왔다. 그렇다고 눈에 핏줄이 벌겋게 서거나 그런 것도 아니었다. 안과에서는 속눈썹이 안으로 자라서 눈이 따가울 수 있다는 정도만 얘기해줄 뿐 특별한 병이 있는 것은 아니었다. 그러나 나는 눈을 뜨고 있는 것이 너무 불편할 정도로 수시로 아파서 엄마에게 짜증을 내기 일쑤였다.

그렇게 아프기 시작하고 한참의 시간이 지난 어느 날, 이번에는 가슴이 답답하여 숨 쉬기가 어려웠다. 심전도 검사를 해보았으나 뚜렷한 병증 없이 다 정상이었다. 하지만 여전히 누우면 숨쉬기가 더 답답하고 앉으면 좀 나은 듯하여 벽에 기대앉아서 잠을 자는 것이 편한 밤도 있었다.

몸이 아프면 이기적으로 변하는 것인지, 나는 엄마에게 온갖 짜증과 스트레스를 풀었고, 본인도 힘든데 엄마는 오히려 내 눈치까지 봐야 할 지경이었다. 하지만 여기 저기 병원을 다니며 심전도 검사를 몇 번이고 해도 별다른 이상이 없자, 엄마는 최후의 수단으로 매우 용하다는 도사님을 찾아가셨나 보다. 이런 엄마를 가까이에서 보면서 살았기 때문인지는 몰라도, 나는 점집을 찾는 손님들의 답답하고 간절한 마음을 더 잘 공감할 수 있게 된 것 같다. 내 엄마가 그랬으니까, 그런 마음으로 찾아다닌 곳이니까 말이다.

아무튼 물어물어 찾아간, 산에서 도 닦고 내려온 지 얼마 안 되었다는, 우리 집에서 한참 먼 동네의 그 도사님은, 내 사주를 한참을 살피더니, "눈이 아프고 가슴이 답답하겠네. 병이 아니니 산신에 가서 비소! 당신 배만 빌려 낳았지, 당신 자식이 아니오. 그러니 절에 갖다 주소."라며 정말 깜짝 놀랄 만한 점괘를 내어놓았다고 한다. 아무런 사전 정보도 주지 않았는데, 내 사주를 보자마자 눈이 아프고 가슴이 답답한 것을 바로 알아맞힌 그 도사님 말을 100퍼센트 신뢰한 엄마는, 집 가까운 절에 가서 그

곳 보살 할머니께 "점을 보러 갔더니 산신에 빌라고 하는데 어찌 하면 됩니까?"라고 물었고, 그렇게 시작된 의논의 결과로 나는 아홉 살 무렵 절에 들어가서 중학교 2학년이 될 때까지 그곳에서 살게 되었다.

초등학교 2학년 어린아이가 절에서 학교를 다니는 것은 결코 만만한 일이 아니었다. 새벽에 일어나서 법당에 불을 켜고, 스님 뒤에서 꾸벅꾸벅 졸면서 새벽 도량석(道場釋, 사찰에서 새벽 예불 전에 도량을 청정하게 하기 위하여 행하는 불교 의식)을 따라다녀야 했고, 아침 일과가 끝나고 학교에 다녀오면 절바지(초등학생 몸에 맞게 보살님이 직접 만들어주신 회색 몸빼)를 갈아입고, 잔디에 잡초도 뽑고, 법당 청소도 하고, 아궁이에 불을 붙이며 부엌일도 해야만 했다. 석가탄신일 같은 큰 행사가 있는 날이면 내가 들어가 수영을 해도 될 만큼 큰 통 한가득 과일을 씻어야 했다. 절이 집에서 가까워서 왔다 갔다 하기도 했지만, 잠은 거의 절에서 자고 등교도 절에서 하다 보니 몸에서 향냄새가 난다며 놀리는 아이들도 있었고, 절집 아이라고 이상하게 생각하는 친구도 있었다. 소풍 날 모두 알록달록 멋진 김밥을 꺼내놓을 때, 나는 절에 계신 보살 할머님이 싸주신, 햄도 맛살도 없이 김치만 들어 있는 김치김밥이 냄새나고 창피해서 구석에서 혼자 먹으며 의기소침해지기도 했었다.(지금은 돈 주고 사먹는, 내가 가장 좋아하는 김밥이다.)

그럼에도 절에 사는 것이 그다지 싫지 않았던 이유는, 우리 집에서는 절대 먹어볼 수 없었던, 부처님께 올린 후 내려진 최고급 과자와 과일 등을 가끔 먹을 수 있었기 때문이었을까? 그런 이유보다는 대부분의 집이 가난했던 산동네 마을이었고 형편이 다들 비슷비슷했기에, 그럴 수 있으려니 하고 묻혀 살아갈 수 있었기 때문일 것이다. 그리고 정말 신기하게도 절에서 사는 동안은 아프지 않고 잘 지냈다. 그리고 해가 지면 모든 일과가 끝나는 고요한 절은 공부를 하기에 참 좋은 환경이었다. 덕분에 나는 초등학교 성적표를 '수(秀)'로 장식할 수 있었다.

그렇게 절에서 잘(?) 지내던 나에게, 절을 찾는 신도들이 드문드문 한마디씩 하기 시작했다. 중학생이 되면서 그렇지 않아도 사춘기라 예민한 나에게, 부모형제가 없어서 여기서 사는 것인지, 부모가 버린 것인지, 곧 비구니가 되려고 준비하는 것인지를 궁금해하며 수군거리기까지 했다. 나는 그런 수군거림이 너무 짜증나고 화가 났다. 나를 식모처럼 생각하는 사람들이 점점 더 늘어날수록 창피하기도 했고, 견딜 수가 없었다. '그냥 집으로 돌아갈까?' 고민도 했지만, 돌아가면 뻔히 예상되는 일들을 생각하니 그것도 끔찍해서 다시 주저앉았다.

그러던 어느 날, 나보다 몇 살 많은 언니가 한 달 정도 절에 와서 살게 되었는데, 그 언니의 삼촌이 스님이라고 했다. 심심하던 나에게 예쁘고 친절한 언니는 너무 반가운 선물 같았다. 하루는 언니가 갑자기 나에게 보따리 하나를 건넸다. 보따리를 풀어보니 멜빵바지와 티셔츠 몇 장이 들어 있었다.

“이게 뭐야, 언니?”

“응, 난 스님 되려고 절에 들어가. 그래서 이제는 이런 옷 필요 없으니까 너 입어.”

그렇게 그 언니는 떠났다. 언니의 이름이 ‘자연’이었는데, 성씨는 기억나지 않는다. 그날 이후, 신도들이 수군거리는 소리처럼 여기 있다가는 나도 정말 스님이 될지도 모른다는 불안감이 몰려왔다. 결국 얼마 후, 절을 뛰쳐나오다시피 한 채 집으로 돌아왔다. 그리고 내가 걱정했던 뻔한 상황들이 다시 되풀이되었고, 나는 또 다시 아프기 시작했다.

하루는 반듯이 누운 내 가슴 위에 의자를 거꾸로 뒤집어 올린 다음, 엄마에게 20권 정도의 책을 의자다리 사이에 올려 달라고 해서 내 가슴과 배를 의자가 무겁게 누르도록 한 적도 있다. 이렇게 하면 오히려 가슴의 답답한 증세가 줄어들었고, 그냥 아무런 짓눌림도 없이 누워 있으면 텅 빈 가슴에 숨이 턱턱 차오르고 호흡이 가빠져서 누워 있을 수가 없었다. 가위는 얼마나 자주 눌리는지 해가 지면 눈을 감는 것이 겁이 날 정도였다. 가위에 눌려 호흡곤란으로 죽을 뻔한 적도 있어서 잠자는 것이 공포스러웠다.

답답한 엄마는 또 용하다는 곳을 찾아다녔고, 나와 함께 찾아간 곳에서 열다섯 살인 나에게 간단한 테스트 같은 것을 해본

후, 신이 지금 가까이 다가와 있다며 곧장 내림굿을 받아서 무당이 되지 않으면 계속 아프고 공부도 중단되고 삶을 이어나가지 못할 것이라고 말했다. 신비한 것이 보이거나 들리는 것도 아니고, 앞날을 알아맞히는 예언 능력이 있는 것도 아닌데, 그저 몸만 좀 아픈 나에게 신병이라니!

감당하기 힘든 엄청난 말을 듣고 정신이 혼미해진 우리는 일단 연락드리겠다며 그곳을 나왔다. 엄마는 돌아오는 버스에서 한숨과 눈물로 멍해지셨고, 나는 집에 오자마자 가장 친한 친구에게 전화를 걸어서 대뜸 "내가 무당 되면 니 내랑 친구 해줄 꺼가?"라고 물으며 엉엉 울었다.(다행히 그 친구는 당연히 친구를 해줄 거라고 말했고, 여전히 나의 가장 친한 친구이자 VIP 고객이다.)

하지만 그런 일은 일어나지 않았다. 너무나 다행이고도 우습게도, 엄마는 지지리도 돈이 없었다. 딸이 무당이 안 되면 죽는다는 말을 듣고도 굿을 할 돈이 없었고, 빌려서라도 해야 한다 했지만 빌릴 돈조차 없었다. 그때는 신용카드도, 온라인뱅킹도 없어서 긴급 대출도 못 하던 시절이었으니까. 그렇게 나의 무당 소동은 해프닝으로 끝났다.

가난한 집에서 아프다고 난리를 치면서도 그 산동네의 몇 안 되는 아이들 중에서 내가 공부를 제일 잘했기에, 차마 엄마는 나를 포기할 수 없었을 것이다. 그리고 절에 가서 빌어보라고 했던 그 도사님이 말끝에 "이 딸 똑똑하니 잘 키우소. 나중에 입으로 먹고살 팔자요."라고 했기에 엄마는 내가 변호사가 될 것이라 기대했고, 내가 커서 변호사가 되는 것이 엄마의 가난하고 비참한 삶을 바꿔줄 유일한 희망이라고 믿었을 것이다. 나도 꼭 그렇게 돼서 불쌍한 우리 엄마를 구해주고 싶었다. 그러니 돈이 없어 굿을 하지 못한 것이 오히려 엄마에게도 나에게도 다행이었을지 모른다.

나중에 나는 웃으면서 농담으로 엄마한테 "입으로 먹고살지 않는 직업이 몇 개나 있다고? 다 입으로 먹고살지. 그 도사님 말도 안 되는 소리를 했네. 그런 말은 나도 하겠다."라며 핀잔을 줬다. 그러면 엄마는 "입으로 먹고산다 하더니, 철학관을 하게 되었네. 이렇게 될까 봐 잘 키우라고 했는갑다."라며 변호사가 아닌 사주를 보는 사람이 된 딸에게 여전히 아쉬움을 토로하셨다. 딸이 공부를 많이 해서 강의를 하고, 방송을 하고, 책을 써내도, 중졸의 엄마는 여전히 딸이 '점바치(점쟁이)'라는 서운함을 완전히 지울 수는 없을 것이다.

불우했던 어린 시절, 절이라고 하는 특수한 공간에서 살아야 했던 나는, 성장하는 내내 이 사실이 치부처럼 느껴졌다. 하지만 지금의 직업을 받아들이고 나서는 매우 감사한 경험으로 바뀌게 된 것은 분명하다. 다소 거칠었지만, 절이라는 특수한 환경의 경험들이 많은 사람들의 삶을 이해하고 공감하는 데에 도움을 주었기 때문에, 지금 나는 모든 지난날에 감사할 수 있게 되었다.

18세, 정신과 의사를 만나다

1994년, 고등학교 2학년 3월 말.

부반장 임명장을 받은 그다음 날부터 나는 학교에 나가지 않았다. 병원 진단서를 끊어 제출하고 휴학을 했기 때문이다. 무속의 관점에서 보면 나는 '신병'이었고, 서양 의학이라는 관점에서 나의 병명은 '우울증'이었다. 그렇게 내 나이 열여덟에 갑자기 일시적인 백수가 되었다.

엄마가 용한 도사님에게 받아온 어릴 적 사주 풀이에 힘입어 나는 법대를 꿈꾸며 학교를 다니고 있었는데, 열다섯 살에 신내림을 받지 않아서인지 몸은 수시로 내 말을 듣지 않았다. 그렇게 이 병원 저 병원을 옮겨 다니던 끝에 마지막으로 진료를 받은 정신과에서 엄청나게 많은 문항에 답을 제출하고 나서야 '우울증'

이라는 답(?)을 얻었다. 꽃다운 18세 나이에 무기력, 우울증, 신경쇠약 등으로 어두운 나날을 보내게 된 것이다. 그리고 생애 처음으로 정신과 치료라는 것을 받게 되었다.

1년 뒤 다시 2학년으로 복학을 하고도 상담치료는 계속되었는데, 한 시간 상담료가 너무 비싸서 치료를 못할 지경에 이르자 고맙게도 의사선생님이 학생이라며 상담료를 깎아주셨다. 나중에는 그 깎아주신 비용도 내기 어려워 상담을 그만두려고 하니, 정말로 감사하게도 나중에 크면 갚으라며 무료로 상담을 해주셨다. 이때의 상담치료 경험은 내 진로에 큰 변화를 가져왔고, 심리학과에 진학하는 계기가 되었다.

의사선생님은 한 시간 내내 나의 횡설수설을 열심히 듣고 기록해주면서 중간 중간 질문을 던졌다. 나의 모든 이야기는 녹음되었고 기록되었다. 특별히 어떤 지침을 주신 것은 없었고, 그냥 묵묵히 들어주시다가 한번씩 툭툭 질문해주신 것이 전부였는데, 아무튼 의사선생님은 내가 왜 이런 병이 생겼는지에 대한 어떠한 진단이나 판단을 내리지 않았다. 그래서 나는 왜 아픈지의 원인을 알 수는 없었지만 훌륭한 상담치료법 덕분에 차츰 안정되어갔다. 물론 약물의 효과도 있었겠지만, 좀 다른 무언가로 인해 달라지고 있음을 느낄 수 있었다. 판단하지 않고 그냥 들어주기만 하는 것이 엄청난 치유의 힘이 있다는 것을 이때 알게 되었다.

진료를 받기 위해 대기실에 있으면 학교를 일찍 마치고 교복차림으로 앉아 있던 나를, 다른 환자들은 매우 궁금해했다. '학생이 여길 왜?' 반대로 나 역시도 참으로 멀쩡해 보이는 어른들이 상담 받으러 오는 것이 의아했고 궁금하기도 했다. 그 시절의 정신의학과는 지금보다 훨씬 대중적이지 않았으니까.

한참이 지나 내가 사주 상담을 직업으로 하고 마음공부를 하고 나서야 나는 알 수 있었다. 내가 왜 아팠는지를. 그러고도 또 한참이 지나 오랜 시간 많은 분들과 상담을 하고 나서야, 어떻게 하면 아픔이 다시 반복되지 않을 수 있는지에 대해서도 깨닫게 되었다.

이제 어릴 적 내가 왜 아팠는지에 대해 다양한 각도로 알아보자.

먼저, 사주팔자 운명론에 근거하여 나의 문제를 살펴보면, 내 사주는 2~11세의 10년 동안의 운이 좋지 않다. 사주 용어로는 기신(忌神)대운이라고 하는데, 소위 말해 꺼리는 운, 나쁜 운이라는 것이다. 운이 나쁘다는 것은 여러 가지 의미가 있지만, 일단 건강의 균형이 깨지고, 내가 원하는 바를 성취하기에 큰 어려움이 있을 가능성이 크다. 바람이 거꾸로 부는 것이다. 그리고 부모를 암시하는 위치의 글자 역시도 기신(忌神)에 해당하여, 일명 부모복이 약한 사주이다. 즉, 운명적으로 나는 초년운도, 부모복도 안 좋은 것이다. 초년운이 안 좋아도 부모복이 있거나, 부모복이 안 좋아도 초년운이 있다면 어찌 어찌 보완될 여지가 있는데, 둘 다 안 좋으면 그 어려움이 가중된다. 대체로 초년 시절은 부모가 거의 전부이기 때문이다. 12세 이후 10년간의 새로운 대운이 들어오면서 조금 좋게 바뀌는 듯했지만 집안 형편은 전혀 나아지지 않았으니, 어릴 적 불운의 여파가 대운이 바뀐 중, 고교 시절까지 계속 이어진 것은 당연한 일이다.

또 무속의 관점에서 보면, 나는 신을 받기 전까지는 그 무엇도 되는 일이 없다는 '신병'을 앓는 중이었다. 내 팔자가 이러하니 부적을 쓰든지, 굿이라도 하든지, 신내림을 받든지 해서라도 팔자를 바꾸려는 노력을 했어야 했다. 그런데, 그런다고 바뀌기는 하나?

휴학 후 하루는 엄마와 함께 철학관에 갔었는데, 내 사주를 보신 분이 "병든 말이 과거를 보러 가고, 다 된 논에 메뚜기가 날아드니 결실 없이 중단이 된다."라고 말하는 것이었다. 엄마는 "맞아요, 맞아. 학교를 다니다 중단했어요. 병든 말이 과거를……. 아이고, 딱 맞네요." 그렇게 맞장구를 치셨다. 약 30년 전에 들은 말인데도 아직까지 또렷이 기억하는 걸 보면, 비유적 문장의 표현이 참 좋았던 것 같다. 그러면서 내가 어디가 아픈지를 하나하나 다 나열해주면서 이 모든 원인은 내 사주에 나무(木)가 없어서 일어난 것이니 방침을 해야 한다고 했다. 신병이 아니라 사주명리학적 관점에서 '木' 기운의 부재로 발생하는 일이라는 것이다.

엄마는 귀신같이 맞히는 도사님의 설명에 완전히 빠져들어서 그 방침은 어떻게 하는 건지 의논하는 단계로 넘어갔다. 방침은 기다란 비단 족자에 부적을 써주시는 것이었는데, 그 방침은 시집갈 때도 가져가야 하고 평생 지녀야 하는 것이라고 했다. 당시 그 철학관의 상담비는 인당 2만 원으로 매우 비싼 편이었는데, 이 방침의 비용은 무려 100만 원이었고 엄마는 그 자리에서 선금으로 10만 원을 지불했다. 나는 '내가 휴학한 걸 어떻게 알았지? 참 신기하네.' 하는 생각을 살짝 했었다.(지금 생각해보면, 평일 오전에 학교를 다녀야 할 열여덟 살 아이가 기운이라고는 전혀 없는 좀비 같은 모습을 하고 엄마를 따라 철학관에 온 것만으로도 금방 눈치챘을 것 같기도 하다.)

물론 잔금 90만 원이 마련될 리는 없었다. 그래서 엄마는 그 뒤로 다시는 그곳을 방문하지 못했고, 나는 그 방침을 갖지 못했다. 그래도 거금 10만 원을 선금으로 걸었던 엄마의 간절한 마음을 나는 어렴풋이 알 수 있었고, 그 대가는 충분히 했다고 생각한다.

훗날 타로카드를 배우면서 나의 '인생 그래프'를 그려보게 되었는데, 이거야 원, 휴학을 했던 18세 때의 카드가 메이저카드 12번, 즉 '거꾸로 매달린 사람(The Hangedman)'이었다. 말 그대로 손발이 묶인 채 십자가에 거꾸로 매달려 때를 기다리는 인내의 시간을 보내야 한다는 의미의 카드 말이다. 도대체 18세 때 나는 어떤 운명이었고, 그런 나는 그때 무엇을 했어야만 했고, 무엇을 할 수 있었을까?

그런데, 명리학, 무속, 타로라는 약간의 신비주의적인 범주를 벗어나 이런 쪽을 완전히 배제하고 생각해보면, 어디서 원인을 찾을 수 있을까?

우선 나는 태어나서부터 가정환경이 매우 나빴다.

우리는 삼대가 사는 대가족이었는데, 아버지는 매일 술을 드셨고, 집은 무척 가난했으며, 할머니는 정신적으로 문제가 많았던 분이다. 엄마는 이런 집안에서 가장 심한 피해자로 희생뿐인 삶을 살고 있었고, 다섯 살 위의 큰오빠도 그런 환경 탓에 어릴 때 병치레를 많이 해서 결석일수 초과 위기로 초등학교 졸업이 곤란할 지경이었다. 그런 집에 막내로, 사촌 이내 친인척 중 유일한 딸로 나는 태어났다.

예쁘고 귀여운 딸을 바랐던 친척들의 기대와는 달리, 키가 작고 까맣고 못생긴데다가 뚱뚱하고 남자애 같아서, 먼 훗날 시집을 어떻게 보낼지 걱정하는 친척이 있었을 만큼 실망감을 주었다. 타고난 가정환경도 좋지 않고 외모도 눈에 띄지 않는 내가 내세울 것은 공부뿐이라는 것을 일찍이 깨달아 누구보다 열심히 공부하려 했지만 이마저도 쉽지 않았다. 공부방 같은 것이 있을 리 없는 열악한 환경 속에서, 매일 밤 술에 취한 아버지는 할머니, 엄마와 고함지르며 싸우고, 나와 오빠들은 그런 싸움 중간에 끼어 눈치보고 울면서 싸움을 말리고……, 공부는커녕 매일매일 정신없는 밤을 보냈다.

그래서 절에 가 있는 동안에는 맛있는 것도 먹고, 어른들 싸움을 말릴 일도 없고, 절이 주는 평화로움 속에서 공부를 하며 일찍 잠들 수 있었기에 그 시절 나는 몸이 아프지 않았던 것이다. (물론 부처님의 신묘하신 힘으로 내가 보호받았다고 믿을 수도 있지만, 일단은 신비주의는 빼고 보자.)

또 하루하루 살아내기가 힘들었던 엄마는 혼자 술을 드시고는 유일한 딸인 나에게 울면서 푸념도 많이 했는데, 아직 아무것도 필터링할 수 없던 어린 나는 엄마의 신세한탄을 그대로 다 받아들일 수밖에 없었고 내 마음속에 차곡차곡 쌓여갈 뿐이었다. 그래서 그랬는지 절에서 하는 허드렛일이 어린아이가 감당하기에는 매우 힘든 일이었지만, 집보다는 마음이 편했다.

중학생이 되어 돌아온 집에서는 밤이면 술 취한 아버지의 고성은 여전하다못해 더 크게 이어졌고, 나는 할머니와 아버지와 엄마, 그렇게 어른들의 싸움을 지켜보며 밤을 보냈다.

나는 '무조건 이 집을 나가야겠다'는 일념 하나로, 고등학교는 이 동네에서 벗어나 멀리 있는 학교에 진학하기로 결심하고, 부모님 몰래 특목고 원서를 쓰고 시험을 쳐서 합격했다. 그 학교에 대해 아는 것이 없는 부모님은 멀리 있는 사립학교라는 이유로 진학을 반대했고, 나는 무조건 그 학교에 갈 거라며 대판 싸움을 했다. 딸이 그토록 원하는데 못 가게 할 수 없었던 마음 착한 엄마는, 술 취한 아버지가 잠든 한밤중에 몰래 나를 집에서 빼내주었고, 나는 자취생으로 그 학교에 입학할 수 있었다.

그런데 고등학교는 나에게 새롭고도 더 큰 고통의 시작일 뿐이라는 것을, 어리석게도 그때의 나는 알지 못했다.

일단, 그 학교는 소위 공부 잘하는 학생들만 뽑아놓은 곳이어서 내가 유일하게 내세울 수 있는 무기였던 좋은 성적을 거두기 힘들었고, 1년 내내 나의 등수는 두 자릿수를 맴돌았다. 그럼에도 나는 승부욕도 있고, 하고 싶은 것도 많고, 그것을 해낼 자질이 있는, 자신감 있는 학생이라고 스스로 믿고 싶었다. 하지만, 정말 인정하기 싫었지만, 아무리 노력해도 그런 자신감만으로는 도무지 현실의 격차를 따라갈 수가 없었다. 지금 돌이켜보면, 그냥 역부족의 내가 부리는 오기일 뿐이었다는 생각이 든다.

또 중앙현관에 외국어회화 수업비 미납자 명단을 적어놓은 칠판에는 단골로 내 이름이 적혀 있었고, 제일 늦게까지 지워지지 않아 행정실 선생님이 나를 기억하실 정도였다. 설상가상 이러한 문제를 의논하고 해결할 수 있는, 믿고 의지할 만한 안정적인 가족이 나에게는 없었다. 엄마가 뒷바라지를 해주시려 노력했지만, 마음만으로는 안 되는 현실의 벽이 너무 높았기에 엄마는 계속 빚을 내야 했다.

외모도 형편도 내세울 것 없이 오직 열심히 공부 잘하는 그것 하나로 겨우 내 존재감을 붙들고 살았는데, 이곳에서는 성적도 안 통했을 뿐만 아니라 가난한 산동네에서는 크게 느끼지 못했던 빈부격차라는 새롭고 높은 벽만 하나 더 나타난 것이었다.

유년시절부터의 이 모든 것들이 쌓이고 쌓이고 쌓여, 결국 나는 미쳐버렸고, 그만 '빵!' 하고 터져버린 것이다.

이렇게 생년월일시를 전혀 고려하지 않고, 그냥 살아온 상황을 잘 살피는 것만으로도 나의 '신병(?)'은 설명이 가능하다. 눈이 빠질 듯이 아프고 가슴이 답답해 누워서 잠을 잘 수 없고, 숟가락을 들 힘이 없어 밥을 못 먹을 정도의 우울감은, 내가 자라온 성장 환경 속에서 커져가기에 충분한 것이었다.

정신적 스트레스는 신체의 질병을 일으킨다. 이 사실을 명확하게 인지하고 받아들이게 된 것은 사주 상담을 하는 틈틈이 불교철학을 공부하면서부터였다. 그리고 스스로 그 원인을 알게 된 후, 나는 20년 가까이 먹다 안 먹다를 반복하던 정신과 약을 차츰 끊어나갔고, 현재는 먹지 않고 살고 있다.

물론 지금처럼 우울증이 많이 사라진 이유는 다양한 다른 주변의 노력들이 다 합쳐진 결과이고, 운명론적으로도 우울의 경향이 높을 수 있음을 이제는 알기에 늘 내 상태에 주의를 기울이고, 알아차림으로 스스로를 경계하며 살고 있기 때문일 것이다. 이러한 나의 경험은 나를 운명론자로만 살 수 없게 해주었고, 직업인으로서 나의 정체성을 찾아가는 데 큰 영향을 끼치게 되었다.

살다 보면 설명할 수 없는 많은 힘든 일들을 마주하게 된다. 하루 빨리 그것에서 벗어나고자 지름길 같은 방법을 찾아보게 되는데, 힘든 상황에서의 성급한 생각은 훗날 더 큰 함정에 빠지게 한다. 지금 내 삶이, 딱히 설명할 수 없는 일들로 인해 괴로운 상황이라면, 우선 설명할 수 있는 원인들을 먼저 차근차근 분석해보자. 혼자서 하든 친구랑 하든 현실에서 일어난 일들은 현실적인 방법으로 해결하는 것이 이치에 맞지 않을까.

가끔 알코올 중독, 환청, 빙의와 같은 문제들로 괴로워하며 종교시설을 전전하다 나를 찾는 분들이 있다. 그때 내가 알려드리는 최우선의 방법은, 사주 풀이보다 정신과 진료이다. 하지만 의외로 정신과 진료보다는 종교나 신비적인 방식으로 해결하려는 분들이 많다는 것을 이 일을 하면서 알게 되었다. 치료에는 주치료와 보조치료가 있을 텐데, 나는 이런 문제에 있어서는 병원 검진과 정신과 상담이 주치료라고 본다. 마찬가지로, 이혼 위기의 부부들에게는 사주 궁합도 중요하지만 우선 부부 상담을 받아보기를 권한다. 진학 상담에 있어서도, 공부할 수 있는 환경과 학생 스스로 열심히 공부하는 것이 필수이듯 말이다.

현실에서 일어나는 일은 현실적인 접근이 우선이다. 땅 위에서 일어난 현실의 문제를, 보이지 곳에서 찾으려고 애를 쓴다면, 눈앞에 있는 해결책이 안 보일 수도 있다. 나는 조금 천천히 가더라도 바른 방향으로 가는 것이 다시 돌아가지 않는 진정한 지름길이라 믿는다.

• 타로와 운명 – 특정 연도 카드 보는 법 •

서양의 점인 타로카드 점은 우리나라에서도 널리 대중화되어 있다. 타로카드로 운세를 점치는 방식은, 질문을 하고 카드를 섞어서 몇 장의 카드를 선택한 후 그 결과를 읽어가는 방식이다. 그런데 이런 방식 외에도 대략의 운세의 큰 틀을 보는 방식이 있는데, 궁금한 특정 연도의 큰 흐름을 살필 수 있다.

타로카드는 일반적으로 78장으로 구성되어 있고, 큰 흐름을 의미하는 22장의 메이저카드와, 세세한 부분을 나타내는 56장의 마이너카드로 이루어져 있다. 한 해의 큰 흐름을 보는 연도 카드를 알아볼 때는 메이저카드만을 사용하고, 숫자를 계산해서 카드를 찾는 것이므로 실제로 카드는 없어도 된다.

▶ 특정 연도 카드 보는 법

우선 궁금한 연도를 선택한다. 그 연도에 본인의 양력 생월과 생일의 숫자를 더하는 것이다.

예를 들어 2023년의 운세가 궁금한, 12월 31일에 태어난 사람이 있다고 하자.(출생 년도는 필요 없다. 성별의 구분도 없다.)

그 해의 연도 카드를 알아보는 방법은, 아래처럼 모두 더한다.

2023(해당 연도) + 12(생일 월) + 31(생일 일) = 2066

여기에 나온 결과를 한 자리씩 다시 더한다.

즉, 2066 =〉 2+0+6+6을 하는데, 그 결과는 14가 된다. 타로카드

14번에 해당하는 카드가 그 해의 내 운세가 되는 것이다.
타로카드 메이저는 0번~21번까지 22장으로 되어 있으므로, 네 자리 숫자를 각각 더한 합이 22를 넘어 23이상이 나오면, 2와 3을 다시 더해서 5를 그 운세로 본다. 22번은 0번으로 간주한다.

즉, 네 자리 숫자를 각각 합한 후 :
1. 1~21까지는 메이저 카드 그대로 적용
2. 22는 0번으로 적용
3. 23 이상은 한 자리가 되도록 다시 두 숫자를 더해서 적용

생년의 구분도, 남녀의 구분도 없기에 그 해석이 포괄적일 수 있으나, 실제로 타로 강의나 상담 현장에서 활용해보면 한 해를 설계하는 데 있어 큰 마음가짐을 새기는 데는 상당한 효용이 있기에 많이 활용하는 방법이다. 이것을 태어났을 때부터 1년씩 다 계산하여 기록하면, '인생 그래프'가 된다.

올해 나의 타로카드 키워드는 'The Temperance(절제)'이다.
절제, 균형을 이루기 위해 노력함.
참으로 간략하고 기억하기 좋은 방식이다.
여러분의 올해 타로카드는 몇 번인가?

"도원암 처녀보살, 예언 좀 해줘!"

처음으로 철학관을 개업한 곳은 어느 계단 아래 지하였다.

처음 사주명리를 가르쳐주었던 선생님이 사찰의 포교원 같은 형태로 철학관을 운영하고 있어서 그렇게 시작하는 것이 당연한 줄 알고, 고심 끝에 셀프 작명한 이름이 '도원암'이었다. 암자라고 하기에는 우스운 방 2칸짜리 집이었다. 스승님처럼 비슷하게 꾸며야 한다고 생각해, 달마대사 그림도 하나 걸고, 양초도 켜고, 천장에는 분홍색 연등도 달았다. 개량한복을 한 벌 해 입은 후, 그렇게 나는 태어나 처음으로 간판을 달았다.

그래도 나는 대학을 다닌 배운 사람이니 뭔가 달라야 한다고 생각해, 중고 컴퓨터를 하나 마련해서 사주명식을 찾아보는 CD 프로그램도 설치했다. 스마트폰이 없던 때였기에 이 정도만으로도 스스로 뭔가 신세대식 철학관을 연 것 같아 나 혼자 뿌듯하기도 했다. 하지만 20대의 젊은 여자가 개량한복을 입고 달마대사를 걸어놓고 사주를 본다 하니, 소문은 의도치 않게 방금 신내림을 받은 애동제자라고 발 빠르게 퍼져나갔다. 하필 그 동네는 점집이 모여 있는 동네였던 것이다.

"계세요?"

"누구신가요?"

"여기가 방금 신내림 받은 처녀보살 집 맞죠?"

"네? 아닌데요? 저는 처녀도 아니고, 신내림도 안 받았는데요? 여기는 사주철학 봐주는 철학관인데요?"

"에이~, 맞구먼 뭐! 점이나 봐주소."

이렇게 나의 상담 인생이 시작되었다. 소문이 이렇게 나니 걷잡을 수가 없었다. 신통방통한 예지력을 기대하고 갓 신내린 처녀보살을 찾아온 손님들의 기대를 나는 만족시켜줄 수가 없었다.

"이 사주는 갑자일주로……, 그러니까 큰 나무인데……"

"아니 그런 거 말고, 그래서 집이 팔리요, 안 팔리요? 몇 월에 팔리겠소? 부적이나 써주소."

"우리 신랑이 배를 타는데 아무래도 바람이 난 것 같은데, 여자가 있지요? 어찌 생긴 여자입니까?"

"저……, 그런 건 제가 안 보이는데요. 철학을 공부한 사람이라서 그런 건 잘 모르고요……."

이런 말은 전혀 안 통했고, 술이 조금 취해 와서 깰 때까지 이야기하며 커피 드시는 분, 지나가다 그냥 들르시는 분 등, 오면 갈 생각도 없고 아는 친구들까지 부르는 분들이 있는가 하면, 미래의 신랑이 보이냐 어찌 생겼냐는 둥 나의 영역이 아닌 부분을 자꾸 물어보는 통에, 정말 어찌할 바를 모른 채 하루하루가 흘렀다. 점과 철학의 차이를 아무리 설명해도 전혀 통하지 않았고, 나의 의도와 현실은 너무 달랐다.

어떤 날은 정말 그냥 미친 척하고 무당 연기를 해볼까도 싶었다. 왜냐하면 젊은 무당이 인기도 많고 돈도 잘 버는 것 같아 보이고, 아무리 철학이라 해도 방금 신내린 처녀보살이라는 소문이 자꾸 커져가고 있으니, '어렵게 찾아온 손님을 돌려보내지 말고 눈 딱 감고 처녀보살인 척할까?' 하는 마음이 들기도 했던 것이다. 하지만 신점이 무슨 결심을 한다고 해서 볼 수 있는 것도 아니라서, 계속 내가 뭐하는 사람인지 설명하고 커피만 같이 마시며 8개월 정도를 버티다가 문을 닫았다. 그렇게 도원암 처녀보살의 이력은 허무하게 막을 내렸다.

이 경험으로 나는 작은 깨우침을 얻었다. '아! 손님들은 점과 사주 풀이를 명확히 구분하지 못하는구나.' 그리고 '점도 종류가 있는데, 본인이 처한 문제의 상황에 따라 어떤 점이 더 유용한지도 잘 모르는구나.'

몸이 아프면 일단 짐작되는 증상을 보고 어느 병원 무슨 과를 찾아야 할지 먼저 생각하고 가듯이, 삶의 문제가 궁금해서 누군가를 찾을 때에는 그 상황에 적합한 방식을 다루는 곳을 찾아가는 것이 효율적일 것이다.

우선 큰 틀에서 점과 사주 풀이를 구분할 필요가 있다.

점은 어떤 특정한 매개체가 질문에 대한 답을 알려주는 것이다. 결정을 내리기 어렵거나 단순한 결과를 알고 싶을 때 활용할 수 있겠다. 이러한 점은 다시 신점과 도구점으로 나눠서 살펴볼 수 있다.

신점(神占)은, 말 그대로 영적인 존재(신, 조상 등)가 신내림을 받은 사람(무속인)과 소통을 하며 궁금한 질문에 답해주는 것이고, 일반적인 점사 이외에 도무지 과학이나 의학으로 설명이 안 될 법한 일을 겪는 사람들, 조상, 영혼의 문제 등에 적합할 수 있을 것이다. 아무나 할 수는 없는 일이고, 신내림을 받아야 하는데, 이렇게 신내림의 과정을 통해서 된 무당을 '강신무'라고 하고 신내림이 있기 전에 거의 대부분 신병을 앓게 되며, 이 신병은 신내림을 받으면 없어진다. 또 '세습무'라고 해서 어릴 때부터 무속인 부모나 스승으로부터 굿거리를 배우고 익혀서 무당이 되는 사람도 있다.

도구점은, 동전, 쌀, 타로카드, 오방기, 책, 윷, 화투, 꽃 등, 일정한 규칙을 갖고 있는 많은 도구들을 이용해서, 점치는 방법을 미리 정하고 그에 따라 나타나는 결과를 점괘로 얻는 것이다. 그 어떤 것도 점의 도구가 될 수 있는데, 모든 점의 점괘에는 이미

풀이가 다 정해져 있다. 그러므로 말 그대로 점괘를 얻는 것이므로 별도의 해석이 필요한 것이 아니라 얻어진 점괘와 정해진 그 풀이를 대조해보면 그것이 질문의 답인 것이다.

요즘 가장 대중적인 타로카드 점은 연애운, 취업운 등 단순히 점을 치는 도구로 사용할 수 있고, 상대방의 마음을 알아보기에도 적합하다. 나아가 그것을 넘어서서 자신의 내면을 스스로 살피는 도구로 사용하기에 매우 적합한데, 실제로 강의와 상담을 통해 타로카드가 주는 셀프 마음 치유의 효과를 실감한 나는, 이 좋은 방법을 널리 알리고 싶어서 유일하게 하는 강의가 '타로 강의'이다. 마음 치유에 그 목적을 두고 말이다.

다시 점으로 돌아가서, 신점이든 도구점이든 이러한 방식은 YES, NO의 명확한 답을 정해주기 때문에 결정을 내리는 데 도움을 줄 수는 있으나, 어찌해서 이러한 점괘가 나오는지에 대한 이론적인 근거를 제시할 수 없으므로 점을 칠 때마다 결과가 달라지는 오류가 나타난다. 특히 신점의 경우, 신의 언어를 듣고 전달하는 무속인의 성향에 따라 신의 언어라는 것이 어떻게 왜곡될지 모르는 위험이 있고, 그 신의 언어는 무속인에게만 들리기 때문에 확인할 방도가 없으니 무조건 믿는 수밖에 없다.

또한, 스스로 결정하고자 하는 주체성이 강한 사람에게는 심한 거부감이 들게 할 수도 있고, 일명 귀가 얇은 팔랑귀들은 내 인생을 온전히 남의 선택에 맡겨 위험한 결정을 하는 우를 범하게 될 수도 있다. 정말로 열심히 기도하며 본인의 직업을 통해 좋은 일을 하려는 바람직한 무속인들이 많지만, 가끔은 나쁜 무속인 말을 듣고 금전적으로 엄청난 피해를 당하거나, 사이비 종교처럼 빠져들어서 인생을 송두리째 빼앗겨버리는 일이 언론을 통해 드러날 때면 정말 심장이 조마조마해진다. 점은 '믿음'의 영역이기 때문에 큰 주의가 필요하다.

그에 반해 사주명리는, 사람의 운명을 타고난 생년, 생월, 생일, 생시를 바탕으로 육십갑자라는 특정한 글자로 변환하여 거기에 나타나는 음양과 오행의 움직임을 분석하고 해석하는 것이기에, OX와 같은 답을 얻는 것이 아니라 사람의 타고난 특성을 살피는 것에 매우 탁월하다.

평생을 증오했던 아버지였는데, 사주명리를 공부하고 나서 처음으로 나는 그를 이해해보려 노력했다. 아버지의 사주를 보는 순간, 왜 그토록 술에 취해 살았는지 납득이 되는 부분이 있었다. 오직 가해자로만 생각하고 증오했던 나의 아버지를 처음으로 피해자의 시각으로 바라볼 수 있는 기회를 준 것이 바로 사주명리학이었다. 누군가를 증오하는 것은 에너지가 많이 드는 괴로운 일이다. 아버지와 완전한 화해를 할 수는 없었지만, 나로 하여금 부정적 에너지의 소비를 멈추게 해준 것이 바로 이 공부였던 것이다.

이렇게 사주명리학은 타고난 그 사람의 특성을 분석하여 이해의 폭을 넓혀주고, 내가 상대방을 어떤 태도로 대하는 것이 좋은지를 알 수 있게 해준다. 나아가 이 사람의 운이 어떻게 흘러가는지 전체적인 맥락을 파악함으로써 언제 어떤 준비를 하면서 기다리고 나아가야 할지를 계획하는 데 큰 도움을 줄 수 있다. 하지만 사주명리를 공부한 사람의 능력이나 이론에 따라 해석을 달리 할 수 있기 때문에, 공부한 사람들의 아는 정도와 노하우에 따라 일관된 답을 얻지 못한다는 단점이 있다. 그리고 타인을 가스라이팅할 수 있는 큰 힘을 가진 공부이기 때문에, 잘못 공부하면 양날의 검처럼 매우 무서운 무기가 될 수 있으니 주의가 필요하다.

종류가 무엇이 되었든 이 모든 일을 주관하는 것은 결국 '사람'이다. 절대적인 신이 아니라 사람이므로 감정이 생기고 주관이 개입되기에, 100퍼센트라는 것은 있을 수 없고 오류가 발생하는 것은 당연한 일이다. 어떠한 목적으로 어디를 찾아가든, 우리는 이 부분을 항상 기억해야 한다.

'지금 내게 상담을 해주는 이 사람은 신이 아닌 사람!'이라는 것을 항상 염두에 두고, '100퍼센트 신뢰하는 절대적인 신을 기대하는 것은 금물'이다. "네, 당연하죠. 그런 거 누가 다 믿나요?"라고 말하면서도, 상담가의 말이 매우 신경 쓰이는 것이 우리의 본능이라, 상담을 받기 전에 나만의 기준이 명확하게 있어야 한다는 말이다.

"손님, 이번 생은 운이 없네요. 다음 생에나……"

당시 나의 상담료는 5천 원이었고, 그 중 3천 원이 내 몫이었다. 2000년대 초반, 5천 원이라는 상대적으로 저렴한 상담료 덕분에 정말로 다양한 사람들의 인생 이야기를 들을 수 있었다. 그러던 어느 날 평생 잊지 못할 공부를 시켜준 손님이 내게 왔다.

그 손님은 키가 훤칠했고, 애견숍을 운영하는 20대 총각 사장님이었다. 찾아올 당시 너무 사업이 안돼서 애견숍을 정리해야 하는 상황에서 어찌하면 좋을지를 의논하고 싶어 찾아왔노라 했다. 개점휴업 상태를 넘어, 파산 일보직전이었던 것이다.

당시 내가 일했던 곳은, 한 사람에게 주어진 상담시간이 15~20분이었다. 그 시간 안에 생일 물어보고, 사주팔자명식을 찾아서 적고, 전체적인 상황을 설명하며 궁금해하는 물음에 답해야 했기에, 손님(내담자)의 얼굴도 제대로 쳐다볼 시간조차 없이 기계처럼 사주 풀이를 했었다. 낮 12시부터 밤 10시까지, 바쁜 날은 밥 먹을 시간도 없이, 15분에서 20분 안에 한 사람씩 기계처럼 풀이를 하다 보니 나중에는 정말 내가 족집게 도사가 된 기분이 들 정도였다. 손님 생일을 적고 사주명식을 써 내려가는 순간, 촌철살인의 필살기가 막 내 입에서 터져나오는 것 같았고, 손님과 깊게 공감하거나 그 마음을 헤아릴 시간적, 정신적 여유는 없었다. 그렇게 그냥 밥벌이로 일을 해오던 나에게, 힘들고 우울한 삶을 포기하기 직전의 위태로운 상태에 놓인 한 젊은 사람의 간절함이 미처 보이지 않았던 것이다.

그 젊은 사장은 갑목(甲木)이라는 나무의 기운을 타고났는데, 물이 부족하여 힘든 시기를 겪고 있었다. 그런데 앞으로 펼쳐질 30대, 40대, 50대를 아무리 살펴봐도 필요한 물 기운이 보이지 않는 것이었다. 그래서 앞으로도 좀 힘들겠다고 말하니 실망하는 눈빛이 역력했다. 늦게라도 운이 없겠느냐고, 지푸라기라도 잡고 싶어 간절하게 묻는 손님의 말에, 가만히 운을 살피던 나는 "죄송하지만, 이번 생에는 운이 없는데요."라는 참으로 공감력 없는 답을 내뱉었다.

빨리빨리 상담을 마쳐야 하는 시스템의 문제도 있었지만, 나 스스로도 아는 바가 짧고 상담 경험이 부족해서 생긴 일이라는 것을 나중에 깨닫고는 뼈저리게 후회되어 지금까지도 잊지 못하고 있다. 부디 내 말에 화가 나고 오기가 생겨서 이를 악물고 이겨내, 지금 어딘가에서 가끔 나를 욕하면서 보란 듯이 떵떵거리고 잘 살고 있다면 좋겠다는 것이 진심으로 간절한 내 마음이다.

당시 경험과 실력이 부족했던 나는 단순하게 사주와 대운의 흐름만을 보고, 한 사람의 인생에 답을 내렸다. 지금 다시 살펴보면 다양한 해결방법이 있는데, 그때는 삶을 마치 수학공식에 대비하듯 바라보는 눈밖에 갖고 있지 못했던 것이다. 인생은커녕, 명리학의 모든 이론도 다 알지 못했으면서 말이다.

그렇게 정신없이 하루를 보내고 퇴근 후 집으로 돌아오는 지하철에서, 그제야 이 젊은 사장의 얼굴이 떠올랐다. '아! 나는 아까 그렇게밖에 말할 수 없었을까? 가게가 남포동 어디라고 했었나? 언제 지나는 길에 들러볼까?' 별의별 생각이 다 들고 마음이 너무 무겁고 후회가 밀려왔다. 사실 당시 나는 그 누구보다도 그 사장의 간절하지만 절망적인 상황을 잘 이해할 수 있는 동병상련의 처지였는데 말이다.

그때 나는 허름하고 낡은 주택 1층에 월세를 살았고, 많은 빚을 감당하지 못해 살림살이가 경매에 넘어갔고, 일명 빨강딱지가 집안 곳곳에 덕지덕지 붙는 경험을 하던 중이었다.

대중교통으로 왕복 3시간 넘게 걸리는 곳에서 사주 상담일을 했는데, 학원에서 월급 받는 강사를 하는 것에 비해 이 일은 내가 많이 하는 만큼 더 돈을 벌 수 있어 그곳에서 4년 정도를 보냈다. 그때 집중적으로 거의 1만 명 정도의 사람들을 만나고 1만 시간 가까이 상담을 했다. 지금 생각하면, 그때의 나는 삶에 너무 찌들어 있었고 정말로 힘들었다.

그런데, 그곳에서의 일을 그만둘 즈음 나처럼 삶이 힘들게 꼬여버린 이모뻘의 손님에게 사주 풀이를 열정적으로 하던 중, '아! 지금 손님께 하고 있는 이 말이 내가 나에게 하는 말이구나. 다름 아닌 내가 들어야 하는 말이구나!'를 깨닫게 된 일이 있었다. 너무 놀라서 순간 눈물이 핑 돌고 말을 멈출 수밖에 없었는데, 손님은 영문을 모르니 의아해했다.

'나를 찾아오는 손님 한 분 한 분은 내게 무언가를 하나씩 가르쳐주려고 오시는구나.'라는 것을 온 마음으로 느끼며 내 마음은 서서히 변해갔고, 내가 하는 일에 대해 감사한 마음이 자라나기 시작했다.

그래서였을까? 삶이 버거워 허덕거리던 그런 나를 찾아오셨던 분들 중 아직까지 나와 좋은 관계를 유지하고 있는 분들이 있다. 20년 넘게 삶을 공유하며, 그분들의 대소사에도 참여하고 지금까지 이렇게 이어지고 있는 양연(良緣)이, 내가 무척 힘들었던 시절에 맺어진 인연이라는 것이 참으로 신기하고 감사하다.

그렇게 되는 이유는 뒤에서 또 이야기하기로 하고, 다시 애견숍 젊은 사장의 이야기로 돌아오면, 사실 좋은 운, 나쁜 운이라는 것은 절대적인 것이 아니라 유동적이다. 좋고 나쁨을 어떻게 판단할 수 있을까? 내가 원하는 바에 조금이라도 유리한 기운이 펼쳐져 있다면 좋고, 불리하면 나쁘다라고 정의한다면 좋은 운, 나쁜 운을 구별할 수 있겠지만, 인생이 어디 그러한가.

비록 내가 아직 환갑의 인생을 살지는 않았지만, 원하는 바대로 흘러가도 예상과 달리 결과가 좋지 못한 경우도 있었고, 원하지 않았던 일이 생겼지만 궁극적으로 그것이 더 좋은 경험이었던 적도 많았다. 거액의 로또에 당첨되었지만 몇 년 후 오히려 더 불행해졌다는 사람, 무절제한 생활로 병을 얻었지만 병을 극복하고 몸과 마음이 더 건강해진 삶을 살게 되었다는 사람에 관한 뉴스를 우리는 다 보고 듣지 않았던가. 또 내가 상담했던 분들 중에 삶의 내공이 깊은 분들은, 운의 흐름이 좋고 나쁨 자체에 크게 좌우되지 않는다는 것을 알게 되었다.

젊은 시절 배움과 경험이 부족했던 나는, 삶을 좋고 나쁨으로 나누고, 사주 풀이의 결과를 단순하게 진단하는 우를 범했다. 아직도 내 모습은 부족한 미완성이지만, 지금은 내가 다른 사람의 삶에 답을 내리는 일은 하지 않으려 노력중이다. 이것이 어쩌면 내가 이 책을 쓰는 진짜 이유일지도 모르겠다.

여러분들 중에, 혹시나 운이 안 좋다는 말을 들어본 적이 있다면, 너무 개의치 않아도 좋다. 이 책을 다 읽을 즈음이면, 그 운의 진실을 알 수 있을 것이니 말이다.

• 대운(大運) •

木
火
土
金
水

좋고 나쁨을 의미하는 말이 아니고, 10년을 주기로 변화하는 운을 '큰 단위의 운 = 대운'이라고 한다. 10년을 주기로 어떠한 운의 흐름을 맞이하게 되는지에 대한 큰 방향성이다.

오래 전부터 사주와 대운은 자동차와 도로에 비유하는 말이 많은데, 10년에 한 번씩 내가 달리는 도로가 변화한다고 생각하면 된다. 고속도로인지, 국도인지, 골목인지, 산길인지 그 분위기를 알아보는 것이 대운이다.

그럼 고속도로의 대운이면 무조건 좋은가? 그것을 생각하기 이전에, 일단 내가 어떠한 도로 위를 지나가게 될지를 미리 아는 것은 많은 이득이 있다. 왜냐하면 그 도로에 맞는 교통수단을 준비할 수 있기 때문이다. 좁은 산길을 갈 예정인데 대형 차량을 준비하는 것이 좋은가, 오토바이를 준비하는 것이 좋은가, 차라리 걷는 것이 나은가를 미리 알아보는 것이다.

그것을 준비하기 위해서 우리는 대운의 상태를 알아야 하는 것이다. 그리고 그렇게 대운이 바뀌는 시점의 전후, 즉 국도에서 고속도로로 들어가거나 골목길에서 어디론가 다른 길을 가게 되는 경우, 그 들고 나오는 시점에 교통수단을 바꿔 타야 하니 당연히 변화를 겪게 될 수밖에 없고, 이 변화를 미리 어렴풋하게라도 감지할 수 있도록 해보는 것이다. 다음에 어떤 길인지를 모르고 강제 하차를 당하는 것과, 미리 알고 다음 수단을 준비하는 것은 엄청난 차이이니까.

사람마다 이 주기의 시작(대운수) 시기가 다 다른데, 요즘은 무료 만세력 어플이 많아서 누구나 생일만 입력하면 대운의 시기를 쉽게 알 수 있다. 혹시 계산을 직접 해보고 싶은 사람이라면 해봐도 되지만, 너무 복잡하므로 어플을 사용하거나 가까운 명리학 선생님에게 대운수를 물어보는 것이 더 편리하다 하겠다. 또 대운수는 한 번 정해지면 변하지 않으니 기억해두면 좋다.

나는 2대운 9월 28일이 정확한 내 대운(태어난 시간까지 정확하게 알면, 정확한 대운을 알 수 있다.)인데, 9월 이전인 41세 6월부터 조심이 있었고, 다음해인 42세 5월 무렵에 눈에 띄는 변화가 있었었고, 43세가 되니 '아, 바뀌었구나.'라는 체감이 있었다.

매우 정확하게 알지는 못해도, 대략 내 대운이 몇 살 무렵인지만 알아도 인생의 큰 계획을 세우는 데 매우 유용하다. 그리고 이 10년의 대운은 다시, 3개씩 묶어 30년의 큰 물줄기를 이루기도 하므로, 전반적인 삶의 방향을 살피는 데 아주 좋다.

대운이 바뀔 때마다 우리에게는 '새로운 10년'이라는 기회가 주어진다. 즉, 10년에 한 번씩 내 삶의 큰 방향을 수정해나갈 수 있는 것이다. 지금 뭔가가 꼬여 가고 있다면 너무 걱정 말자. 10년에 한 번 크게 크게 우리는 방향을 전환할 수 있는 기회를 갖는다. 그 운에 맞는 준비를 한다면 어떤 운이든 우리는 성과를 낼 수 있다. 산길 앞에서 타고 있던 스포츠카를 과감히 버리고, 성능 좋은 오토바이로 바꿔 탈 수 있는 지혜가 있다면, 어떤 운도 나의 편이다.

어쩌면 이런 것 역시도 신의 배려가 아닐까?

“잘 맞아서 또 왔어요.”

(앗! 생일이 틀렸네?)

나는 상담을 하고 나면 간명지(사주 풀이 내용을 적은 종이)를 적어드린다. 명리로 사주 풀이 하는 곳은 대부분 적어주는데, 점집은 말로 전하고 귀로 듣고 나오니 집에 돌아오면 기억이 잘 나지 않는 경우도 많고, 철학관에서 받아온 간명지는 한문도 많고 알아보기 힘든 글씨도 많아서 다시 보기 어려운 경우가 많다. 그래서 나는 처음부터 상담 내용을 한글로 정리하면서 적어드렸다.

하루는 젊은 여성분이 기쁜 표정으로 나를 기다리고 있었다.

“선생님, 제가 작년에 왔었는데요, 너무 잘 맞아서요. 작년에 적어주신 거 진짜 그대로 다 됐어요. 날짜까지 맞히시고…….
와, 정말 너무 잘 맞아서 올해 또 보러 왔어요. 소개도 엄청 많이 했답니다."라며 친구들과 함께 앉아 있었다. 그러면서 작년에 내가 적어줬다는 종이를 꺼내 보였다. 다이어리에 접어서 넣고 다녔다고 하면서 꺼내 보인 종이는 접힌 부분이 닳아서 찢어질 정도였다.

"잘 맞았다니 다행입니다. 그럼 올해도 봐야 하니, 생년월일을 다시 불러주세요. 새로 또 적어야 하니까요."

그렇게 상담은 시작되었다.

"이름 OOO, 생일 양력 OOOO년 O월……"

"저기, 잠시만요! 양력이요? 그럼 음력은 OO월 O일인데 맞나요?"

"네."

순간 내 머릿속은 복잡하고 얼굴은 더워지기 시작했다. 작년에 봐준 간명지 속 생년월일과 달랐던 것이다. 작년에 봐줄 때 양력과 음력을 잘못 이해하고 완전 다른 사주를 봐준 것이었다.

물론 육십갑자가 적힌 종이는 나만 보는 것이니, 명리학 공부를 하지 않았던 손님은 이 간명지가 맞는지 틀린지 알 수가 없었고, 한글로 풀이를 적어놓은 내용만 확인하면서 잘 맞다고 믿은 것이다. 순간 당황했지만 기쁜 마음으로 한껏 기대하고 있는 손님에게, "손님, 제가 작년에 잘못 봤네요."라고 말할 수는 없어서 당황한 마음을 추스르고 그해 사주를 제대로 봐드렸다. 다행히도 손님은 올해도 만족했고, 다가올 일들도 또 잘 맞을 것이라는 기대를 품고 돌아갔고, 그렇게 상담은 마무리가 되었다. 하지만 나는 그날 밤잠을 설쳤고, 그 이후로도 고민이 깊어졌다.

'완전히 다른 사주를 적어놓고 설명했는데, 한 달 한 달 다 잘 맞아서 너무 좋아한 이 상황은 뭘까? 분명히 완전 다른 사주를 놓고 얘기했는데 어찌 다 맞았지? 그중 하나는 내가 '관절'을 조심하라고 했었는데, '관절 수술'을 했다는 것은 어찌된 일일까? 아……, 이거 정말 난감하네.'라는 기분이 들었다. 운 좋게 맞혀서 좋은 것이 아니라 너무 찜찜했다.

심리학 용어 중에 '바넘 효과(Barnum Effect)'라는 것이 있다. 사람들이 보편적으로 다 가지고 있을 만한 특징들인데, 꼭 나에게만 맞는 것이라고 생각하는 것을 말한다.

"이 사주는 대범한 것 같으면서도 소심하고, 조용한 것을 좋아하지만 나설 때는 나서고, 되도록 합리적인 선택을 하고 싶어 하지만 귀찮음이 많아 포기하기도 하는 성격인데요?"

이렇게 말한다면 "아니요. 하나도 안 맞는데요."라고 대꾸할 사람이 몇 명이나 있을까? 그래서 나는 이런 식으로는 설명하지 않고, 사람의 성향은 공통점이 많다고 먼저 설명해준다. 그리고 사주를 오래 보다 보면, 한 사람의 사주 속에는 우주가 가득하고, 그 속에는 모든 성향, 기질이 다 자리하고 있음을 알 수 있다. 언제, 어떤 기질이 더 많이 드러나느냐의 차이일 뿐, 인간이라면 누구나 모든 성향을 갖고 있다.

물론 신년운세를 봐준 내용 중에는, 사고, 질병, 비즈니스, 합격 등 실제로 일어난 현상들에 대한 내용이 많기 때문에 '바넘 효과'라고만 말할 수도 없다. 그렇다면 이분의 경우, 본인에게 유리한 내용만 기억하고, 믿고 싶은 것만 골라서 믿고 맹신하는 '선택적 회피(selective avoidance)', 혹은 직장을 그만둘 운이라는 말을 듣고는 본인도 모르게 무의식적으로 직장에서 문제를 일으키는 등의 '확증편향(condifence bias)'과 같은 인지적 오류를 일으킨 것일까?

그날 이후 나는 음력과 양력 생일을 더블체크하며 본인 사주의 일주(日柱, 타고난 날의 천간과 오행)를 말해주는 좋은 습관이 생겼고, 그날의 일을 기억하고 항상 조심하고 있다. 실수의 긍정적 효과일 것이다.

아무튼 결과적으로는 사주를 틀리게 보았지만 손님은 상담에 만족했고, 실제로 예언(?)이 현실이 되었다며 나를 용한 점쟁이로 등극시켜주었다. 그럼에도 나 혼자 느끼는 찝찝한 마음은 손님의 만족감에 공감할 수 없었고, 나는 앞으로 어떻게 상담해야 하는가에 대한 깊은 고민을 남겨주었다.

'잘 맞힌다는 것은 어떤 의미가 있을까? 과거를 맞혔다는 사실이 미래도 맞힌다는 것과 인과관계가 성립되는가? 한 번의 미래를 맞혔다는 사실이 그다음 미래도 맞힌다는 것을 보장하는가? 사주팔자는 정말로 과거와 미래를 맞히는 학문인가?'

아무리 고민하고 또 해봐도 내 머릿속의 답은 '그렇지 않다.'

로 굳어졌다.

그래서 같이 공부하던 선생님에게 운명을 맞히려고 노력하는 것보다 상담학으로 나아가는 것이 우리가 궁극적으로 해야 하는 일이 아닐까에 대한 고민을 나눈 적이 있었는데, 나보다 공부를 많이 했던 그 명리연구가 선생님은 "그건 맞힐 실력이 안 되는 사람이 하는 소리지!"라는 간단한 답을 주셨다. 명리학은 맞히는 것이고, 똑바로 공부하면 다 맞힐 수 있다고 믿는 분이셨다.

'명리학이 그런 거라면, 나는 무엇을 해야 하지?', '인생에 있어서 족집게 도사가 어떤 도움을 줄 수 있을까?'를 생각하면 할수록 그보다는 근본적인 접근이 중요하다는 생각이 내 머릿속을 떠나지 않았다. 특히 어릴 적 정신과 상담을 통해 얻게 된 이러한 앎은, 오히려 내가 직업적으로 이 일을 하는 데 큰 장애물이 되었다. 명리연구가 선생님의 말처럼, 거의 대부분의 손님들은 나에게 '상담'보다는 '예언'을 원했고, 요즘은 많이 바뀌고 있다고는 하지만 그래도 사람들이 점집을 찾는 궁극적 목적은 힐링보다는 앞날의 예언과 소원 성취이기 때문이다. 직업인으로서 나는, 앞날의 운명이 어떻게 흘러갈지에 대한 예언, 원하는 것을 성취하는 비법을 기대하는 그분들의 목적을 실현시켜야 하는 의무가 있었다.

하지만 혼란스러웠던 나는, 단순하게 미래의 시험운이나 남편복, 재물복이 있는지 없는지에 초점을 맞추는 일이 너무나도 불편했다. 특히 신통방통한 방법을 원하는 분들을 만나면 참으로 난감해 사설이 길어지는 것이었다. '정말 내가 맞힐 실력이 안 돼서 자꾸 이런 생각을 하는 건가?' 하며 나의 직업적 정체성을 정하지 못한 채, 어느 날은 용한 도사, 어느 날은 심리상담사로 오락가락 하고 있었다.

'그게 그것 아닌가?'라고 생각할 수도 있지만, 나에게는 정체성 확립이 너무나도 중요한 문제였다. 이것만, 이 방향만 딱 정해지면 정말 뭐든 최고로 잘할 수 있을 것 같은데, 책임감을 갖고 해야 하는 일을 자기 확신이 없는 상태에서 열정을 불태우려니 쉽지 않았기 때문이다.

그 와중에 "젊은 아가씨인지 학생인지, 어쩌다가 이런 일을 하게 되었는지……. 참 아깝네요."라며 딸 걱정하듯 안타까워하는 분들을 만나면, '아, 역시나 이 일은 아니구나. 다시 학교로 돌아가야 하나.' 싶고, 또 한편에서 이 일이 나와 참 잘 어울린다며 잘되기를 바라는 마음으로 "사주를 잘 본다. 젊은 나이에 직업 잘 정했다."는 좋은 덕담을 해주는 분들을 보면, 또 '이 일을 하길 잘했나.' 싶기도 하고, 아주 혼란스러운 날들의 연속이었다.

솔직히 고백하자면, 이런 저런 이유로 나는 거의 10년 동안은 이 일이 즐겁지가 않았다. 마음이 온전히 이 일에 있지 않았기에 괴로움을 안은 채 그저 계속할 뿐이었다. 마음 한 쪽은 다른 콩밭을 휘젓고 다니면서 그렇게 말이다. 그러나 정말 아이러니하게도 이 직업에서 벗어나려고 발버둥칠수록, 나에 대한 소문은 점점 좋게 퍼져나갔고, 손님은 자꾸만 늘어서 나는 더 깊이 이 일에 몰입하고 있었다. 그럴 때마다 나를 공부시키고, 나를 몰입하게 만든 결정적인 손님들이 나타났기 때문이다.

손님들 덕분에 나는 사주 상담의 방향을 서서히 잡아가게 되었는데, 손님들에게 가장 많이 들었던 피드백은 "선생님과 이야기를 하고 나면 마음이 참 편해진다."는 말이었다. 내가 손님들과 대화가 잘 통하고 손님들은 나를 믿고 많은 이야기들을 털어놓게 되었는데, 그것이 나의 장점인 것이 확인되었던 것이다. '그렇다면 내가 상담을 받으며 경험했던 것들을 사주 상담에 적용해 나만의 상담 방식을 만들어가야겠구나!'라는 방향으로 생각이 정리되고 있었다.

먹고살려고 하게 된 일이지만, 원래 나는 정신 상담에 이끌려 심리학과를 진학하지 않았던가. 난 용한 점쟁이가 아닌 상담사가 되어서, 스스로 본인 삶의 문제에 답을 찾을 수 있도록 돕는 역할을 해야겠구나! 그래서 늦은 나이에 본격적으로 다시 상담학을 공부하기 시작했다.

아마도 이쯤에서 이런 의문이 들 수도 있겠다.

'그럼, 그냥 일반 심리 상담을 다시 공부해서 임상심리사를 하면 되지, 사주팔자는 왜 놓지 않는가?'

나 스스로에게 던진, 끈질기게 나를 괴롭혔던 오랜 질문이기도 한데, 그것은 그때 당시 10년 이상 사주팔자를 보면서 명리학이라는 이론이 사람의 마음을 풀어주는 데 매우 탁월하다는 것을 깨닫게 되었기 때문이다. 명리학을 좀더 잘 활용할 수만 있다면 지금까지 알려져 있는 그 어떤 방법론보다도 인간에 대해, 인간의 삶과 운명에 대해 잘 말해줄 수 있겠다는 믿음 때문이다. 그렇게 알게 된 것들을 바탕으로 내가 사람들이 스스로 바로 서도록 도울 수 있겠다는 믿음이 계속 자라났기에, 이렇게 위대한 학문을 상담학으로 잘 끌어올 수만 있다면, 내가 생각하는 사주상담의 큰 효용성은 제대로 발현될 수 있다고 확신했고, 아직도 그 방향을 향해 매진하고 있다.

"지난날의 나처럼
능력이 부족해 아직 서툴고, 실수도 하고
지금 하는 일에 확신이 없고,
그렇다고 새로운 일을 확실하게 발견하지 못한 상태라면,
또는 발견했지만 당장 그 일로 옮겨갈 수 없는 상황이라면,
우선 지금 하는 일에 최선의 노력을 다하자."

《중용(中庸)》 제23장

- 자사(子思, 공자의 손자이자 제자) -

其次(기차)는 致曲(치곡)*이니,

曲能有誠(곡능유성)이니, 誠則形(성즉형) 하고, 形則著(형즉저) 하고,

著則明(저즉명) 하고, 明則動(명즉동) 하고, 動則變(동즉변) 하고, 變則化

(변즉화)니,

唯天下至誠(유천하지성)이아 爲能化(위능화)이니리.

그 다음은 미흡한 점을 하나하나 지극히 함이니,

한 쪽을 지극히 하면 능히 성실(誠)할 수 있다.

성실하면 나타나고(形), 나타나면 뚜렷해진다(著).

더욱 뚜렷해지면 밝아지고(明), 밝아지면 상대를 감동(動)시킬 수

있다.

감동시키면 변(變)하게 할 수 있고, 변(變)하게 할 수 있으면 감화(化)

할 수 있으니

오직 천하(天下)에 지극히 성실(誠)한 사람이어야

능히 감화(化)할 수 있다.

*치곡(致曲) : 부분적인 것을 하나하나 이루어나감

손님의 거짓말, "내 여동생에게 남자가 있나요?"

여느 때보다 조금은 한가한 평일 오후, 카페 창가 쪽에 중년 남성 한 분이 양복을 말끔히 차려입고 앉아 있었다. 내 손님이었다. 20대였던 나는 사뭇 진지해 보이는 정장 차림의 중년 남성과의 상담이 조금 부담되었다. 내가 자리에 앉자 그분은 아주 의아한 눈빛으로 물었다.

"선생님은 안 오세요?"

그 말에 기분이 썩 좋지 않아 나도 퉁명스럽게 "제가 사주 보는 사람입니다." 하고 대답했다.

지금도 종종 손님들이 나이를 묻는데, 예전에는 내가 다른 분들에 비해 많이 어리다 보니 상담을 하기도 전에 반감을 갖는 분이 적잖이 있었다. 게다가 이 중년 남성분은 본인보다 나이가 어려 보이는 여자에게 인생의 문제를 이야기하는 것이 영 내키지 않은 듯했다.

"사주명리 보는 이 선생님을 예약했는데요? 남자분이 아니신가요?"

"아, 네. 제가 이선생이 맞고요, 사주 공부를 한 사람이 맞습니다."

그때까지만 해도 사주명리는 남자의 영역이라 생각하는 분이 많았고, 여자들은 대체로 점을 보는 무당이라고 상상했다. 무당은 어릴수록 인기가 많고, 철학은 나이가 들수록 신뢰도가 높던 시절이었다. 지금은 여성 명리학자도 많이 활동하고, 젊은 여성도 많아 선입견이 적지만, 20년 전만 해도 명리학은 남성 중심이었고, 나이가 많은 분이 훨씬 신뢰도 높은 이미지를 갖고 있었다. 나는 여자이고 어리기까지 하니 시작부터 마이너스였다.

양복을 차려입은 남성 손님의 머릿속은 복잡했으리라. '이런 어린 여학생 같은 사람에게 인생 상담을 해야 한다니…….' 충분히 이해가 되면서도, 이런 일이 자주 반복되다 보니 나도 좀 짜증이 나서 한마디를 덧붙였다.

"저 명리학 공부한 것 맞고요, 결혼도 했습니다. 자녀도 있고요. 선생님 예상과 달리 할 거 다 해봤으니, 상담하시려면 하시고 아니면 다른 분으로 바꿔드릴까요?"라고 말하고는 답을 기다렸다.

"아, 네. 그럼, 뭐 그냥 보시죠."

그렇게 불편한 상담은 시작되었다.

"상담하실 분 성함이요? 생년월일시는요?"

"어, 본인이 아니시네요? 관계가 어찌 되시나요?"

"아……, 제 여동생입니다. 아직 결혼을 못 하고 있어서 남자가 있는지, 결혼을 하는지가 궁금해서요."

웬만해서는 타인의 사주를 잘 봐주지는 않는다. 가족인 경우 꼭 요청하면 봐주기는 하는데, 그래도 남의 이야기를 하는 것이 참 마뜩지 않은 일이라 웬만하면 본인이 오기를 권하는데, 그때는 '시집 못 간 여동생을 걱정하는 여유 있어 보이는 중년 오빠인가 보다.' 하며 사주 풀이를 했다.

그런데 상담이 진행될수록 좀 느낌이 이상했다. 현재 여동생이 남자친구가 있는지를 너무 집요하게 물어보는 것이었다. 순간적으로 나는 '아……, 동생이 아니겠구나.'라는 직감이 왔다. 물론 그 직감이 틀렸는지도 모르지만, 나는 그때 그렇게 판단했고 "현재는 남자가 없다."라는 답변을 거듭 말씀드렸다.

물론 내 답은 이분이 원하는 답변이 아니었다. 이분은 사주 속 여성분에게 현재 남자가 있다라는 강한 의심을 갖고 찾아왔고, 사주 풀이를 통해서 확신이 필요했던 것이다. 내 짐작으로 여성분은 이 남성분의 부인일 것만 같았다. 그래서 난 끝까지 돌팔이를 자처했고, 남성분은 "분명 지금 남자가 있는 것 같은데……, 다른 데 가니까 있다고 하던데……, 선생님 잘 보신다고 해서 왔는데……. 이상하네, 분명 남자가 있을 텐데…….”라며 의심을 거두지 않았다.

“죄송하지만 제가 보기로는 남자는 없는 듯합니다. 집에 돌아가셔서 직접 여쭤보시지요, 동생분이 지금 어떤 상황이신지.”

이 말을 끝으로 이분과의 상담을 마쳤다. 만족시켜주지 못해 죄송하기도 했지만 나는 지금도 이 날의 상담을 후회하지 않는다.

이 남성분의 관상은 매우 차분하고 매서운 눈매를 가진 날카로운 상이었다. 총명하면서도 집요하고 화를 잘 내지 않는 그런 성격인 듯싶었다. 이분이 동생이라고 주장한 그 여성은 현재 남자가 있을 확률이 높아 보였다. 하지만 나는 족집게가 되기보다는 돌팔이가 되기를 선택했다.

의심은 사람을 병들게 한다. 그 의심에 내가 불을 더 지피는 것은 바른 역할이 아닌 것 같았다. 물론 헤어질 인연은 헤어지고, 싸울 사람은 싸운다. 하지만 그 시작이 역술인이나 점집이 아니었으면 하는 것이 현재까지도 변함없는 내 생각이다. 왜냐하면, “점을 믿지 않는다, 그냥 재미로 본다.”고 하면서도, 의심이 드는 상황에서는 점집에서 들었던 말이 사람 하나를 집어삼키는 역할을 하는 것을 너무도 많이 봐왔기 때문이다. 만의 하나, 점을 잘못 본 것이라면? 사주 풀이를 잘못한 것이라면? 이 모든 것이 나의 말로 인해 일어나는 일이라면?

이 남성분은 원하는 대답을 듣기 위해 아마도 다른 곳을 또 찾아 나섰을 것이다.

손님들의 대부분은 본인이 듣고 싶은 말을 듣기 위해, 본인 생각에 확신을 심어줄 누군가를 기대하며 많은 점집과 철학관을 찾아간다. 실제로 궁합이 안 좋다는 소리를 듣게 되는 커플은, 궁합이 좋다는 말을 해줄 철학관을 만날 때까지 계속 여러 곳을 찾아다니며 궁합을 보기도 하니까.

간혹 손님들 중에는 "나쁜 말 많이 해주세요. 괜찮으니 진짜 솔직하게 다 말해주세요. 철학관 가면 좋은 말들만 해줘서 전 좀 그래요. 안 좋은 말 들으러 왔으니 안 좋은 거 위주로 말해주세요."라고 하는 분들이 있다. 난 그럴 때에도 끝까지 좋은 점들을 더 많이 설명하고 상담을 마친다.

우리 같은 직업인이 하는 말은 어쩔 수 없이 말에 힘이 실릴 수밖에 없기 때문에 정확하지 않으면서 부정적인 말은 한 사람의 인생에 득보다는 실이 많다고 생각하기 때문이다. "그런 거 안 믿어. 그냥 재미로 보는 거야." 하면서도 나쁜 말을 들으면 평생 머릿속에 남아 의심이라는 세상의 문을 열어젖히게 된다. 특히, 배우자나 부모님, 남자친구처럼 타인에 대한 부정적인 말은 더욱 더 위험하기에 남의 사주를 보는 것은 더더욱 신중해야 할 일이겠다.

지옥은 멀리 있지 않다. 다른 누군가에 의해서가 아닌 스스로 지옥문을 열어버리는 경우가 대부분임을 잘 알고 있을 것이다. 남의 사주를 부정적 의혹을 갖고 궁금해하지 말고 본인에 대해서만 연구하는 방법으로 사주명리학을 찾아주길 간절히 바라는 마음이다.

거듭 이야기하지만, 사주명리학은 자기 자신을 찾아 떠나는 여행을 위한, 지금껏 인간이 찾아낸 그 어떤 방법론보다도 정교하고 많은 것을 담고 있는, 훌륭한 도구이니까 말이다.

남의 인생에 관여한다는 것,
비밀유지의무

이 일을 하는 동안, 잊지 못할 큰 후회로 남은 일이 두 번 있었다.

하나는 앞서 이야기한 애견숍 사장님에게 "이번 생은 운이 없다."라는 짧은 소견의 잘못된 상담을 했던 일이고, 다른 하나는 10여 년 전쯤, 의도는 좋았으나 결과가 너무 안 좋았던 손님에 관한 이야기이다.

보통, 가족 중에 한 사람이 처음 상담을 다녀간 후 만족하게 되면, 다른 가족들을 소개해준다. 그렇게 딸이 왔다 가고, 어머니가 왔다 가고, 언니가 왔다 가고, …. 어느 정도 시간이 흐르면 온가족이 다 손님이 되어 있다. 그러다 보니 이집 저집의 이야기를 다 전해 듣게 되는데, 대부분의 가정들이 그렇듯, 성인이 되어 각자의 가정을 꾸리면 조금씩은 비밀들이 생기기 마련이다. 역술가, 사주명리상담가라는 직업이 국가의 관리 하에 있는 직업이 아니고, 심리상담사 역시도 아직은 법적인 비밀유지의무가 있지는 않다. 그러다 보니 여러 가지 문제들이 일어날 수도 있는데, 나 역시 그랬다.

내가 큰 잡음 없이 오랫동안 이 일을 할 수 있었던 이유는, 나 스스로 비밀유지의무를 성실히 지켜왔기 때문이라고 생각했었다. 그래서 누군가의 소개로 새 손님이 와도 그 손님의 상담 내용을 소개자에게 말하지 않았다. 간혹, "그런데 그 친구 뭐 물어보러 왔었어요? 그 친구 진짜 그렇게 부자예요?"와 같은, 특별한 의도 없이 그냥 물어보는 소개자들이 있어도, 나는 상담을 너무 많이 하다 보니 사실 누군지 다 기억을 못 한다면서 슬쩍 답을 피했다. 나름 잘 지켜오며 일하던 중, 나도 그만 크게 실수하게 된 일이 있었다.

처음 상담을 온 분은 동생이었고, 몇 차례 상담 후 친정 언니를 소개시켜주었다. 이 자매는 항상 각자 따로 상담을 왔었는데, 상담 마무리에는 항상 언니는 동생을 궁금해하고 동생은 언니를 궁금해했다. 얼핏 서로 걱정을 많이 해주는 좋은 사이 같아 보이기도 하고, 별로 안 좋아 보이기도 해서 정확하게 관계를 파악하기 힘든 자매였다. 상담이 거듭되면서 어머니와 남편들까지 온 가족이 다 면을 트게 되었고, 자매들 모두 창업, 출산 등 상담할 일들이 계속 있던 터라, 가게 자리도 봐주고, 아기 이름도 지어주는 등 자매의 대소사에 많이 관여하다 보니 어느덧 식사를 함께 할 정도로 가까운 사이가 되었다. 그렇게 온가족과 친해지면서 내가 잠시 중립을 잃게 된 일이 생기고 만 것이다.

어느 날, 동생이 안 좋은 일에 발을 들여놓는 바람에 작은 돈 문제가 발생했고 나를 찾아왔다. 해결방법을 찾아보자며 상담을 한 후 보냈고, 얼마 뒤 언니가 상담하러 왔다. 본인 문제를 다 이야기한 끝에, "근데 OO이는 어떻던가요? 왜 그런 일이 일어나가지고는……." 이렇게 말하는 것이었다. 그래서, '아! 언니도 이미 알고 계시는구나.' 싶어서 동생의 상황을 이야기했다. 그랬더니 언니가 눈이 휘둥그레지면서 너무 놀라는 것이었다. 그 길로 언니는 동생한테 연락해 난리를 쳤고, 그 난리는 가족 싸움으로 번져 병원에 입원을 하고 수술할 상황까지 가게 되었다.

결국 동생분은 나에게 연락해 엄청난 비난과 원망을 쏟아부었다. 나는 너무 미안하고 후회가 돼서 어찌할 바를 몰랐다. 정말로 동생의 상황이 걱정되어서, 언니가 도움을 줄 수 있을까 하는 좋은 의도로 말한 것이었는데, 결과는 나쁘게 흘러갔다. 동생에게는, 전적으로 내 잘못이고 너무 죄송하다고 거듭 사과하고, 어머니와 언니 모두에게 연락을 드려서 이 상황에 대한 미안함을 전하고는 그 가족들과 인연을 정리했다.

변명을 하자면, 동생분이 당장 위험에 처해 있는 것 같아서 누군가는 말려야 할 상황이었기에 온가족과 친해진 사이이고 동생 일이 잘 해결되면 좋겠다는 의도로 편하게 이야기를 한 것이 큰 분란을 일으킨 것이다. 의도는 좋았으나 결과는 참담했다. 이 일로 나는, 다시 한 번 내가 하는 일이 얼마나 신중해야 하는 일인지 실감했다.

위의 사례처럼, 이 일을 하면서 정말 곤란한 상황을 많이 겪는다. 지인관계의 두 사람이 나를 찾은 경우, 그중 한 사람이 사기꾼이 분명하고, 사기 치려는 정황까지 이미 나에게 얘기했는데, 이 사실을 다른 한 사람에게 말해야 하나 말아야 하나 하는 딜레마의 경우 말이다. 하지만 나는 이 일을 겪은 후 절대로 다녀간 분의 이야기를 하지 않겠다는 나만의 '비밀유지의무'를 더욱 철저히 지키게 되었다.

사람들은 상담을 받으러 가면 많은 것을 기대하고 가게 된다. 그냥 재미로 한번 보는 것이라 말은 하지만, 속마음은 궁금한 것이 참 많다. 특히 궁합이나 사업 파트너에 대해 묻고 싶을 때는 더욱 그러하다. 하지만, 상담 당사자도 본인 아닌 타인의 이야기를 너무 소상하게 말해줄 수 없다는 것은 감안해야 한다. 그리고 함께 방문했다고 해도, 둘이 함께 앉아 있는 커플을 보고 "남자가(혹은 여자가) 바람둥이네."라고 할 수는 없는 것 아닌가! 사주명리가가 실력이 부족해 잘 알지 못해서 말 못 해주는 일도 있겠지만, 알아도 다 말해주지 못하는 경우가 더 많다는 것을 감안하고 상담실을 찾는 것이 좋겠다. 그렇기 때문이라도 더더욱 스스로 사주 공부를 할 필요가 있는 것이다.

2장

사람의 운명을 예측하는 다양한 방법들

내가 왕이 될 상인가?

_ 관상(觀相)

"이보게 관상가 양반, 어째 내 얼굴이 왕이 될 상인가?"

2013년 '관상'이라는 영화가 인기리에 상영되었다.

위의 대사는 한번쯤 들어봤을 텐데, 이리의 상을 가졌다는 수양대군 역할의 이정재 배우가 말한 대사로 많은 TV 프로그램에서 패러디되기도 했다. 라이벌인 김종서(백윤식 배우)는 영화에서 호랑이 상을 가진 것으로 나온다.

관련 업종 종사자(?)인 나는 어느 영화보다도 이 영화를 재미있게 보았고, 기억할 만한 장면이 있어서 강의 시간에 그 장면을 꼭 보여드린다. 얼마 전에는, 한 TV 프로그램에서 가수 탁재훈 씨의 관상을 '나무늘보 상'이라고 설명하는 것을 보고 '비교되는 동물의 범위가 많이 확대되었구나.' 하면서 재미있게 보았던 기억도 있다.

처음 명리학을 배웠을 당시, 그때는 '관상'이라는 분야를 따로 배울 생각을 못 했었다. 역학의 세계는 전 우주를 다 포함하기 때문에 명리학만 배우기도 벅찼고, 무엇을 어떤 순서로 배워야 하는지도 몰랐다. 그런데 손님들은 상담 끝에 꼭 "근데 보살(처녀보살 아니라고 해도 꼭 그렇게 부르시고는), 내 관상은 어떻노?"를 물으셨다. 처음에는 그냥 "네, 뭐……, 괜찮으신데요?" 하고 넘겼는데, 묻는 분들이 많아지니 이것도 공부를 해야 하나 싶어서 책을 사 보게 되었다. 손님도 많지 않았기에 공부 말고는 딱히 할 일도 없어 잘 되었다 싶었다. 그렇게 나의 관상 독학은 손님들의 물음으로 시작되었고, 훗날 석사논문을 쓸 때 도움이 많이 되기도 했다.

책을 통해 기본기를 익힌 이후, 사주를 보다가 관상을 묻는 분들이 있으면 조금씩 곁들여 봐주게 되었다. 특히 사주카페에서 일할 때는 대학생 손님들이 많았는데, 많은 분들이 "선생님, 성형수술을 하면 좋을까요? 어디를 어떻게 하면 관상에 더 좋나요?"를 물었다. 그래서 생각보다 많은 사람들이 성형 관상에 관해 궁금해한다는 것을 알게 되었다.

그러던 어느 날, 한 중년의 여성분이 오셨다. 실내에서도 선글라스를 벗지 않아서 의아했는데, 안경을 벗는 순간 딱 봐도 얼굴이 조금 어색한 모습이었다.

"선생님, 저 다른 게 아니라……, 제 얼굴 이상하죠? 성형수술이 잘못되어서 재수술하려고 하는데요, 너무 겁이 나서 찾아왔습니다."

당시에는 나도 성형외과를 가본 적이 없던 터라 대략 난감했지만, 일단 나를 찾아왔으니 어떻게든 최선을 다해보자 마음먹고 이야기를 이어나갔다. 그분은 내가 이해하기 좋게 자초지종을 잘 설명해주었는데, 요점은 성형수술은 재수술이 더 위험하고, 수술의 완성도에도 문제가 있을 수 있어서 본인에게는 지금 죽고 사는 문제만큼 중요한 일이라는 것이었다. 그저 듣기만 하는데도 그 절박한 심정이 충분히 이해되었다. 눈을 제대로 감을 수가 없어 잠자는 것이 힘든 상태였기 때문이다.

그렇게 그 손님과 수술을 언제 하면 좋을지, 어디서 하면 좋을지, 어떤 의사에게서 하면 좋을지를 함께 의논했다. 손님은 자료를 찾고, 나는 사주팔자를 분석했고, 재수술 전문의사 한 분을 선택했다. 우리의 간절한 마음이 통했는지 수술은 성공적이었다. 수술이 다 끝나고 일상을 회복하고서 그분이 나를 다시 찾아올 때까지 내 마음이 얼마나 조마조마했는지 모른다. 그때까지 내가 배운 모든 지식을 총동원하여 분석하고 방법을 제시했지만, 명리 서적 어디에도 '성형 재수술 하기 좋은 날'이라는 내용은 없었기 때문이다.

손님도 사주로 이런 것까지 알아볼 수 있는지 확신은 없었지만, 의논할 사람이 없고 너무도 간절해서 함께 방법을 찾아줄 사람이 필요해 나에게 온 것이었다. 아무튼 그 손님 덕분에 나는 새로운 내용을 더 깊이 공부할 수 있게 되었고, 다음에 유사한 상담이 있을 때면 그때 했던 공부가 많은 도움이 되었다. 그 손님은 바로 잡힌 얼굴로 드디어 편안하게 잠들 수 있었고, 일상생활에서도 서서히 자신감을 되찾아갔다.

그런데 성형이라는 것을 통해서 관상을 바꾸고, 바뀐 관상으로 자신감을 되찾고, 그로 인해 운명이 바뀌도록 도움을 주는 것이 가능한 일일까? 우선, '관상'이 무엇인지 한번 생각해보자.

존재하는 모든 사물은 '모양, 형태'를 갖는다. 이 형태라는 것은 '기(氣)'에서 나타난다고 보는 것이 동양의 사상이다. 눈에는 보이지 않는 어떤 기운(에너지)이 눈에 보이는 어떠한 형태로 발현된다는 것이다.

관상(觀相)은, 이러한 자연의 법칙이 사람의 신체에 나타난 것을 의미하는데, 흔히들 얼굴형과 이목구비 정도만을 생각하지만, 사실은 뼈, 손, 발, 두상, 치아, 피부, 빛깔, 목소리, 체모, 주름, 걸음걸이 등을 포함한 모든 드러나는 모습을 말한다고 할 수 있다.

고양이는, 고양이의 성정이 오랜 세월을 거쳐 귀는 뾰족하고, 걸음걸이는 얌전한 모습으로 드러나는 것이고, 호랑이는 용맹한 그 성정이 호랑이의 몸집 크기와 털, 무늬, 포효하는 소리, 눈빛

등을 만들어낸다는 것이다. 각자가 가진 본래의 성정이 겉으로 드러나는 것이 '모습'이므로, 사람의 이미지를 동물에 비유해 이해하기 쉽게 설명하는 관상이론이 관심을 끌기도 한다. 요즘은 옛날보다 동물들에 대한 지식이 많아져서인지 더 다양한 동물과 사람의 모습을 비교하는 듯하다. 고양이 상, 곰 상, 강아지 상, 쥐 상, 미어캣(?) 상 등등, 동물 상에 적용해 인간들의 어떤 성정을 대변하는 것이 어느 정도는 가능할지 모른다.

하지만 인간은 동물적인 겉모습으로만 이루어진 존재가 아니므로, 동물에 비유하는 상학(相學)은 지적 활동과 사유를 통해 발달하는 인간의 세부적인 성정을 다 대변할 수는 없을 것이다.

존재하는 것들의 기운적인 특징이 외모로 나타난다는 것이 관상이기에, '사람의 상, 즉 모습을 잘 살피면 과거, 현재, 미래를 알 수 있다'는 생각은 '예측 방법'의 하나로 이용된다. 또한 어떤 사람인지 얼굴에 드러나기에 미리 피해야 하는 사람을 파악해 흉한 인연을 맺지 않도록 도와줄 수 있다는 것이다.

그러면 안에 있는 것이 외부로 드러나서 관상을 만들고 운명을 만든다면, 성형을 통해 외부를 바꾸는 것이 안에 있는 내면에 영향을 끼칠 수 있는 것인가에 대해 생각해볼 수 있다. 오랜 시간 상담을 해온 결과, 영향을 준다고 보는 것이 내 의견이다. 내면의 기(에너지)가 외부로 드러나서 외모가 되지만, 바뀐 외모는 자신감이라는 마음의 변화를 이끌어 그 내면의 기운이 달라지게 되므로 대체로 긍정적 효과를 외부적으로 드러나게 한다.

그런데 우리가 약을 통해 질병이 쉽게 낫게 되면 또 약을 쓰고 싶어지듯이, 성형을 통해 관상이 바뀌고 바뀐 관상으로 마음이 바뀌어서 좋은 일이 많아지면, 그다음 어려움에 처했을 때 또 성형을 생각할 수도 있고, 어려움에 처하지 않아도 성형을 해서 좋아졌으니 다른 부분도 성형하면 더 좋아질 것이라는 생각에 성형 중독이 되는 위험에 빠질 수도 있다. 중독은 마음에 불안을 만들어내고, 불안해진 마음은 더 이상 좋은 기운을 만들어내지 못하기에 역효과가 생기게 되는 것이다.

또한, 관상은 얼굴만 보는 것이 아니다. 물론 대부분 얼굴을 위주로 잘 들여다봐서 결혼운, 남편복, 자식복, 재물복을 미루어 짐작해볼 수 있고 성형으로 부족한 관상을 보충할 수 있음도 동의하지만, 즉각적으로 관상을 바꾸려는 시도는 부작용을 유발할 수 있다. 앞서 말했듯이, 걸음걸이, 자세, 표정, 제스처 등 모든 이미지가 다 관상이므로, 바꾸는 데 시간이 조금 걸리더라도 나쁜 체형이나 자세, 말투와 같은 내면적 습관을 고쳐 더 나은 외면으로 드러나게 함으로써 관상을 바꿔보는 것은 어떨까? 단단하고 평온한 운명은 결코 하루아침에 이뤄지지 않으니 말이다.

관(觀) : 보다. 보이게 하다. 넓게 보다.

상(相) : 나무(木)를 눈(目)으로 보다. 자세히 보다. 관찰하다.

메소포타미아의 한 유적지에서 "얼굴이 삐뚤어졌는데 오른쪽 눈이 돌출되었다면, 타향에서 개떼에게 잡아먹힐 운명이다."라고 써진 서판들이 발견되었다고 한다. 지금 당장 거울을 들어 내 얼굴을 쳐다보니 얼굴이 심하게 삐뚤어지지 않았고, 오른쪽 눈이 돌출되지는 않은 듯하다. 타향에서 개떼에게 잡아먹힐 운명은 피한 것 같으니 참으로 다행이라 해야 할까?

과연 우리가 진정으로 '관(觀)'하고, '상(相)'해야 하는 것은 무엇일까?

다음의 유명한 이야기로 마무리하려 한다.

> 당나라 말 송나라 초, 《마의상법(麻衣相法)》이라는 관상서(觀相書)를 쓴 마의선사가 길을 가다가 나무하러 가는 젊은이를 만났는데, 관상을 보니 죽음의 그림자가 드리워져 있었다. 자신이 죽을 날도 모른 채 일하러 가는 젊은이가 안타까웠던 그는 "당신은 얼마 안 가서 죽을 상이니 너무 무리하게 일하지 말게."라고 말해주었다.
>
> 그 말을 들은 젊은이는 매우 낙심하여 주저앉아 멍하니 하늘을 보며 신세한탄을 하고 있었는데, 그때 마침 나무토막에 의지한 채 계곡물에 둥둥 떠내려오는 수많은 개미떼를 보게 되었다. 물에 빠지지 않으려고 발버둥치는 모습이 꼭 죽음을 앞둔 자신 같아서 이 젊은이는 나무토막을 꺼내 개미떼를 모두 살려주었다.
>
> 며칠 후 마의선사는 그 젊은이를 또다시 마주치게 되었는데, 이

게 웬일인가! 그의 얼굴에 깃들었던 죽음의 그림자는 사라지고, 장수는 물론이고 부귀영화를 누릴 좋은 관상으로 변해 있었던 것이 아닌가. 이유가 너무도 궁금했던 선사는 젊은이에게 그사이에 무슨 일이 있었는지 물어보았는데, 젊은이는 며칠 전 개미떼를 구해준 이야기를 했고 그 외에는 별다른 일은 없었다고 했다. 마의선사가 그 이야기를 듣고는 우리가 잘 아는 그 유명한 문장을 남겼다고 한다.

相好不如身好(상호불여신호)

身好不如心好(신호불여심호)

心好不如德好(심호불여덕호)

"관상 좋은 것이 몸 좋은 것보다 못하고,
몸 좋은 것이 마음 선한 것보다 못하며,
마음 선한 것이 덕성 훌륭한 것보다 못하다."

'萬相不如心相(만상불여심상)'이라.

일만 가지 상이 아무리 좋아도 마음이 좋은 것보다 못하다.

- 공자(孔子) -

'신체와 영혼이 동시적으로 변화한다'는

조건 아래에서만 관상학이 성립할 수 있다.

- 아리스토텔레스(Aristoteles) -

나는 누구인가?

_ MBTI와 육십갑자 일주론

"너 MBTI가 뭐야?"

고등학생 딸이 신학기에 처음 본 친구에게 실제로 들은 첫인사라며 말해주었다. 나에게는 약간의 문화 충격이었다. 낯선 아이가 다가오더니 "너 이름이 뭐야?"가 아니라 MBTI라니!

그런데 더 신기한 것은, 딸은 "응, 난 INFP야."라고 대답했고, 둘은 조용히 친구가 되었다나 뭐라나.

"나는 누구인가?", "너 자신을 알라."

답이 없어 보이는 질문 같지만, 인류는 끊임없이 이 질문을 해왔고 여전히 진행 중이다. 내가 누구인지를 알 수만 있다면, 앞으로 어떻게 될지도 알 수 있지 않을까? 알 수만 있다면 정말로 알고 싶지 않은가? 참으로 궁금하고 목이 마르는 문장이 아닐 수 없다.

상담실을 찾는 손님들 중에는 당장 결혼운이나 합격운이 궁금해서가 아니라, 정말로 근본적인 '나'가 궁금해서 오는 분들이 가끔 있다.

"어서 오세요. 자리에 앉으시고요. 자, 생년월일시 확인하셨죠? 설명을 드리면요, 이 사주는 자월의 병화라는 사주인데요, 겨울의 태양에 비유할 수 있는 사주이며, 올해 이동수가 있으시고, 결혼운은 아직 미혼이실 것 같네요. 그리고 또……"

나는 열심히 설명하고 있는데 뭔가 분위기가 좀 심상치 않다고 생각되는 찰나, "저기요, 선생님. 죄송한데요. 저는 그런 거 말고요. 제가 어떤 사람인지를 모르겠습니다. 저에 대해서 정확하게 알고 싶어서 나름 사주 공부도 하고 있는데, 너무 어렵네요." 하는 말이 들린다.

"아, 그러시군요. 공부하신 분이시네요. 그럼 같이 이야기 나눠보시죠."

"저……, 사실은 선생님 방송 듣고 왔거든요. 선생님이라면 뭔가 이야기를 해주실 수 있지 않을까 해서요."

"아, 그러세요? 같이 한번 내가 누구인지 찾아보죠!"

손님에게 이렇게 답하고, 속으로는 '톡톡사주(시즌 1은 개그우먼 허안나 씨와, 시즌 2는 맹승지 씨와 함께 진행했던 SBS 라디오 팟캐스트 프로그램이다.)를 듣고 오셨구나. 오늘 상담은 이걸로 문을 닫아야겠네!' 생각했다.

사실 이런 상담이 오면 개인적으로는 매우 흥미롭고 좋아하는 주제라서 참 좋다. 하지만 시간이 많이 소요되고 뚜렷한 답을 얻거나 만족감을 이끌어내기가 쉽지 않다. '그래, 오늘은 인생 공부하자.' 하고 마음을 고쳐먹고, 손에서 펜을 내려놓고 다른 방향의 이야기를 하기 시작했다.

어떤 분들은, '먹고살기도 바빠 죽겠는데 뭐 그런 거를 물어보러 시간 들여 돈 들여 찾아갈까?' 하는 생각이 들 수도 있고, 또 '나를 알고 싶은 거라면 MBTI가 딱이지! 회사 면접에서도 MBTI를 물어볼 정도로 인정받는데 웬 사주명리?' 하고 생각하는 분이 있을 수도 있겠다.

MBTI는 주어진 문항을 읽고 자신과 유사하다고 여겨지는 문항에 체크하는 '자기보고 형식'의 성격 유형 검사이다. 대체로 사람들은, 본인을 가장 잘 아는 사람은 바로 자기 자신이라고 믿는다. 그래서 본인이 본인에 대해 스스로 체크하는 것이니 MBTI야말로 잘 맞지 않을까? 하고 생각한다. 하지만 위의 사례자처럼 본인이 누구인지, 어떤 사람인지 모르겠다는 사람들이 생각보다 많다. 자신이 이런 것 같기도 하고 저런 것 같기도 해서 스스로를 규정짓기가 어려운 것이다.

반면, 사주명리는 철저하게 타인이 나에 대해서 말해주는 형식이다. 나를 생전 처음 본 사람이, 단 몇 분 만에 내 생년월일시만을 가지고 나에 대해서 줄줄줄 이야기한다. 그런데 신기하게도 잘 맞는다. 물론 '하나도 안 맞네.'라고 생각하는 분들도 있겠지만 꽤나 적중률이 높다. 특히 사주를 봐주는 사람은 나를 오늘 처음 보아서 나에 대해 아무것도 모르는데, 내가 어떤 사람인지를 읊는다는 것만으로도 신기하다는 것을 부인하기 어렵다.

사주명리를 보기 위해서는, 우선 태어난 년(年), 월(月), 일(日), 시(時)를 육십갑자(六十甲子)라는 한자로 변환한다. 이것이 운명의 코드가 되는 것인데, 년주, 월주, 일주, 시주 이것을 우리는 네 기둥, 사주(四柱)라고 한다. 그 중에서 태어난 일에 해당하는 '일주(日柱)'가 기본적인 그 사람의 성향을 대표한다고 규정하고 사주를 살피게 되는데, 이것이 '일주론(日柱論)'이다.

일주론은, '태어난 날(日) = 생일'을 기준으로 사람의 유형을 크게 60갑자, 즉 60가지로 나눈다. 일단 기본 출발부터가 60가지이니, 다른 도구들에 비해 훨씬 많은 가짓수로 세분화되어 출발하는 것이다. 게다가 60개의 일주는 각각 '태어난 달(月) = 생월'에 따라 차이를 나타낸다. 달은 총 12개가 있으니 60×12=720개의 서로 다른 유형이 또 생긴다. 이렇게 열두 달이 다르듯, 명리학에서는 태어난 시간도 24시간을 2시간 단위로 묶어 자시(子時)부터 해시(亥時)까지 12가지 시간으로 나눈다. 따라서 720개의 유형을 다시 12개의 시간으로 세분해보면 720×12=8,640개의 경우가 나온다. 태어난 12달의 차이, 태어난 12개의 시간 차이를 적용했더니, 무려 8,000가지가 넘는 사람 유형이 나타났다. 태어난 연도가 각기 다른 것은 아직 적용하지 않았는데도 말이다.

인간의 삶을 알아보기 위해 지구상에 존재하는 그 어떠한 방법론도 이렇게 많은 가짓수를 만들어내는 것은 없다. 사주팔자 8글자뿐만 아니라 여기에는 10년마다 변화하는 대운(大運)이라는 것이 영향을 끼치는데, 이 대운은 남자와 여자의 운의 흐름이 다르기에……. 나의 뇌 용량은 여기까지인데, 머리 좋은 누군가가 실제로 계산했더니 대략 51만 가지의 사주가 나온다고 밝혔다.

이것만 보더라도 정말 놀랍지 않는가? 세상 모든 운명학 이론 중, 이렇게 많은 가짓수로 서로 다른 삶을 나타낼 수 있는 것이 또 있는지, 나는 사주명리학 이외의 것은 아직 알지 못한다.

물론, 그렇다고 해서 명리학이 만능이라는 말은 아니다.

일단 남반구 출생자를 간명할 명확한 이론이 없고, 쌍둥이에 대한 사주 적용도 실험적이다. 대안적 이론이 있기는 하지만 무리수가 있고, 명리학 자체가 절기를 기준으로 한 방식이므로 북반구 중에서도 사계절의 영향이 적은 극지방이나 적도와 같은 곳은, 적중률에 대한 결과의 유의미한 통계치를 갖기가 어려울 것이다.

또한, 명리학은 음과 양, 여자와 남자를 나누는데, 수술을 통해 성별을 바꾼 경우나 스스로의 성(性)정체성을 다르게 받아들이는 경우에 대해서는 적용할 방법이 없다. 실제로 현장에서 이러한 경우를 종종 만나는데, 이론적인 한계에 대해 솔직히 이야기를 나눈 후 상담을 하고 있다. 그 외에도 자시(子時)에 관한 내용이라든지 명확하게 통일되지 않은 이론들이 있어 불완전성은 갖고 있지만, 그런 것들을 감안하더라도 충분히 다뤄볼 가치는 차고도 넘친다. 방법론의 완벽하지 않음은 다른 동서양의 이론들도 모두 갖고 있는 문제이기도 하니까.

손님은 나와 오랜 시간 이야기를 나누었다. 자기 자신에 대해 하나하나 적어가고 대입해보면서 같이 고민도 하고, "아하! 그렇구나." 하는 반응도 보이며 열심히 사주를 분석해갔다.

왜 본인이 결혼에 대해 거부감이 강한지, 왜 특별한 이유가 없는데도 우울감에 쉽게 빠지는지, 충분히 괜찮은 상황인데도 자꾸 부정적인 생각을 하게 되는지……. 먹고사는 문제와 큰 관련 없어 보이는 이런 것들로 우리는 오랜 시간 사주 분석을 함께 했고, 결과는 대만족이었다.

자신에 대해 객관적인 시각을 갖는다는 것은 매우 좋은 효과가 있다. 물론 잘못된 선입견으로, '그럴 줄 알았어.', '사주팔자에 남편이 없었어!', '이러니 내가 모태솔로인 거였어!', '이번 생은 망했군!'이라고 답을 정해버릴 수도 있지만, 사주명리는 결코 그런 학문이 아니다.

누군가를 틀 안에 가두고, 프레임을 씌우고 가스라이팅하는 도구가 절대로 아니다. 사주명리를 공부했다면서 이런 생각에 사로잡혀 있거나 이런 말을 하는 사람이 있다면, 사주명리를 잘못 배우고 잘못 활용하고 있는 것이다.

사주명리는 세상 그 어떤 학문보다도 '나'라는 사람을 객관적으로 조망할 수 있게 한다. 어떤 사람의 타고난 특성을 살피고, 문제가 있다면 어떻게 개선할 것이며, 장점은 어떻게 더 부각시켜 나갈 것인지, 이러한 활동들을 언제 준비해서 언제 활용할 수 있을지 등등, 매우 체계적으로 과거와 현재를 분석하고 미래를 준비할 수 있게 해주는 놀라운 긍정의 학문이다.

하지만 사주명리에 대해 부정적인 견해를 갖고 있는 사람의 입장에서는, '나를 언제 봤다고 내 생일만 가지고 나에 대해 이렇니, 저렇니 말을 한다는 거지?', '과학적 근거도 없이 코에 걸면 코걸이, 귀에 걸면 귀걸이지. 애매한 말로 나를 현혹시키는 거 아닌가?', '내가 왜 저 역술가 말을 듣고 내가 그런 사람이라는 것을 받아들여야 하는 거지? 난 싫은데?'라고 충분히 생각할 수 있다. 더욱이 사주를 풀어주는 역술가의 자질에 문제가 있다면 더욱 그러할 것이다.

그렇다면 자기 스스로 자기 자신을 객관적인 시각으로 바라볼 수 있다면, 그것이 해결책은 아닐까? 그래서 내가 내린 결론은, '스스로 사주명리를 공부하자'이다.

스스로 공부하여 본인의 사주를 분석한다면, 이것은 타인이 알려주는 것을 무조건적으로 수용해야 하는 문제를 많이 해소할 수 있다. '이 날에 태어나면 이런 성향을 가진다.'라고 정해져 있다고 해도, 그 이론에 스스로 의문이 들고, 실제로 나는 그런 성향이 없다고 판단된다면, 그러한 의구심을 가지고 명리 공부를 계속하다 보면 알게 되고, 그 과정에서 정말 많은 깨달음이 생기게 된다.(직접 공부해봐야만 알 수 있는 느낌이라 설명이 참 어렵다.) 즉 자기보고 형식은 아니지만, 이미 정해진 명리학의 정답지를 본인이 들여다보면서 스스로와 비교하고 자문자답 하면서 자기보고 형식으로 내 사주를 분석해보라는 뜻이다.

"10년은 공부해야 한다는데, 언제 배워서 언제 스스로를 알아봅니까?"라고 묻겠지만, 족집게 도사에 도전하는 것이 아니라 '나는 누구인가'를 알고, 내 주변 사람을 이해하고 싶어서 공부하는 목적이라면, 10년은 걸리지 않으니 걱정 안 해도 된다.

몇 달만 공부해도 "아하!"를 연발하게 될 것이니 일단 공부를 해보자. 집이 언제 팔리는지, 주식은 언제 사는지를 알고자 접근한다면 10년이 넘게 걸려도 정답을 알 길이 없겠지만, 처음에는 '나를 아는 것'에 목표를 두자. 앞으로 계속할 이야기이지만, 운명을 바꾸려면 일단 '나'를 아는 과정이 꼭 필요하기 때문이다.

MBTI를 통해 셀프 점검을 해볼 수도 있고, 사주명리 상담을 통해 객관적으로 본인을 조망할 수도 있으니, 이 시대를 살아가는 우리는 이 모든 것을 다 할 수 있는, 이미 매우 많은 복을 받은 사람들인 것이다.

• 육십갑자 표 •

1 甲子 (갑자)	2 乙丑 (을축)	3 丙寅 (병인)	4 丁卯 (정묘)	5 戊辰 (무진)	6 己巳 (기사)	7 庚午 (경오)	8 辛未 (신미)	9 壬申 (임신)	10 癸酉 (계유)
11 甲戌 (갑술)	12 乙亥 (을해)	13 丙子 (병자)	14 丁丑 (정축)	15 戊寅 (무인)	16 己卯 (기묘)	17 庚辰 (경진)	18 辛巳 (신사)	19 壬午 (임오)	20 癸未 (계미)
21 甲申 (갑신)	22 乙酉 (을유)	23 丙戌 (병술)	24 丁亥 (정해)	25 戊子 (무자)	26 己丑 (기축)	27 庚寅 (경인)	28 辛卯 (신묘)	29 壬辰 (임진)	30 癸巳 (계사)
31 甲午 (갑오)	32 乙未 (을미)	33 丙申 (병신)	34 丁酉 (정유)	35 戊戌 (무술)	36 己亥 (기해)	37 庚子 (경자)	38 辛丑 (신축)	39 壬寅 (임인)	40 癸卯 (계묘)
41 甲辰 (갑진)	42 乙巳 (을사)	43 丙午 (병오)	44 丁未 (정미)	45 戊申 (무신)	46 己酉 (기유)	47 庚戌 (경술)	48 辛亥 (신해)	49 壬子 (임자)	50 癸丑 (계축)
51 甲寅 (갑인)	52 乙卯 (을묘)	53 丙辰 (병진)	54 丁巳 (정사)	55 戊午 (무오)	56 己未 (기미)	57 庚申 (경신)	58 辛酉 (신유)	59 壬戌 (임술)	60 癸亥 (계해)

하늘에는 甲乙丙丁戊己庚辛壬癸(갑을병정무기경신임계) 10글자, 땅에는 子丑寅卯辰巳午未申酉戌亥(자축인묘진사오미신유술해) 12글자가 있어서 1:1로 순서대로 대응하게 되는데, 처음 만나는 글자가 甲과 子 = 甲子이고, 이런 대응들이 60개가 있으므로 육십갑자(六十甲子)라고 한다. 특히, 제일 처음 오는 甲子가 다시 돌아오는 것을 甲이 돌아왔다 하여 회갑(回甲), 환갑(還甲)이라고 한다. 하늘과 땅의 운행이 60회의 한 주기를 끝내고 다시 처음부터 시작하는 것이라 한 바퀴 우주의 운행을 살았음을 기념하는 것이다.

이 60개의 글자들이 년, 월, 일, 시에 규칙적으로 배열되는 것이 사주팔자이고, 그중 태어난 일(日)에 배열되는 육십갑자를 분석하여 그 사람의 특징을 파악하는 것이 '일주론(日柱論)'이다.

본인의 일주를 알고자 하면, 숫자로 되어 있는 생년월일시를 육십갑자로 변환할 수 있어야 하는데, 이것은 '만세력'이라는 책(달력)을 통해 찾을 수 있다. 예전에는 책을 펼쳐서 년, 월, 일은 찾기만 하면 되었고 시간은 따로 외우거나 적어놓고 봤었는데, 지금은 생년월일시를 아라비아숫자로 입력만 하면 육십갑자로 변환해서 보여주는 앱(어플)이 많이 나와 있으니, 편리한 방법을 쓰면 된다.

▶ 만세력 보는 법

만세력 앱을 다운받고(앱 스토어에서 '만세력'이라고 검색하면 된다.), 2022년 양력 8월 9일 새벽 4시에 태어난 사람이 있다면, 입력창에 해당 숫자를 202208090400이라고 입력하면 이러한 모양이 나타날 것이다.

庚甲戊壬
寅午申寅

대부분의 만세력 프로그램은 오른쪽에서 왼쪽으로 읽히는 방식으로 되어 있으니, 오른쪽부터 년, 월, 일, 시가 된다.

우리는 태어난 일(日)을 찾아야 하니 오른쪽에서 세 번째, 왼쪽에서 두 번째 기둥(柱)이 바로 내 일주(日柱)이다. 여기서는 갑오(甲午)가 나의 일주가 되니, 이 사주는 '갑오일주' 사주가 된다.

아직 사주 공부를 하지 않았다 하더라도 본인의 일주는 기억해두자. 평생 이 일주로 살아가게 되고, 평생 변하지 않는 것이니까.

심신 치유와 처세술

_ 점, 타로카드, 주역

"와, 엽서예요? 그림이 특이하고 예쁘네요?"

20년 전쯤 부산 남포동의 한 패밀리레스토랑에 식사 초대를 받아 갔다. 음식을 기다리는 동안, 가지고 있던 타로카드를 테이블에 펼쳐놓고 카드에 대해 이야기를 나누고 있었는데, 매장을 돌아보던 여성 매니저가 내 타로카드를 보더니 말을 건넸던 것이다.

"아, 이건 엽서가 아니라 타로카드라고, 점 보는 카드예요."

매니저는 타로카드를 처음 봤다며 관심을 보였고, 자신의 점도 봐줄 수 있는지 물었다. 평일 어중간한 시간대라 손님이 별로 없어서 나는 옆 테이블에 판을 펼치고 흔쾌히 매니저의 신년운세를 봐주었다. 그렇게 난생 처음 타로카드를 경험한 매니저와

즉석에서 상담을 했고, 복채로 '부시맨빵' 10개를 얻는 쾌거를 거두었다.

세월이 지난 지금, 그 거리는 타로카드 로드숍이 수십 미터 줄지어 있는 곳으로 유명하지만, 당시에는 이것이 뭔지 잘 모르던 시절이었다. 비슷한 시기, 서울의 대학로에는 길에서 타로를 봐주는 사람이 있었지만 부산에서는 아직 유행하지 않았었다.

지금은 타로를 모르는 사람이 거의 없다. TV에서도 타로마스터가 자주 나오고, 어플로도 쉽게 타로점을 볼 수가 있다. 그리고 대부분의 사람들은 이것을 '점 보는 카드'로 알고 있다. 그렇다. 기본적으로는 점을 보는 카드가 맞다.

서양에서는 점성술과 타로카드로 운명을 예측하고 있는데, 점성술은 생일이 정해지면 본인만의 별자리 차트가 생기고, 그 차트의 변화를 분석해 미래를 예측한다. 기회가 있어 유명한 별자리 연구가의 무박 2일 인텐시브세션을 들을 기회가 있었는데, 나의 뇌 용량을 초과하는 복잡한 세계를 또 열기가 두려워 그날 이후로는 더 이상 발을 들이지는 않았으나, 명리학과 같은 맥락이라는 것을 알 수 있었다.

그에 비해 타로카드는 분석을 한다기보다는 상징과 직관의 영역이라고 하는 것이 더 맞겠다. 그래도 우리는 그냥 '타로점'이라는 용어로 '내가 뽑은 타로카드가 점괘를 알려준다'라고 생각하기도 하고, OX 퀴즈처럼 답이 정해져 있다고 생각하기가 쉽다. 물론 맞는 말이지만 그렇게 단순하게 정의하기에는, 타로는 훨씬 더 깊고 정교하다.

78장으로 이루어진 타로카드는, 22장의 메이저카드와 56장의 마이너카드로 나뉜다. 이 카드에는 만물을 구성하는 네 가지 기본요소인 지수화풍(地水火風)의 상징과 집단 무의식을 구성하는 보편적 상징인 원형(原型) 등이 그려져 있으며, 행성과 별자리, 수를 사용하여 사물의 본성이나 성격, 운명을 알고자 하는 '수비학(數祕學, numerology)' 개념 등, 우주적인 지혜가 녹아들어 있다. 이렇게 만들어진 타로카드는, 칼 융(Carl Gustav Jung, 1875~1961)이 말한 '동시성의 원리'에 의해 그 순간에 내가 선택한 카드와 질문의 답은 서로 개연성이 있으므로, 선택된 카드에 나타난 상징을 읽고 미래를 예측한다.

일반적으로, 과거를 확인하고 현재를 객관화하며 미래를 예측하는 점의 도구로서의 기능이 매우 크지만, 20년 동안 상담에 직접 활용해본 결과, 타로카드는 심신 치유를 위한 명상적 도구로서 훨씬 더 큰 가치가 있음을 확신하게 되었다. 그래서 내가 하는 강의 제목 역시도 '타로와 심신 치유'이고, 실제로 수강생들은 타로가 이런 기능을 갖고 있다는 것에 매우 놀라고, 수업을 들은 후 삶의 현장에서 힐링과 심리 상담의 도구로 잘 활용하고 있다. 물론 타로는 점술도구로서의 기능이 주기능이고, 매우 탁월한 것도 인정한다.

도원암 처녀보살 시절, 오늘도 인연을 기다리며 출근한 철학관에 하루는 친구가 놀러왔다. 하루 종일 손님도 없고 방바닥은 뜨듯하고……. 둘이 앉아 심심풀이로 바닥에 타로카드를 펼쳤다. 친구는 그때 연인과 이별한 지 얼마 되지 않아서 마음이 힘든 상태였다. 상황을 물어보니 완전히 이별했고 정리가 끝난 상태인데, 전혀 미련이 없어 보이는 전 남친을 떠올리니 아무래도 사랑이 아니었던 것 같다며, 그동안의 만남 자체에 회의가 들고 부정적인 마음이 자꾸 생겨나서 힘들어하고 있었다.

과연 그 남자는 나를 사랑했을까? 우리가 비록 헤어졌지만, 그래도 우리는 사랑이었을까? 그런 이야기를 하던 중에, 그러면 내가 타로로 두 사람은 어떤 인연이었는지를 한번 보자고 제안했고, 친구도 흔쾌히 수락했다. 그렇게 질문을 하고 타로를 열심히 섞는 중에, 셔플(카드를 섞는 일)이 아직 끝나지도 않았는데 갑가지 카드 한 장이 슝~ 하고 공중으로 튀어 올랐다. 정말로 '나 여기 있지롱!' 하는 것처럼 카드가 공중으로 튀어 올라온 것이었다. 둘 다 너무 놀라서 셔플을 멈추고 바닥에 떨어진 카드를 조심스럽게 뒤집어 보았다.

카드를 뒤집는 순간, 둘 다 온 몸에 소름이 쫙 돋았고, 함께 "꺄아~악!" 하고 소리를 질렀다. 타로카드 6번, 'THE LOVER(연인)'. 친구는 나에게 일부러 그 카드가 나오게 한 것은 아닌지 등등, 믿을 수 없다며 계속 확인했다. 그때 그 느낌을 글로 전달하기가 쉽지 않지만, 당시의 놀라운 기분은 아직도 생생하다. 카드가 살아 있는 생명체가 되어서 말을 하는 것처럼 느껴졌기 때문이다. "아……, 둘은 사랑이었네." 이 솟아오른 카드 한 장의 결과에 친구의 복잡한 마음은 편안해졌다. 이 일이 있은 후, 내 친구는 타로카드를 조금은 무서워(?)했지만, 가끔 복잡한 문제가 있을 때 종종 나를 찾아와 타로점을 본다.

타로도 세월이 흐르면서 다양하게 변하는데, 원래 서양의 것이었던 타로카드가 최근에는 동양적 세계관을 담은 무속 관련 타로, 사주 타로, 주역 타로 등으로 응용되어 시중에 나오면서 훨씬 다양해지고 풍부해지고 있다.

서양의 점술에 타로가 있다면, 동양의 점술은 누가 뭐라 해도 '주역(周易)'일 것이다. 조금 더 세분화하여, 서양의 타로카드가 점을 넘어 심리 치유의 방법으로 아주 유용하다면, 동양의 주역점은 심리 치유의 기능보다는 세상에 나아가는 사람들에게 처세의 태도를 알려주는 지침서의 역할을 한다고 볼 수 있다. 점을 치는 현재의 나는 어떤 상태의 그릇이며, 그런 나는 질문하는 이 일을 어떻게 받아들이고 준비하며 대처해나가야 하는지를 알려주는 것이다.

원래 주역점을 치는 방법은 음(陰, --)과 양(陽, —)을 대표하는 기호를 ☷ 모양, ☰ 모양으로 쌓아가는 '작괘(作卦)'라는 다소 복잡한 과정을 거쳐야 하고, 이 기호의 의미들을 다 공부해야 하는데, 내가 강의에 사용하는 '주역 타로'는 작괘의 과정을 생략하고, 64장의 주역 괘(卦)를 한 장씩 64장의 카드로 만들어놓았기 때문에 일반적인 타로카드 점을 치듯이 카드를 뽑아 해석할 수 있게 해놓은 것이다. 따라서 어렵기로 소문난 '주역'이라는 학문을 매우 친근하게 만들어, 수천 년의 지혜가 대중들에게 가까이 다가갈 수 있도록 한, 시대의 흐름에 아주 잘 맞게 적용된 것이라는 생각이 든다.

아무튼 서양에는 타로, 동양에는 주역, 둘 다 단편적으로 보면 점치는 도구이다.

점이란 무엇일까? 점은 보통 '친다'라고 말하고, 사주명리는 '푼다'라고 말한다. 점은 예언이고 계시적인 차원이다. 통계이기도 하고, 직관이기도 하고, 믿음이기도 하고, 영적이기도 하다. '도구점'이든 '신점'이든, 어떤 점을 치든 우리가 반드시 알아야 하는 사실은 점을 치는 기준인데, 그 기준은 바로 '점을 치는 현재, 지금의 상황'에서 미래를 예측한다는 것이다.

시험의 합격 여부에 대해 점을 쳤는데 합격이라는 결과를 얻었다면, 이는 시험 보는 날까지 지금까지 해왔던 것처럼 계속 행동한다면 합격이라는 것이다. 불합격 역시도, 지금처럼 계속 행동한다면 떨어진다는 것이다. 이 말에는 아주 큰 의미가 있다. 합격이라는 결과를 얻었다고 해서 우쭐해하며 하던 공부를 소홀히 한다면 결과는 바뀔 것이다. 반대로 불합격의 결과를 얻었지만, 그 이후 더욱 열심히 공부한다면 합격할 수 있다는, 즉 지금처럼 게으름 피우지 않고 노력한다면, 원하는 결과를 얻게 된다는 뜻이 포함되어 있으니 말이다.

그렇기 때문에 점이라는 것은, 내가 지금 점을 치고 있는 현재의 행동과 태도를 고수한다는 가정하에 예언하는 것이므로 너무 먼 미래를 점치는 것은 크게 의미가 없다. 그 사이에 어떤 내적, 외적 요인으로 인해 나의 생각이나 행동, 상황이 바뀔 여지가 매우 크기 때문이다.

따라서 점은 아주 가까운 미래, 즉 변수가 크게 개입할 수 없는 기간 동안의 문제에 적중하거나, 아니면 아주아주 먼 미래, 즉 변수가 생겨서 돌고 돌아도 전체적으로 보면 사람은 크게 바뀌기 어려운 특성이 있으므로 먼 미래에 대해서는 대체로 예측이 가능해진다.

그렇다면 점을 보는 행위와 그것을 통해 얻는 결과를 우리는 어떻게 받아들이는 것이 현명한 것일까?

내가 타로를 단순한 점 보는 도구로 사용하지 않고 명상 도구로 사용하는 이유와, 카드의 이미지를 통해 자신의 내면과 무의식을 들여다보는 일에 공을 들이고 강의를 하는 이유가 바로 여기에 있다. 내 눈앞에 펼쳐진 점괘를 해석해나가는 과정 속에서, 나의 깊은 곳에서 울리는 내면의 소리를 듣게 되고, 스스로 어떤 질문에 대한 미래의 결과를 어떻게 받아들여서 어떻게 유용하게 활용할 것인가를 알게 되기 때문이다. 그리고 그 과정에서 깨닫는 바가 많아지면서 스스로도 놀라게 된다.

많은 경우, 결과가 중요한 것이 아니라 내가 던진 질문 자체가 어리석었음을 저절로 알게 되고, 그런 앎을 경험한 이후부터 점을 치기보다는 자신의 내면의 목소리에 귀 기울이는 변화를 경험하게 된다.

타인에게 점을 의뢰한 후, 이유도 모른 채 "넌 이렇게 될 거야!"라는 답을 듣고 느끼는 석연찮은 찝찝함이 아닌, 직접 점을 치고 스스로 '아하! 그렇구나.'를 느끼는 것은, 굉장히 큰 차이를 만들기 때문이다. 이 작업은 숙련된 타로마스터와 함께할 수도 있고, 본인이 직접 배워서 활용할 수도 있다. 이미 눈치를 챘겠지만, 사주명리를 배워서 나를 알아가기를 바라는 것처럼, 타로카드와 같은 점술도 결국 스스로 배워서 '자문자답' 하는 것이 훨씬 더 좋다.

내 삶에 내가 참여하지 않고 타인의 답을 기다리는 것이 오히려 더 이상하지 않는가?

• 주역(周易) : '주나라의 역' •

木 火 土 金 水

유교의 3대 경전 중 하나인 《역경(易經)》을 말하며, 간단히 줄여서 '역(易)'이라고 한다. 영어로는 《The Book of Change》, 즉 '변화의 책'이라고 번역된다.

중국 전설상의 제왕인 복희씨가 계시를 얻어 8괘를 만들고 64괘로 발전시켜다고도 하고, 처음부터 64괘로 출발했다고도 하고, 주나라의 문왕이 64괘를 완성했다고도 전해지는 등 여러 견해가 있다. 주역이 있기 전에도 귀장역(歸藏易), 연산역(連山易)이 있었다고는 하지만 전해지지 않고, 주역만 문헌으로 전해지고 있다.

공자가 책 끈이 세 번이나 끊어지도록 읽었다던 바로 그 책이고, 이순신 장군이 중요한 일을 앞두고 보았다는 그 점이다.

서양에서도 1922년 '보어의 원자 모형'에 관한 연구로 노벨물리학상을 수상한 덴마크의 물리학자 닐스 보어(Niels Bohr, 1885~1962)는, 동양철학 및 주역의 원리를 연구하여 팔괘도가 그려진 옷을 만들어 입고 노벨상 수상식장에 가고, 가족의 문장(紋章) 한가운데에 떡하니 태극문양을 디자인해 넣어 화제가 되었다. 또한, 분석심리학의 창시자인 칼 융(C.G.Jung, 1875~1961)이 주역에 해박한 지식이 있었고, 환자를 진단하는 데에 주역점을 활용하고 임종을 몇 년 앞두고까지 주역에 관한 책을 쓰면서 서양에 주역을 알리는 역할도 했다. 또 아인슈타인(Albert Einstein, 1879~1955)이 사망했을 때 가까이에 주역책이 있었다고도 전해지는 등, 동서양에서 가장 똑똑하고 대단한 사람들의 스토리에 주역이 등장하다 보니, 왠지 아무나 공부할 수 없을 것 같은 분위기를 자아내는 것도 사실이다.

그런데 우리는 아무것도 모르던 어린 시절 태극기를 그리면서 제일 먼저 주역을 접하게 되는데, 태극기에는 음양 변화의 움직임을 나타내는 태극문양이 가운데 있고, 네 모서리에 주역 8괘(八卦) 중 4개인 건곤감리(☰ ☷ ☵ ☲, 하늘, 땅, 물, 불)가 그려져 있다. 한글도 익히기 전에 그림으로 그려보는 태극기는 그 의미를 알기가 참 어렵다.

주역은 0과 1 두 개의 숫자만을 이용하여 수를 나타내는 '이진법'처럼, 천지만물은 모두 '음--'과 '양—'으로 되어 있고, 이 음양은 끊임없이 변화한다는 것을 전제로 한다. 이렇게 변화하는 원리를 부호로 나타내고, 그 부호는 8괘가 되고, 이 8괘는 다시 64개가 되어, 64개의 괘상에 우주만상, 인간사의 모든 것이 다 들어 있다는 것이다. 짧은 막대 두 개와 긴 막대 한 개로 나타내는 알 수 없는 기호에서, 단순하지만 매우 어려울 것 같은 느낌을 자아내는 것이 사실이라 책을 사 놓은 사람은 많으나 끝까지 공부하기는 어려운 학문이 되어버린 듯하다. 아무튼 이렇게 음양의 변화하는 이치를 인간사에 적용하고 연구하며, 나아갈 때와 물러날 때를 아는 법을 알려주는 책이라 할 수 있겠다. 즉, 철학서이자 점복서이며, 변화를 준비하고 대응하는 처세의 지혜서인 것이다.

역(易)! 개인적으로 내가 너무도 사랑하는 단어이다. '바뀐다'라는 의미 하나만으로도 너무 가슴 설레는 단어, 그래서 '역술가(易術家)'라는 말을 나는 참 좋아한다.

내가 사는 곳은 운명인가?

_ 풍수지리, 공간학

"선생님, 여기 터가 안 좋은 건지, 자고 일어났는데 영 머리가 아프고 이상한데요?"

만약 누군가가 매일 아침을 이렇게 맞이한다면, 이 사람은 그날 하루가 힘들 것이고, 한 달이 힘들 것이고, 인생 전반이 힘들어질 것인데, 다행히 이런 일이 매일 일어나는 경우는 극히 드물다. 농담 반 진담 반으로 밤잠을 설친 원인을 '터'에서 찾으려는 생각은, 우리의 문화 속에 '풍수(風水)'라는 개념이 녹아 있기 때문이다.

영화 '관상'이 인기리에 개봉되고 5년 뒤 '명당'이라는 영화도 개봉했는데, 명당을 차지하기 위한 인간의 잘못된 탐욕이 죽음까지도 불러올 수 있음을 극단적으로 보여주는 영화였다. 당시

풍수학을 배우는 학생이었던 나는, 영화를 보는 내내 어떤 마음가짐으로 이 학문을 바라보아야 할지에 대해 깊이 생각해볼 수 있었다.

관상이 우주 자연의 섭리가 사람의 몸에 깃든 것이라 한다면, 풍수학은 그 원리가 땅에 깃든 것이라 본다. 물론 풍수란 땅뿐만 아니라 바람, 물, 빛(열), 모든 것들의 복합 작용이지만, 그 복합적 에너지가 모여들어 인간의 삶에 영향을 끼치는 핵심은 지기(地氣), 즉 땅의 에너지이다. 땅속의 기운을 눈으로 볼 수 없는 우리는 오행(五行)의 성질에 따라 그 기운이 땅위로 솟아 만들어진 산의 모양과 지형을 살펴서 땅속의 기운을 알 수 있게 된다. 그러한 땅의 에너지를 만드는 것은 또 하늘의 기운이기에 더 깊은 내용이 있겠으나, 일단 우리는 땅 에너지의 영향을 받고, 땅의 기운은 일정한 법칙에 의해 움직인다고 보는 것이 큰 틀이라 하겠다. 그 땅에 죽은 자가 들어가면 묘가 되고, 그 위에 산 자가 거주하면 집이 된다.

음택풍수(陰宅風水)에서는, 특히나 이러한 땅의 기운이 매장된 시신에 영향을 주고, 이 영향은 다시 자손에게 그대로 이어진다고 보는 것인데, 이것을 동기감응(同氣感應)의 원리라고 한다. 조상과 자손은 공통된 유전자를 가졌기 때문에 시신에게 전달되는 땅의 기운이 살아 있는 자손과 서로 감응한다는 것이다. 그렇기 때문에 흉한 터에 묘를 써서 산소에 물이 차거나 동물이 파헤

쳐서 시신이 피해를 입으면, 같은 기운을 가진 후손들이 그 기운과 감응하여 되는 일이 없고, 모든 것이 파괴된다고 보는 이론이다. 산 사람은 땅 위에 살지만, 죽은 사람은 땅 속에 있기 때문에 땅의 기운을 더욱 강하고 확실하게 받아서 자손에게 전달해주는 작용을 하므로 그 영향이 매우 강력하다고 보는 것이다.

조선 후기, 명당에 묘를 쓰면 자자손손 부귀영화를 누린다는 '풍수도참(風水圖讖)' 사상의 영향으로, 명당 열풍은 남의 선산이나 묘에 몰래 또 묘를 쓰는 행위로까지 나타나기도 한다. 영화 '명당'에서도 임금이 묻힐 명당자리에 세도가의 조상을 묻어서 난리가 나는 장면이 나온다. 실제로 조선 후기에는 묘터를 두고 많은 송사가 벌어지기도 했는데, 파평 윤씨(尹氏)와 청송 심씨(沈氏)의 묘터에 관한 논쟁은 1614년부터 조짐을 보이기 시작해 1763년에 본격적으로 일이 커져, 영조 임금까지 나서서 중재를 하고 조치를 취했으나 해결되지 않았다고 한다. 그런데 놀랍게도 이 논쟁은, 2006년에야 합의를 통해 종지부를 찍었다고 하니, 누군가에게는 명당이라는 것이 몇 백 년이 걸릴 정도로 중요한 문제이기도 하고, 또 우리 한국인의 의식 속에 오랫동안 함께 하고 있는 개념인 것은 맞는 듯하다.

그러나 근현대를 거치며 장례문화가 매장(埋葬)이 아닌 화장(火葬) 문화로 빠르게 바뀌고 있고, 이미 매장된 묘를 다시 파서 화장하여 납골당에 안치하는 일이 많아졌다. 특히 윤달이 든 해에는 매장된 시신을 화장해서 안치하려는 사람들의 이장 택일 문의가 몰리기도 한다. 이러한 사회적 분위기에 힘입어 묏자리를 찾는 음택풍수는 그 위세가 줄어들었고, 집터를 잡고, 나아가 집과 구조물의 배치와 인테리어까지 연구하는 양택풍수(陽宅風水)가 그 지위를 대신하는 것이 요즘의 흐름이다. 건축을 전공하는 분들이 양택풍수이론을 연구하기도 하고, 일반인들 중에서도 본인의 가정을 잘 가꾸기 위해 교육원 등에서 양택풍수 강의를 듣기도 한다.

아무런 배움이 없어도 경험적, 직관적으로 스스로 판단하기도 하는데, "이 집에 사는 동안 좋은 일이 너무 많은데, 이 집은 팔면 안 되겠죠?"라는 이야기를 종종 듣는다. 이론도 중요하지만 개인의 경험에서 오는 이런 느낌은, 그 집에 사는 사람이 하는 말이기에 선무당이 사람 잡는 소리가 아니라 충분히 받아들일 수 있는 이야기이다. 사람이 공간을 차지하고 살면서 그 공간에서 좋은 일이 많이 일어난다는 것은, 원인을 정확히 알지는 못하더라도 좋은 일인 것은 분명하다. 그리고 그러한 믿음은 자신감을 상승시키고, 그럼으로써 계속 일이 잘되게 하는 원동력이 되어 선순환을 만드는 것은 당연한 일이다.

이와는 반대로, 이사 후 1개월 즈음에 큰 사고를 당한 사람이 있었다. 그 지역은 일명 '빌딩풍'이 매우 심해 뉴스에도 가끔 등장하는 곳이었고, 하필 그분 집의 동과 호수는 여러 가지 면에서 온화하거나 편안한 위치가 아니었다. 그래서 나는 그곳으로 이

사 가는 것을 반대하는 입장이었는데, 공교롭게 사고를 겪고 나니 내 마음이 너무 안 좋았다. 물론 그 아파트에 입주한 수많은 다른 사람들은 이런 일을 겪지 않았고, 이 사람만 겪은 일이니 그 지역이 흉지(凶地)여서, 이사를 잘못 가서 그렇다고 말할 수는 없다. 다만, 운세가 불리한 사람이 터가 편안하지 못한 곳에 급작스럽게 이사를 하게 되면, 개인의 컨디션이 쉽게 회복되지 못해 어려움이 더 가중될 수도 있으므로, 그런 경우에는 조금 더 신중하게 이사를 준비하는 것이 이롭다고 볼 수 있겠다.

어릴 때 내가 살았던 집은, 어떤 이유에서인지 우리 이전에 살던 사람들은 그 집에서 얼마 못 살고 다 이사를 가버렸고, 우리 할머니가 7번째 정도 자리를 잡고 살게 된 곳이라고 했는데, 우리는 그 집에서 꽤 오래 살았다. 할머니는 안 좋은 집터를 이겨낸 것이라며 돌아가실 때까지도 승자라는 마음으로 뿌듯해하셨지만, 달동네의 억센 집터를 눌러가며 산 것은 결코 합리적 선택이 아니었다.

그 집에 사는 동안 좋은 일은 전혀 없었고, 가족들은 다들 아팠으며, 빚은 계속 늘었고, 거의 매일 술판이 벌어지고 취중 싸움이 반복되는, 마치 작은 빈곤의 전쟁터 같은 장소였기 때문이다. 그 집에 터를 잡으신 할머니는 스스로 승자라고 하셨지만, 정작 본인도 큰 병에 걸려 9년간 몸이 굳은 채로 24시간 누워서만 생활하시다가, 병수발 드는 며느리에게 효부상만 안겨준 채 돌아가셨다.

우리가 그 집을 떠나오고 얼마 안 돼서 그 집의 원형은 그대로 둔 채 카페로 개조됐는데, 레트로 감성을 유지하면서도 바다가 내려다보이는 위치 덕분에 달동네 꼭대기 집이 지역에서 핫한 유명 카페가 되어 소셜미디어에서 자주 볼 수 있는 곳이 되었다. 버거운 삶의 현장이자 가난의 상징이었던 달동네가 뷰맛집으로 유명해지고 가치가 상승하는 것을 보면, 역시 세상은 변하고, 그 새로운 세상은 앞을 내다보는 안목을 가진 사람의 것이라는 생각을 하게 된다.

풍수를 전공할 당시 나는, 내가 살던 집이 유명 카페가 되었다니 너무 궁금하기도 하고 터가 어떻기에 우리는 그렇게 못살았을까 원인을 찾아볼 겸해서 일부러 방문을 했었다. 원래 우리집은 골목보다 아래로 푹 꺼진, 길 아래 집이었고, 앞대문이 있고, 대문 옆에 외부 화장실이 있고, 집 옆쪽으로 쪽문이 있었는데, 그 옆에는 원래 우물이 있던 자리였다. 기운이 들고 나는 출입문마다 화장실과 우물이 같이 놓여 있었고, 출입문을 두 개로 내어 기운이 유실되는 모양이었다. 또한 매우 가파른 지형이라 기운이라는 것이 모여들 공간도 없이 쭉쭉 빠져나가는 구조에다가, 집의 오른쪽은 과거 물이 흐르는 계곡(谷, 골짜기)이었다.

오른쪽은 풍수로 본다면 백호(주로 재물운을 관장)의 자리인데, 급경사의 계곡이 차지하여 백호의 기운이 잘려나간 자리였다. 더욱이 정신없이 빠르게 물이 흘러가는 곳이라 돈이 모이지 않았고, 계곡에서 불어오는 냉(冷)한 바람으로 질병에 취약한 자리였다. 그런데 카페로 바뀌면서 골목을 없애고, 위 건물과 집을 연결하고, 우물은 막아서 야외 공간으로 사용하고 있었고, 오른쪽 골짜기는 도시 개발로 언젠가부터 복개가 되어 길을 높여 평평한 도로가 되어 있었다.

그사이 몰라보게 많이 변해서 지금은 그럴듯한 모양이 되었지만, 풍수이론을 배우고 나서 예전의 집터를 다시 보니 '우리 가족이 이런 곳에 살았었구나. 참으로 사람 살 만한 터는 못 되었구나.' 하는 생각이 들었다. 사람이 살기 어려운 터는 공장을 짓거나 상업적인 장소로 활용하면 괜찮아지기도 하는데, 보완도 많이 되었고 카페로 운영되면서 이제야 터가 제 역할을 하게 된 것 같아 다행이라는 생각도 들었다.

좋은 터는 에너지의 양(量)과 흐름이 안정적이다. 일반적으로 양기(陽氣)가 가득하다고 하는데, 만물을 생육시키는 기운이다. 터가 좋은 곳은 기본적으로 땅으로부터 올라오는 기운이 힘이 있고 안정적이다. 그 좋은 땅에 건물을 지어서 필요한 기운을 잘 활용할 수 있게 하는 것이 현대인들이 관심을 두는 양택풍수이고, 기본적으로 좋은 땅을 몇 배 더 좋게 극대화시키는 일이다. 그 땅의 기운과 건축물의 설계, 인테리어와의 조화를 통해 형성된 좋은 에너지가 그곳에 사는 사람의 성정(性情)을 성숙하게 하고, 그러한 성정으로 하는 일이 잘되고, 그래서 생육의 양기가 충만한 집은 살림이 늘어나고 자손이 번성하게 된다고 보는 것이다. 따라서 이러한 것들을 살펴보고 여기에 사는 사람의 앞날을 예측해보는 것이다.

바람이 심하게 부는 곳에 한 시간 동안 서 있다면, 관절이 뻣뻣해지고 머리는 멍하고 몸은 춥고 혈색은 나빠질 것이다. 양지바른 곳에 서 있다면, 몸이 따뜻하여 관절이 부드럽고 마음이 편안하고 기분이 좋아질 것이다. 눈에 보이지는 않지만 이러한 것들이 순간적으로도 사람의 신체와 정신에 영향을 주듯이, 음택이든 양택이든 꾸준히 어느 장소에서 생활하게 되면 환경의 영향을 받게 되는 것은 지당한 원리이고, 그것은 어느 정도 예측을 가능하게 하는 것이다.

그러면 우리 모두 명당을 찾아 묘를 옮기거나 집을 옮겨야 하는가? 유명한 전문가를 불러 빚을 내서라도 부자가 되는 인테리어로 리모델링을 하면 대박이 나서 빚낸 돈의 몇 배를 당장 벌 수 있는 것일까? 아무리 명당으로 이사하고, 억만금을 들여 멋지게 풍수인테리어를 했다고 해도 그것보다 더 중요한 기본이 하나 있다. 바로 '청소'이다.

살림살이가 어지럽고 청결하게 관리되지 못하는 집은, 나쁜 에너지들이 모여들게 되어 있다. '깨진 유리창의 법칙'처럼 같은 기운은 서로 느끼고 반응하여, 좋은 기운은 좋은 기운을 만들고 나쁜 기운은 나쁜 기운을 만드는 것이다. 따라서 비싼 돈을 들여 당장 이사를 가거나 리모델링할 것을 고민하지 말고, 명당이나 풍수인테리어보다 가장 중요한 것, 바로 지금 내가 살고 있는 환경의 기(氣)의 흐름을 좋게 하기 위해서 불필요하거나 사용하지 않는 물건을 쌓아두지 말고, 버릴 것은 버리고 정리정돈하자. 좋은 기운이 우리 집 곳곳을 질서 있게 잘 다닐 수 있게 기(氣)를 위한 도로를 정비하자.

생기(生氣)로 공간을 살아 숨쉬게 만들고 싶다면, 풍수원리를 활용해 내 미래의 운을 대박 나는 운으로 바꾸고 싶다면, 지금 당장 쓰레기통을 들고 집을 치우자! 현관을 꽉 채우고 있는 무수한 택배 박스도 정리하자. 청소를 통한 공간의 정돈은, 긍정적인 기운을 새롭게 생성시키는 최고의 풍수비법이라는 사실을 반드시 기억하자.

라면을 먹고 자면 다음날 얼굴이 붓는다
_ 인과법칙

관상, 사주명리, MBTI, 점성술, 풍수, 주역, 타로, 무속, 혈액형, 지문, 손금, 펜듈럼, 주사위, 윷, 꽃 ….

잠시 떠올려보았는데도 종류가 매우 많은데, 점을 치거나 미래를 예측하기 위한 도구들은 이렇듯 다양하다. 급변하는 세상에 발맞추어 미래의 운명을 알고 싶어 하는 사람들의 호기심을 끌어당길 새로운 방법들은 앞으로도 더 많이 나올 것이라 생각된다. 이런 여러 가지 방법들은 유행처럼 들끓다가 갑자기 사라지기도 하고, 조금씩 변형된 비슷비슷한 것들이 계속 나오며 돌고 돈다. 인류가 존재하는 한, 결코 사라지지 않을 분야이고, 인류 마지막 날까지도 누군가는 앞날을 알기 위해 애쓸 것이다.

그런데 이 모든 것을 다 떠나서, 종교인이든 무신론자든 과학자든, 인간이든 짐승이든 동물이든 식물이든, 이 세상에 존재하는 모든 것들에 동일하게 적용되고, 우리 모두가 알고 있으며, 어긋남이 없이 일어나는, 앞날을 알 수 있는 법칙이 있다. 바로 '인과(因果)', 즉 '원인과 결과'이다.

부처님도 말씀하셨고, 위대한 과학자도 말했듯, 모든 존재하는 것들에게는 원인이 있고, 그에 따른 결과가 생겨난다는 것은 '우주의 법칙'이다. 여기에 반론을 제기하는 사람은 없을 것이다. 콩을 심으면 콩이 나고, 팥을 심으면 팥이 난다. 만약 잘못된 종자를 심었다면 잘못된 결과가 있을 것이다. 따라서 미래를 알 수 있는 가장 틀림없고, 가장 신뢰도 높은 방법은, 바로 인과(因果)라 할 수 있다.

오늘 밤에 축구경기를 보며 야식으로 라면을 맛있게 끓여 먹었다면, 다음날 아침 얼굴이 퉁퉁 부을 것이다. 이것이 인과이다. 물론 체질에 따라 얼굴이 붓지 않는 사람도 있겠지만 이러한 행동을 지속적으로 반복한다면, 내가 밤에 먹은 라면은 어떤 식으로든 내 삶에 영향을 끼치게 된다. 내가 뿌린 원인(因)이 언제 싹을 틔울지, 어떻게 틔울지, 혹은 싹을 못 틔울지(果)의 차이일 뿐이지, 어떤 식으로든 결과는 나타나는 것이다.

공부를 열심히 하면 성적이 오르고, 저축을 열심히 하면 돈이 모인다. 누군가 "공부를 정말 열심히 했는데요, 시험에 또 떨어졌어요."라고 한다면, "안타깝지만 때가 되면 붙을 것입니다."

라고 할 수 있다. 그 결과가 나타나는 시기의 차이 때문에 누군가는 좌절하고 누군가는 휘파람을 불기도 하겠지만, 언젠가는 뿌린 씨앗의 결과를 보게 된다.

그런데 여기서 중요한 것은, 원인을 제대로 심어야 결과가 나오는 것이지, 잘못 심으면 때가 와도 결과의 싹은 나오지 않는다는 것이다. 그리고 심은 씨앗을 잘 가꾸는 과정이 반드시 필요한 것은 말할 필요가 없다.

어느 날, 무려 5년차 공시생(공무원시험 준비생)이라며 나를 찾아온 분이 있었다. 그 긴 세월 동안 공부만 했는데, 단 한 번도 시험에 합격하지 못해서 극심한 좌절과 우울감에 빠져 있는 상태였다. 불합격이 계속되는 상태에서 오랜 세월 공부하는 것이 한 사람을 얼마나 피폐하게 만드는지 많이 봐왔다. 상담실을 찾는 분들 중 상당한 비율이 시험과 관련해서 찾아오는 분들이기 때문이다. 이분도 역시 이대로 조금만 더 가면 온전한 정신을 유지하지 못할 것 같다는 생각이 들 정도로 힘든 상태로 보였다.

"5년이나 공부를 했으면, 웬만한 내용은 다 외우고도 남을 것 같은데, 공부를 하루에 얼마나 어떤 식으로 하세요?" 일단 상황 파악을 위해 질문을 했는데, 짜증이 조금 섞인 말투와 표정으로, "책은 더 이상 볼 게 없어요. 전부 다 아는 내용이에요. 다 외워요. 하루 종일 책상에 앉아서 책은 보는데, 어떤 페이지를 펼쳐도 다 아는 내용이라 공부할 것도 없고 집중도 안 돼요."라고 대답하는데, 그게 어떤 상황인지 알 것만 같았다. 책을 읽으면 5년이나 봐왔기 때문에 다 아는 내용이고 다 암기하고 있는 것 같은데, 막상 시험을 보면 세밀하게 알지 못하기에 불합격하는…….

사실 이것은 뇌의 문제이기도 한데, 우리의 뇌는 '익숙한 정보'는 넘겨버리려는 고약한(?) 특성이 있다. 뇌 스스로 최대한 효율적으로 경영하기 위해서 익숙한 정보에는 주의 집중을 많이 두지 않도록 설계된 것이다. 본인은 열심히 하루종일 공부한다고 인식하고, 실제로 그렇게 하고 있지만, 뇌는 공부를 안 하고 있는 것이다. 뇌는 새로운 자극을 원하고 있고, 새로운 결과, 합격의 결과를 얻으려면 새로운 원인을 만들어야 하는 단계에 온 것이다.

이 손님이 찾아온 이유는, 해도 해도 안 되니까 답답한 마음에 '합격 부적' 같은 것이라도 쓰고 도전해봐야 하는지 등을 의논하고 싶어서였다. 부적으로 해결될 일이 아니니 내 설명을 들어보라고 하고, 분석한 결과에 대해 설명해드렸다.

"자, 황당하겠지만 이 사주를 분석해본 결과, 그동안은 시험 합격운이 너무 약한 시기였고 하필이면 그런 시기에 너무 오랫동안 열심히 공부를 한 것 같습니다. 안타깝지만 운이 없을 때 너무 에너지를 많이 썼네요. 하지만 잘하셨습니다. 운이 불리할 때 공부를 해놓은 것은 정말 잘한 일이고, 이 공부들은 내 머릿속 어딘가에 잘 저장되어 있고 공부 습관을 만들어주었으니, 이제 다시 시작하기만 하면 됩니다. 그동안 공부를 열심히 했지만, 합격하지 못한 것은 운이 없었던 것이 맞습니다. 그러니 본인이 머리가 나쁜 것도 아니고, 게을러서도 아닙니다. 아시겠어요?"

모든 것을 운이 없음으로 돌려버렸다. 이 사람은 지금 너무 절망하면서 자신을 자책하고 있기 때문에 정신줄을 놓지 않게 하기 위해 모든 잘못을 운에다가 돌린 것인데, 그것이 사실이기도 했고 나의 의도이기도 했다. 그런 다음 본론을 말했다.

"이제 합격운이 시작되었으니, 새로 시작합시다. 그동안 해왔던 공부는 잊으세요. 본인은 지금 공무원시험 공부를 해본 적이 전혀 없다고 생각하세요. '누군가가 공부한 지 얼마나 되었어요?'라고 물으면, '5년이요.'라고 답하지 말고, '이제 시작했어요.'라고 대답하세요."

손님은 내가 하는 말에 '뭔 소리냐?' 하는 반응으로 약간 황당해했지만, 나는 말을 이어갔다.

"자, 이제 올해부터 태어나서 처음으로 공무원시험에 도전 합니다. 아시겠어요? 그런데 한 가지 더 제안할 것이 있습니다. 공무원시험 종류를 바꾸세요. 이유는 두 가지 때문입니다. 첫째, 본인은 타고난 성향상 법이 더 잘 맞습니다. 둘째, 그동안 봐왔던 책은 너무 익숙한 정보라서 뇌가 집중하기에 어려움이 있을 수 있어서 새로운 자극이 필요한 시기입니다."라고 설명드렸다.

손님과의 문답을 통해 현 상태를 살펴보았고, 사주 분석을 통해 시험 합격의 가능성이 높은 운도 찾아놓았고, 이판과 사판의 모든 준비가 다 되었으니 이제 새로운 결과를 위한 새로운 원인을 심어야 할 시점이 왔기에 그렇게 한 것이었다.

물론 타인의 인생에 큰 변화를 끼칠 만한 얘기를 건네는 것은 여전히 어렵고 떨린다. 하지만 이리 봐도 저리 봐도 이 사람은 주민센터보다는 경찰서나 법원과 인연이 있는 사주였고, 대화를 해보니 역시 그쪽 기질이 강하고 본인도 그런 생각을 해왔다고 했다. 하지만 오랫동안 준비한 것을 바꾸기가 쉽지 않았고, '이번에는 붙겠지.' 하는 생각에 해오던 것이 아까워 계속 행정직 시험을 본 것이라고 했다. 그렇게 손님을 돌려보낸 후, 5년간 쏟아부은 노력이 아까워서 방향도 못 바꾸고 이러지도 저러지도 못하는 사람의 마음을 움직인 것 같아서 스스로 뿌듯한 마음이 들었다.

그런데 얼마 지나지 않아 이분에게서 다시 연락이 왔는데, 도저히 공부를 못 하겠다는 것이었다. 그래서 다른 여러 곳에 또 사주를 보러 갔는데, 가는 곳마다 합격운이 없다고 공무원시험 공부 그만하고 시집이나 가라고 했다는 것이었다. 5년이나 해도 안 되었고, "넌 사주에 공무원이 없다."라는 말을 여러 곳에서 들었는데, 나 혼자만 다시 시작하라고 하니 본인은 너무 혼란스럽다고 했다. 시험 공부를 그만두고 싶은 마음도 있고, 새로 해보고 싶은 마음도 있는 상황에서, 철학관은 4대 1로 그만두라는 의견이 우세였던 것이다.

하지만 인연이란 이런 것일까? 이분은 4대 1 중 1인 내 말을 들어주었고, 다음해에 국가직과 지방직에 모두 합격해 법원 공무원이 되었다. 5년간의 준비와 1년간의 변화 의지가 이 사람을 합격으로 이끌었다. 본인 스스로 뿌린 씨를 거둔 것이다.

앞날의 운명을 알 수 있는 아주 간단한 방법은 내가 어떤 씨앗을 심고 있는지 확인하는 것이다. 그리고 지금 심고 있는 이 씨앗이 내가 원하는 열매의 종자인지를 확인하는 것이다. 그리고 지금 심고 있는 이 씨앗이 '나'라는 토양에서 자라기에 적당한 작물인가 하는 것이다.

건강한 신체라는 열매를 얻고 싶은데, 매일 음주라는 씨앗을 심고 있지는 않은가? 의사선생님이라는 열매를 얻고 싶은데, 매일 게임 만랩의 씨앗을 심고 있지는 않은가?

앞만 보고 공부만 하면서 내 미래를 위해 열심히 씨앗을 심고 있다면, 너무 앞만 보고 가지 말고 잠시 멈춰서 내가 지금 심고 있는 씨앗이 내가 원하는 미래의 열매를 가져다줄 그 씨앗, 그 종자가 맞는지 확인해보는 시간을 꼭 갖길 바란다.

혹시 '나'라는 토양에 잘 맞지 않는 씨앗을 심고 있었다면, 씨앗을 바꾸어 심을 필요가 있다. 물론, 그러기 위해서는 '나'라는 토양이 어떤 땅인지부터 먼저 분석해야 할 것이다. 그렇게 하나하나, 나를 먼저 알아가고 나에게 맞는 씨앗을 찾고, 씨 뿌릴 때를 정하고, 차근차근 씨를 뿌려보자. 그렇게 씨를 뿌렸다면, 싹이 나올 것을 굳게 믿고 열심히 밭을 가꾸어보자.

라면을 먹고 자면서, 다음날 얼굴이 붓지 않기를 바라고 있지는 않은가? 아니면, 라면도 실컷 먹고 싶고, 붓는 것도 싫어서 붓기를 없애준다고 소문난 비싼 묘약을 구해서 먹는 것으로 해결책을 삼고 있지는 않은가? 이런 방법이 한두 번은 통할지 몰라도, 결코 내 인생을 안정적으로 변화시켜주지는 못할 것이다.

오늘 밤 라면을 먹고 잤는가? 내일의 얼굴은 여러분 몫이다. 이것이 운명을 예측하는 가장 정확한 방법이 아니겠는가!

'明鏡所以察形(명경소이찰형), 往者所以知今(왕자소이지금)'

형상을 볼수 있는 것은 밝은 거울이 비추기 때문이고,

지금이 이렇게 된 까닭은 지난 일로 인해서이다.

- 공자 -

'欲知前生事 今生受者是(욕지전생사 금생수자시),

欲知來生事 今生作者是(욕시래생사 금생작자시)'

전생의 일이 궁금한가? 이번 생에 받고 있는 이것이다.

다음 생이 궁금한가? 이번 생에 짓고 있는 이것이다.

- 부처님 -

인생의 속성, 운의 속성

삶은 고(苦)다

_ 94세 손님의 지혜, 일체개고

나의 첫 상담실이었던 '도원암'은 처녀보살을 기대하는 방문객들로 인해 후다닥 문을 닫았고, 이후 대학교 앞의 사주카페에서 '이선생'으로 불리며 열심히 상담을 해오다가 둘째가 생겨 그만두게 되었다. 다시 카페로 돌아가기에는 육아문제도 곤란하고, 집과 너무 멀어 이번에는 좀 제대로 내 상담실을 개업해보자 마음먹게 되었던 것이다.

다시 간판을 걸어야 하는데, 그동안 경험도 많이 쌓았고 어찌보면 정식으로 개업하는 것이니 뭔가 그럴듯한 간판을 올리고 싶었다. 그래서 많이 숙고해서 정한 이름이 '이선생 철학 상담실'이었다. 이미 사주카페에서 이선생으로 많이 알려져 있었고, 학교에서 심리학을 전공하기도 했으니 이래저래 적합한 이름이라는 생각이 들었다.

하지만 내가 사는 동네는 예전에 뱃사람이 많이 살던 곳이라 점집 문화가 꽤 발달했었고, 나의 간판명이 동네에서는 매우 난해한(?) 이름으로 알려져 사람들은 그냥 '철학관'이라고 불렀다.

사무실은 골목을 약간 비껴 앉은 건물의 1층 점포였는데, 길거리 사무실의 단점일까? 아침마다 문을 열고 청소를 하고 있으면, 물건을 팔러 오는 분들이 많았다. 두루마리 화장지, 수세미, 복조리 등, 다양한 물품을 들고 와 첫인사를 하고, 또 첫인사를 했다. 첫 손님도 보기 전에 수세미 2만 원어치를 사는 곤란함이 계속되고 있었고, 동네사람들은 '이선생 철학 상담실'은 도대체 뭐하는 곳인지 관찰만 하고는 들어오지 않았다.

나의 사무실 바로 앞 2층은 무속인이 운영하는 점집이었는데, 그 집에서는 부러운 방울 소리가 자주 들렸다. '저 집은 또 손님이 왔나 보네.' 그렇게 나는 방문판매원들의 물건을 간간이 샀고, 손님이 없어서 많은 시간 어쩔 수 없이 공부하고 책을 보고 있던 어느 날, 키가 훤칠하고 아주 깔끔한, 정말 배우처럼 곱게 나이 드신 노(老) 신사분이 가게 문을 열고 인사를 하셨다. 손에는 신문 몇 부가 담긴 종이가방을 들고 있었고, 중절모를 쓴 단정한 점퍼 차림의 어르신이었다.

그때도 나는 아직 서른이 안 된 나이였기에 어르신이 오시면 살짝 긴장되었다. 부모님 연세보다 더 나이 많은 어르신 앞에서 사주가 어떻고 팔자가 어떻고를 말하는 것이 조금 겸연쩍은 마음도 들고, 그냥 괜히 마음이 불편했다.

그 어르신과의 첫 만남은 아주 인상적이었다. 당시 어르신은 일흔 살이 넘으셨고, 궁금하신 사항은 수명이었다. 내가 하루라도 더 살아야 몸이 아픈 부인을 보살필 수 있다며, 부인의 수명과 본인의 수명을 물어보셨다. 본인은 "2~3년 정도 더 살 수 있을까?"라고 말씀하시기에, 10년 이상은 더 사실 운명인데 무슨 말씀이시냐며, 84세까지는 끄떡없으시다고 말씀드렸나 보다.

어르신은 내가 하는 말을 한 자 한 자 받아 적으셨는데, 옆에서 봐도 정말 필체가 좋고 영어도 한문도 잘 쓰셔서 '보통 분은 아니시구나.' 하는 생각이 들었다. 내가 배울 점이 더 많은 어르신 앞에서 혹시나 건방지거나 무례하지는 않았을까 참으로 심난했다. 그러면서도 '참, 멋진 어르신이다. 나도 나중에 나이가 들면 저렇게 멋지게 늙고 싶다.' 그런 생각을 한동안 하다가 어르신을 잊게 되었다.

몇 년 뒤, 한 통의 전화가 왔는데, 그 어르신이었다. 그때는 사무실을 다른 곳으로 옮긴 터라 다시 약속을 정해서 어르신을 뵙게 되었다. 그런데 어르신께서 대뜸, "올해 제가 84세입니다."(어르신께서는 항상 내게 존대를 하셨다.)라고 말씀하셨다. 그렇게 말씀하신 이유가 있었다. 예전에 나를 처음 만났을 때, 내가 어르신에게 "82세부터 안 좋아지면서, 84세면 수명이 다하겠습니다." 하고 말씀드렸다고 한다. 그래서 진짜 그 나이가 되었는데, 아직 살아 있어서 앞으로를 의논하고 싶어 왔노라고 하셨다.

너무 당황하고 죄송해서 "아이고, 제가 그런 말씀을 드렸다니, 너무 죄송합니다. 그래도 건강하신 듯 보여서 정말 다행입니다."라고 얼버무리며 어찌할 줄 몰라 했더니, 어르신은 괜찮다고 웃으시며 앞으로 우리 노부부가 어찌 살아야 할지 다시 의논하자고 하셨다. 그날 이후 나는 1년에 한 번씩, 찬바람이 불 때면 어르신을 만나게 되었다.

이제는 연세가 많으셔서 먼 길을 오시기 어려워 내가 그분 댁으로 찾아뵙고 있는데, 올해 어르신 연세가 94세이다. 언젠가부터 나는 마음속으로 매년 어르신의 연락을 기다리게 되었다. 어르신이 돌아가신다 해도 부고(訃告)를 전해 받을 관계가 아니기에, 연락이 끊어지면 돌아가신 줄 알게 될 텐데, 그 상황은 생각만 해도 참 슬프다. 그래서 해마다 어르신께 연락이 오면, 너무 반가워서 어르신이 계시는 서울까지 찾아뵙고 있다.

그렇게 10년 넘게 인연을 이어가게 되면서, 나는 예전부터 궁금했던 사항을 조심스럽게 여쭈었다.

"어르신께서는 배움도 길고, 사회에서도 잘 사셨고, 재산도 많은 부자이신데, 어떤 연유로 사주팔자를 보게 되셨습니까?"

그렇게 어르신의 이야기를 들을 수 있었는데, 어르신은 젊어서 똑똑해서 대기업에 입사한 후 외국에서 오래 생활하셨다고 한다. 생전 운세를 본 적도 없고 혹시라도 누가 사주가 어떻고 팔자가 어떻고 하면, 쓸데없는 소리 한다며 무안줄 정도로 본인 확신이 강한 분이셨단다.

그렇게 젊어서 못할 것이 없었던, 일명 잘나가는 삶을 살아오셨기에, 평생 직장인으로 사는 것은 한계가 있다고 판단하고 잘나갈 때 과감히 퇴사해 사업을 시작했는데 2년 만에 처참하게 망했고, 도저히 이렇게 된 상황을 스스로 납득할 수 없어서 머리털 나고 처음으로 철학관이라는 곳을 가게 되셨다는 것이었다. 그런데 그 철학관 원장 남자가 자신은 묻지도 않았는데, "이 사주는 사업을 하면 망하는 팔자고, 그 시기는 이때, 이때인데, 지금 어떤 상황이냐?"라고 말해서, 너무 놀라셨다고 했다. 그래서 그때부터, '너무 자신 잘난 것만 믿고 살 것이 아니라 가끔 큰 흐름은 참고할 필요가 있겠다.' 생각하게 되셨단다.

사업은 실패로 끝났지만 능력 있는 분이라 다시 취업해서 살아가는 데에는 문제가 없었으나 자식 일이 뜻대로 풀리지 않았다. 그러면서 늘 하시는 말씀이, "사는 일이 끝도 없이 괴로운 일"이라며, 허허 웃으신다. 다행히 어르신에게는 아직 능력과 여유가 있으니 가족들을 보살피시는 것이지만, 어르신을 통해 나는 인생에 대해 많은 것을 생각해보게 되었다.

고학력에 좋은 외모를 가졌고, 사회적으로 좋은 직장에 넉넉한 재산도 있고, 결혼하여 딸, 아들 다 두고, 장수하고 계시는, 어느 하나 빠질 것 없는 인생처럼 보여도 나름의 어려움이 있고,

살아 있는 날까지 스스로를 살피고 마지막을 잘 준비해야 한다는 삶의 교훈을, 아흔이 넘은 어르신께서 매년 눈앞에서 보여주시는 것이다.

일찍이 석가모니 부처님은, "일체개고(一切皆苦)", 즉 '일체의 모든 것은 고통'이라는 말씀을 기본적인 가르침으로 하셨다. 부정적인 염세주의를 말하고자 하는 것이 아니라, 모든 존재하는 것들은 괴로움이라는 것을 알라는 뜻인데, 즐거움도 영원하지 못하기에 즐거움이 끝나면 허전함이 찾아오고 원하는 것을 얻지 못하는 모든 것이 괴로움이니, 결국 삶은 괴로움이라는 진리를 똑바로 알라는 것이다. 실제 불교이론은 더욱 심오하지만, 그 깊이까지 들어가지 않고 그냥 겉핥기만 한다 해도, 우리의 삶은 영원한 것이 없기에 괴로움이라는 사실을 받아들여보자는 것만으로도 오히려 삶이 많이 편안해질 수 있다.

상담을 오는 손님들의 거의 대부분은, 안 좋은 일을 의논하기 위해서 온다. 좋은 일을 논의하는 것은 결혼이나 출산, 부동산 구입 정도이고, 90퍼센트는 원하는 것이 이루어지지 않아 혼자 괴로워하다 방법을 알아보고자 상담실을 찾는 것이다. 물론 다들 상황이 너무 어렵고 힘드니 마음이 아프지만, 이분들이 '삶이 늘 행복하지만은 않고, 항상 괴로움이 따른다'는 진리를 좀더 받아들이게 되면, 조금이라도 편안해지는 모습을 자주 본다. 그리고 나만 힘들고 괴로운 것이 아니라 모두가 괴롭다는 것을 알게 되면, 본인의 삶을 조금 더 객관적으로 생각하게 된다.

일단, 괴로운 것이 이상한 것이거나 잘못된 것이 아니라, 삶이 원래 '고(苦)'라는 것을 알기만 해도 인생이 보다 쉬워질 수도 있다. '삶은 원래 행복한 것인데, 나는 왜 불행한가? 나는 왜 괴로운가?' 이렇게 접근하지 말고, '그래, 성인(聖人) 석가모니 부처님께서 모든 것은 고통이다라고 말씀하셨다 하니, 잘은 모르지만 믿어보자. 삶은 일단 괴로움이란다.' 이렇게 관점을 바꾸면, 내가 지금 겪는 어려움을 견딜 수 있는 여유를 찾지 않을까? 그러다가 갑자기 소원이 성취되고 좋은 일이 생기면, 얼마나 반갑고 감사할까!

운을 바꾸고 내 운명을 내가 만들어가려면, 삶이 무엇인지 일단 정의하고, 그 이후의 대책을 세워야 할 터인데, 이 기본 세팅값을 "삶은 고(苦)다."로 시작하자는 것이다. 불교 수행자들이 행하는 '일체개고'의 마음가짐을 우리 보통사람들의 수준에 맞게 활용한다면, 우리 삶에 더 많은 여유가 생김을 장담한다.

올해로 94세가 되신 어르신은 이제 귀도 좀 덜 들리고, 숨소리도 좀 가빠서, 만나 뵈어도 내 마음이 편하지만은 않다. 정상적인 상담이 잘 진행되는 상황은 아니지만, 상담이 꼭 목적이라기보다는 나의 최고령 손님인 어르신을 통해 내가 인생을 많이 배우게 되는, 그래서 내가 더 연락을 기다리는 고마운 분이다.

나는 올해도 어르신의 연락을 기다린다.

"삶은 고통이다"

싯다르타는 깨달음을 얻어 부처가 된 후, 다섯 명의 수행자에게 처음으로 깨달음을 설하셨는데, 그 첫 설법 내용 중에 고(苦)에 대한 내용이 있다.

사성제(四聖諦)라는 것인데, 네 가지의 성스러운 진리 중 첫 번째가 '고(苦)'에 대한 진리이고, 그것은 아래의 8개로 나뉘기에 8고(八苦)라고 한다.

1. 생(生) : 이 세상에 태어나는 괴로움
2. 노(老) : 늙어가는 괴로움
3. 병(病) : 병을 겪어 아픈 괴로움
4. 사(死) : 반드시 죽게 되는 괴로움
5. 원증회고(怨憎會苦) : 싫어하는 사람과의 만남을 피할 수 없는 괴로움
6. 애별리고(愛別離苦) : 사랑하는 사람과 반드시 헤어질 수밖에 없는 괴로움
7. 구부득고(求不得苦) : 구하는 것을 얻지 못하여 일어나는 괴로움
8. 오온성고(五蘊盛苦) : 몸과 마음에 탐욕과 집착이 번성하여 생기는 괴로움

변하지 않는 것은 아무것도 없다

_ 제행무상

엄마는 아들 둘을 낳았다. 셋째인 나를 임신했을 때, 제발 딸이기를 간절히 바라셨다고 한다. 이유는 말이 안 되게 단순했는데, 할머니께서(엄마의 시어머니) "니도 아들 셋 낳아서 키워봐라. 니는 뭐 얼마나 잘 키우는지 보자!"라며 악담을 하셨던 것이다.

할머니는 결혼하고 오랫동안 아이가 없다가 9년이 지나서야 귀하게 얻은 아들 셋을 키우셨는데, 결과(?)가 썩 좋지 못했다. 가장 최악은 할머니와 매일 밤 싸우는 장남, 바로 내 아버지였다. 그런 시어머니의 악담에 엄마는 보기 좋게 복수(?)의 한방을 날려주고 싶었기에, 셋째인 뱃속 아기는 꼭 딸이기를 바랐다고 한다. 그 시절 엄마는 집이 가난해 산부인과를 다니지 못해서, 동네 산파가 엄마 배를 만져보고 "딸이네!"라고 한 말을 철석같이 믿었고, 그렇게 나는 엄마의 딸로 태어났다.

그런데 어느 도사가 한 말만 듣고 변호사가 될 운명이라 믿었던 딸은, 어릴 적부터 툭하면 아프기 시작하더니 열여덟 살에 이르러 정신병이 오고야 말았다.

어쩌면 가난이 다행이었을까? 엄마는 먹고살기가 급급해 딸에게만 집중할 형편이 안 되었고, 그 덕에 나는 아무런 감시나 감독을 받지 않고 빈둥빈둥 잘 지냈다. 어릴 때처럼 다시 절에 보내야 애가 멀쩡해지지 않을까 생각하신 엄마는 금정산 자락의 절이란 절은 다 돌아다니며 나를 맡길 곳을 알아보기도 했으나 뜻대로 되지 않았고, 1년간 푹 쉰 후 열아홉 살에 나는 고등학교 2학년생으로 학교로 돌아갔다.

잘 쉬었던 덕분이었을까? 복학하고 처음 시험을 보았는데 반에서 2등을 하게 되었다. 우습게도, 성적이 좋으니 병이 씻은 듯 나은 기분이 들 정도였다. 물론 3학년 교실의 친구들을 보러 기웃거리기도 하고, 복학생이라는 곱지 않은 시선이 불편하기도 했으며, 여전히 병원을 다니며 불안정했으나, 학교는 다닐 만해졌다. 그렇게 1년의 허송세월은 오히려 나에게 새출발을 위한 휴식의 시간이 되었고, 훗날 역술가가 되어 상담을 하면서 학교생활 문제로 어려움을 겪는 학생이나 학부모님과 깊은 공감대를 느낄 수 있는 값진 경험이 되었다.

모든 일은 얽히고설켜서 지속적으로 변한다. 이러한 변화는,

변화만 있을 뿐, '좋다, 나쁘다'라는 말을 붙이는 것이 맞지 않다. 그렇기 때문에 사주를 바르게 공부하면 일희일비하며 흔들리지 않고, 안정적이고 단단한 사람으로 나아갈 수 있는 것이다.

고등학생이 학교를 못 가는 것은 누가 봐도 좋은 일이 아니며, 사회적 기능을 상실한 것이었다. 운이 나쁜 것이다. 그 시절 타로카드는 12번 '거꾸로 매달린 사람'이었고, 사주상으로는 편관칠살과 백호살이 들어온 무서운 해였다. 그렇게 나쁜 운이었지만, 그다음 해가 되었을 때는 오히려 편안해졌고, 성적도 좋았고, 복학 생활에 잘 적응했다. '휴학으로 내 인생은 끝나는 것인가!' 하는 절망감도 들었지만, 정말로 삶은 '새옹지마(塞翁之馬)'인 것이다. 나쁜 운은 나쁜 운인 줄 알고 잘 대처한다면, 훗날 좋은 운을 더욱 좋게 하는 밑거름이 될 수 있기에, 내가 마음먹기에 따라서는 어떠한 안 좋은 운도 전화위복으로 만들 수 있다.

사주 용어 중에 '상관(傷官)'이라는 용어가 있다. 단어 뜻 그대로 '관(官)을 상하게(傷)한다'는 말이다. 관을 귀하게 여기던 시대에 이것을 상하게 하는 '상관'은, 흉신(凶神)으로 취급되었다. 하지만 시대가 변해서 지금의 시대를 명리학에서는 '상관의 시대'라고 말할 정도이다. 더 이상 관이라는 것이 각광받거나 대세를 만드는 것이 아니라, 틀을 깨트리고 새로움을 창조하는 '상관'이 세상을 이끌어가는 시대인 것이다.

조선시대에는 인정받지 못하던 상인이나 예능인, 기술인들이 지금은 최상의 부와 지위를 누리는 것만 봐도 세상은 변했다. 이렇게 세상의 흐름도 변하고 사람들의 생각도 변한다. 변화에 따라 좋다고 여겨졌던 일이 나쁜 일이 되기도 하고, 나쁘다고 생각되었던 것이 나중에 보면 좋은 일이 되어 있기도 한다.

우리의 몸은 어떠한가? 어제의 내 몸과 오늘의 내 몸이 똑같을까? 세포, 혈액, 피부, 머리털, 어느 하나 똑같은 것이 없다. 시시각각 우리가 의식하지 못하는 모든 순간에 모든 것들은 항상(恒常)하지 않고 변해 있는 것이다.

이것을 석가모니 부처님은 '제행무상(諸行無常)'이라는 말씀으로 알려주셨다. 이것은 음양의 원리이기도 하고, 우주의 원리이고, 모든 것의 원리, 즉 역(易)의 원리이다. 음은 양이 되고, 양이 음이 되고, 오행은 순환하며, 물도 바람도 나무도 돌멩이도, 팔도 다리도 마음도 생각도 …, 그 어떤 것도 고정적으로는 존재할 수가 없는 것이다. 절대로 변할 수 없을 것으로 생각되었던, 남자(양)와 여자(음)의 성별도 이제는 변할 수 있는 세상이 되었다. 음과 양이 바뀌는 것이다.

실제로 동성애, 성전환 수술을 한 분, 진지하게 고민 중인 성소수자분들과 상담을 하면서, 세상은 정말 엄청나게 변하고 있음을 느낀다. 절대로 불가능하다고 여겨졌던 음과 양이 바뀌는 것을 경험한 이 세상에서 무엇을 하지 못할까? 본인의 운명이 마음에 들지 않거나, 내가 원하는 모습이 아니라고 해서 뭐가 문제가 될 것인가! 변하지 않는 것은 아무것도 없으니, 우리는 그 변화를 살펴서 원하는 모습으로 나아가면 된다.

원래 존재하는 모든 것들은 절대적으로 구별되는 것이 아니라 상대적으로 길다 짧다, 크다 작다를 구분하는 것이기에, 비교 대상에 따라서 내 키는 작은 키가 되기도 하고 큰 키가 되기도 하는 것이다. 우리가 비교하고 평가하는 모든 일들이 절대적인 기준이나 정답이 되는 것이 아니라 그런 상황에서의 결과인 것이기 때문에, 기쁠 것도 슬플 것도 없음을 받아들이는 것은 삶에서 찾아오는 많은 마음의 문제들을 해결해주는 열쇠가 된다.

오늘의 나는 어제의 내가 아니고, 내일의 나도 오늘의 내가 아니기에, 우리에게는 강력한 희망이 있다. 어떤 운명이 다가와도 이 모든 것이 영원하지 않으며 변한다는 것을 안다면, 우리는 운명이라는 것에 끌려가지 않고, 운을 끌고 갈 수 있게 될 것이다.

정해진 운명은 없다
_ 쌍둥이의 운명과 사주 쌍둥이

우리는 지금 운을 바꾸기 위한 준비를 하고 있다. 운을 바꾸려면 운이 무엇인지 알아야 하고, 그 운이 작용하는 우리의 삶, 운명의 속성을 정의하고 시작해야 할 것이다.

앞서 첫 번째로, 우리가 사는 운명의 기본 바탕을 '고통'으로 정해놓고 시작해보자고 했다. 그다음으로는, '변하지 않는 것은 아무것도 없다'라는 생각을 머릿속에, 가슴속에 단단히 새기자고 했다.

이제 마지막으로 우리의 모든 세포에 새겨야 할 운명의 세 번째 속성은, '정해진 운명은 없다'이다. 이게 무슨 소리인가 싶은가? 20년 넘게 사주팔자로 밥 먹고살며, 2만 명 넘는 사람들의 운명을 상담해준 사람이 지금 무슨 소리를 하는 것인가 싶은가?

사주명리나 운명학에 대해 회의적인 사람들은, '역시, 이제야 진실을 밝히는 모양이군.'이라고 생각할지도 모르겠다. 하지만, 정말 자신 있게 말할 수 있다. '정해진 운명은 없다!'

일단, 운명이 정해진 것이라면, 사주를 보든 안 보든 정해진 운명대로 흘러갈 것인데 정해진 운명을 본들 무슨 소용이 있겠는가. 이미 개봉된 영화처럼 결말이 다 정해져 있다면, 감독님을 찾아가서 이 영화의 결말이 어떤가를 미리 물어본다한들 무슨 소용일까. 영화의 결말을 스포일러하고 나면 욕만 먹는데 말이다. 관객의 입장에서도 결말을 미리 알면 영화가 재미없지 않은가!

또 두 번째 속성인, '변하지 않는 것은 아무것도 없다'고 정의한 문장과도 앞뒤가 맞지 않는다. '변하지 않는 것은 아무것도 없다'는 명제는, 요즘 우리가 믿고 따르는 과학자들이 먼저 인정한 내용이다. 변하지 않는 것은 그 어떤 것도 존재하지 않는데, 운명이 정해져 있다면 이는 모순이다.

아주 간단하게 '쌍둥이'의 운명을 살펴보자. 프롤로그에서도 언급했지만 부모님도, 유전자도 똑같은 동성의 일란성 쌍둥이는 죽는 날도 같은가? 직업, 결혼 시기, 자녀 유무, 재산 정도 등 무엇이 똑같은가? 이와 반대로, 유전적인 정보는 전혀 다른데 일명 '사주 쌍둥이'라고 불리는, 나와 '생년월일시'가 같은 사람은 어떤가? 일면식도 없는데 나와 사주가 같은 사주 쌍둥이는 전국에 수십 명, 전 세계에 수천 명이 있을 것이다. 2시간 단위로 시간을 나누는 사주명리학에서 나와 같은 년, 월, 일에, 2시간의 같은 시간 범위에 들어 있는 동성의 사주 쌍둥이는, 과연 나와 삶이 같을까?

1952년. 어느 작은 섬마을에 딸 쌍둥이가 태어났다.

부모님은 가정 형편 때문에 쌍둥이 중 동생을 자식이 없던 피난민 부부에게 보냈다. 그렇게 쌍둥이는 서로 상대의 존재를 모르는 채 살아오다가, 피난민 부부가 사망하기 전, 딸에게 입양 사실과 고향 등을 알려주었고, 동생은 나이 오십이 넘어서야 본인의 출생 비밀과 쌍둥이라는 사실을 알게 되었다. 그후 피난민 부부에게 입양된 동생은 자신을 낳아준 부모와 쌍둥이 언니를 찾게 되었고, 똑 닮은 외모뿐만 아니라 서로 비슷한 삶의 모습에 신기해했다.

서로 다른 부모 밑에서 자란 쌍둥이 자매 둘은 모두, 2남 1녀의 자녀를 두고 있었고 시어머니의 핍박이 무척 심했음에도 시부모를 모시고 사는 일명 효부였다. 언니의 남편은 예술을 하느라 돈을 벌지 않았고, 동생의 남편은 직장은 열심히 다녔으나 아내에게 월급을 갖다 주지 않았다. 결국 쌍둥이 자매는, 각자 온갖 부업을 하면서 2남 1녀의 자식들과 시부모를 돌보았고, 무책임한 남편과 이혼도 하지 않은 채 고단한 삶을 이어가고 있었다.

삶은 가난했고, 고생한 것에 대한 보상은커녕 남편과 시어머니의 구박만 받았으나 참고 견디며 살았고, 인간에게서 받을 수 없었던 구원의 손길을 언니는 하나님께, 동생은 부처님께 의지하며 살고 있었다.

디테일은 다르지만, 뭔가 좀 비슷하지 않은가? 비슷한 부분만 나열해서 그런지, 분명 그런 면이 있다. 그저 큰 그림, 즉 남편의 능력이나 시어머니, 자녀 수, 삶의 수준 정도로 삶에서의 큰 덩어리만 보자면 비슷해 보일 수 있다는 뜻이다. 하지만 다른 면을 나열하면 또 하나도 비슷하지 않을 수 있다. 결혼한 시기나 자녀를 출산한 시기, 지금 하고 있는 일(언니는 농사일, 동생은 직장일), 배우자와의 사별 여부(동생은 10여 년 전 남편과 사별) 등은 다르다.

참고로 쌍둥이 자매 중 피난민 부부에게 보내진 동생이, 바로 나의 엄마다.

나는 지방에 거주하고 있어서 얼굴을 보지 못한 채 전화로 상담하는 손님이 많다. 하루는, 사주명리와 관련한 기사를 쓰고 있는데 나의 의견이 필요하다며, 'OO신문'의 기자라고 본인을 소개한 여성분에게서 연락이 왔다. 업무적으로 연락을 주고받은 후 얼마 지나지 않아 기자분과 개인적인 상담을 할 기회가 생겨 그분의 사주 정보를 받았는데, 마침 개그우먼 장도연 씨와 생년월일시가 완전히 똑같은 분이었다.

지난 2016년, 나는 개그우먼 허안나 씨와 함께 'SBS톡톡사주'

라는 라디오 팟캐스트 방송을 하던 당시, 녹음실 창문 밖에서 허안나 씨를 발견한 장도연 씨가 갑자기 녹음실로 난입(?)하면서 장도연 씨를 처음 만나게 되었다. 목동에 있는 라디오방송국 구조가 밖에서도 녹음실이 보이는 터라 연예인들을 자주 보게 되는데, 평소에 절친이라는 두 사람은 보자마자 너무 반가워했다. 두 분 다 성격이 어찌나 좋던지, 도연 씨는 안나 씨 옆에 앉아 즉흥적으로 녹음을 같이 했고, 그때 장도연 씨의 사주를 보게 되었다. 잘나가는 유명 연예인의 사주를 본다는 것에 나도 모르게 설레고 기대되고 궁금했다.

"이 사주는 연예인보다는 원래 공부를 해서 직장인이나 공무원 계통이랑 인연이 많은데, 어쩌다가 이렇게 재밌는 사람이 되었을까요?" 하면서 농담을 주고받았는데, 도연 씨의 아버님께서 교직에 계셨다고 했다. 그래서 나는 "앞으로 기회가 되면 공부도 더 하고, 방송 쪽도 교육적인 콘텐츠를 많이 해보면 좋을 것 같다."고 덧붙이며 방송을 마쳤다.

그런데 인터뷰를 했던 이 기자분의 사주가 바로 그 도연 씨랑 사주 쌍둥이이지 않은가! 나는 장도연 씨에게 "도연 씨와 사주가 똑같은 분이 있다."며 호들갑을 떨었고, 기자분에게도 개그우먼 장도연 씨랑 같은 사주라며 얘기해줬다. 같은 운명을 타고난 사람들이 서로의 삶에 대한 이야기를 듣는 것이 두 사람 모두에게 긍정적으로 작용할 수 있겠다는 생각에서였다. 서로의 긍정적인 면을 발견해서 희망과 자신감을 얻고, 각자의 인생에서 더 좋은 결과를 얻었으면 하는 마음이었다.

소위 사주 쌍둥이인 두 사람의 삶의 궤적을 잠깐 보자면, 먼저 그 기자분은 학창 시절 열심히 공부해 대한민국 최고 명문대를 나왔고, 결혼을 했으며, 사주명리에도 관심이 많아 그쪽 공부를 꾸준히 해오고 있는 숨은 실력자이다. 그분과 달리 장도연 씨는 패션 공부를 하다가 중단하고 대한민국 최고의 유명 개그우먼으로 다양한 방송 프로그램에서 왕성하게 활동하고 있으며, 미혼이다. 같은 사주라도, 한 사람은 학업을 꾸준히 연마해 명문대를 졸업하고 언론인으로 사주를 풀어가고 있고, 한 사람은 학업을 멈추고 끼를 발휘해 유명 연예인으로 그 사주를 풀어가고 있었다.

두 사람은, 사주팔자는 똑같지만, 부모님도 다르고, 직업도 다르고, 경제력도, 키 몸무게 등 외모도 다르고, 결혼 여부도 다르다. 이런 것들은 삶에 아주 강력한 영향을 끼치는 것들이다. 그래서 사주 쌍둥이일지라도 이러한 다른 환경적 조건들은, 어떤 방향을 설정하고 그에 따른 선택을 할 때 큰 영향을 끼치게 된다. 그렇게 하나, 둘 선택이 거듭될수록 각도는 달라지고, 결국 각자 다른 방향으로 가게 된다.

그럼에도 한편으로는, 같은 사주를 가진 사람으로서 기본적으로 둘 다 책과 배움을 좋아하고, 마음이 따뜻하며, 자신이 하는 일에 대한 프로의식을 가졌고, 주변을 즐겁고 편안하게 해주려는 공통적인 성향을 갖고 있다. 또한 대운의 흐름을 봐도, 서로 비슷한 시기에 사회적으로 한 발짝씩 성취해나갔으며, 비슷한 시기에 어려움도 있었고, 또 두 사람이 삶을 대하는 태도도 꽤 유사하다는 것을 알게 되었다.

하지만 일반적인 시선으로 그냥 단순하게 생각해보면, 연예인과 기자, 기혼과 미혼은 많이 다르지 않은가. 우리는 이것을 어떻게 바라봐야 할까?

위에서 예로 든 이야기 외에도 많은 유전적 쌍둥이, 사주 쌍둥이, 유사 사주 등, 2만 3천여 명의 사주를 보면서 내가 내린 결론은, '정해진 운명은 없지만 큰 흐름은 분명히 존재하고, 그 큰 흐름은 작은 흐름을 바꾸는 활동을 통해 반드시 바꿀 수 있다'는 것이다.

같은 사주를 타고 난 사람도, 방향을 공부로 정하고 포기하지 않고 노력하면 명문대에 갈 수 있고, 끼를 풀어내는 것으로 방향을 정하면 최고 유명인도 될 수 있다. '내가 어떻게 방향을 설정하고 나아가는가에 따라 결국은 무엇이든 할 수 있고, 무엇이든 될 수 있구나!'를 다시 한 번 느끼게 된 일이었다.

장도연 씨가 어느 날 갑자기 공부가 하고 싶어졌을 때, '연예인 하던 내가 공부를 해도 될까?'를 고민하며 잠시 멈칫한다면, 같은 사주의 명문대 출신 기자분을 생각하며 희망과 자신감을 더 가질 수 있지 않을까? 반대로 장도연 씨와 같은 사주의 기자분이 어느 날 개인 방송을 하고 싶다거나 유쾌한 삶을 살고 싶다거나 큰 부자가 되고 싶다는 꿈을 가질 때, '어휴, 공부만 하던 내게 그런 삶이 가능하겠어?' 하며 의지가 약해진다면, 장도연 씨를 떠올리며 힘을 내볼 수 있지 않을까?

상담을 하다 보면 본인의 사주에 낙담하고 사는 사람들이 의외로 많다. 어디서 들었는데 본인 사주가 나쁘다고 했다거나, 공부운이 없다고 했다거나, 결혼운이 없다고 했다거나, 재물운이 없다고 했다거나 등등. 그런 손님이 오면 나는 같은 사주를 가지고도 다르게 사는 많은 사주 쌍둥이들의 이야기를 해드린다. 또한, 운명이라는 것은 '그렇게 되도록 정해져 있다'가 아니라 '그렇게 될 수도 있다'는 가능성을 말하는 것임을 강조해서 말씀드린다. 개그우먼이 될 수도, 명문대를 갈 수도, 결혼을 할 수도, 독신으로 살 수도 있는 가능성을 품고 있는 것이다. 수많은 가능성 중에 조금 더 발현되기 쉬운 영역이 있으며, 어떠한 가능성을 키워나갈 것인가는 쉽든 어렵든 본인이 의지, 주변 환경, 그리고 노력 여하에 따라 달라질 수 있는 것이다.

이제 다시 한 번 운명의 속성을 정의해보자.

1. 삶은 고통이 기본이며,(一切皆苦)
2. 변화하지 않는 것은 아무것도 없으며,(諸行無常)
3. 정해진 운명은 없다.(바르게 노력하면 바꿀 수 있다)

이것이 운명이고 삶이다. 이에 대해 옳니, 그르니를 따지지 말고, 그냥 믿어보자.

나는 한때 '윤회'에 대해 정말 궁금한 점이 많았다. 전생이 있는지, 윤회는 하는지, 어떻게 하는지, 왜 하는지 등등. 아무리 공부해도 답을 얻지 못하고 의문이 풀리지 않아서 그냥 내 나름의 결론을 내렸다. 윤회와 전생이 있다고 믿기로. 그렇게 믿는 것이 삶을 받아들이거나 이해하기에 수월한 부분이 많고, 앞날을 살아가기에 효용이 더 큰 것 같아서, 그냥 전생과 윤회가 있다고 믿기로 했다. '그래, 지옥도 천국도, 전생도 윤회도 있다고 치자!'

그런 의미에서 나는 운명론자라기보다는 효용론자에 가깝다. 이론의 정확도에 몰입하기보다는 이 모든 지식과 정보들이 우리들의 삶에 어떤 효용이 있는지가 중요한 사람이다. 그래서 신(神)도 내 마음대로 정의해서 있다고 믿고 산다.

물론, 완전히 내 마음대로 하는 것은 아니고, 보고 읽고 들은 말씀 중에 받아들여지는 내용을 수용해서 내가 이해하기 좋은 방식으로 머리와 가슴속에 저장해서 믿고 산다. 그래서 나에게 신은, 부처님, 하나님이라기보다는 '자연'이고 '우주'이다. 천지신명(天地神明)이다. 그래서 나는 늘 신(자연, 우주)께 감사하고, 신께 의지하고, 신을 두려워하며 살고 있다. 이것이 내가 내 인생을 사는 데 도움되기 때문이다.

크게 손해 볼 것이 없다면 지금부터 세 가지 운명의 속성을 곰

곰이 생각해보고, 당신의 인생에 도움되는 방향이라고 수긍할 수 있다면, 일단 믿음을 가져보는 것은 어떨까? 인생이 그렇게 고통스럽지 않아도, 이미 운명이 정해져버린 것 같아서 아무것도 바꿀 수 없을 것 같아도, 그냥 운명의 속성으로 믿고 앞으로의 남은 인생을 조금이라도 나은 방향으로 바꾸려고 노력한다면, 분명 좋은 결과로 나타나지 않을까?

깨달음은,
운명대로 사는 것이 아니라
운명을 바꾸는 것이다.
- 법륜스님 -

모든 운의 출발, 가화만사성

_가족 간 갈등을 푸는 대화

“선생님, 선생님! 정말 신기한 일이 일어났어요.”

수강생 한 분이 달려와 먼저 말을 걸었다. 수업 시작까지 시간이 조금 남아 있어서 무슨 일이냐고 여쭤보니 얘기를 들려주셨는데, 너무 기쁜 내용이라서 수업시간에 공개적으로 사례 발표를 해 달라고 부탁드렸다.

나의 주된 업무는 역술가로서 사주명리로 사람들을 상담하는 일이다. 이 시대의 모든 사람들이 사주명리를 배워서 마음의 평화를 찾기를 바라는 마음이 많지만, 공부가 너무 방대해 엄두를 못 내는 사람들도 많고, 진입장벽이 높다는 선입견에 입문을 망설이는 분들이 참 많다. 그래서 대안으로 생각한 것이 ‘타로카드'였다. 우리는 흔히 타로카드를 점술의 도구로 생각하지만, 사실 '타로'는 다른 훌륭한 장점을 가지고 있다. 바로 내면의 목소리를 듣고, 대화의 장을 열게 하는 강력한 기능이 있는 도구라는 점이다.

내가 처음 사주명리를 배우면서 선생님에게 타로도 함께 배웠는데, 그때는 그냥 점치는 도구로 인식하고 사용했었다. 그리고 주업무는 사주명리였기에 타로는 간간이 재미로 친구들을 불러 연애점 정도나 보았을 뿐이다. 그러다가 10년 전쯤 지인에게서 타로 집중 강좌가 있으니 들어보지 않겠냐는 제안을 받았고, 1박 2일 집중 강좌를 들으러 가게 되었다. 사실 이 공부에 발을 들이면 끊임없는 배움의 연속이다. 번 돈을 또 배우는 데 투자하고, 현장에서 사람들을 상담할수록 더 배워야 한다는 것을 여실히 느끼기에 항상 마음의 준비를 하고 있다.

수업은 듣던 대로 최고였고, 타로의 신세계를 보게 되었다. 그동안 나는 타로를 점술도구 정도로 생각했는데, 타로카드로 이런 것이 가능하구나를 깨닫고는 추가로 과정을 더 들으며 나만의 타로 활용법을 구축해갔다.

지금은 교육원에서 타로 강의를 하는데, 당장 사주명리라는 마라톤을 달릴 엄두가 나지 않는 분들에게 '비교적 단기간에 마음을 열게 하는 비법'과 같은 타로의 세계를 소개하고 있다. 수강생들은 대부분 여성분들이다. 간혹 남성분들이 두세 명 정도 있기도 한데, 사례를 말씀하신 분은 중년 남성이었다.

이분은 자식도 다 크고 직장도 조기에 은퇴하고 이런 저런 취미활동을 하면서 시간을 보내는 중이었는데, 어느 날부터 투명인간처럼 집에서 본인의 존재감이 없어지고, 아내와도 자녀와도 대화를 한 마디도 하지 않는 날이 생길 정도가 되었다. 그렇다고 가족들과 크게 다투거나 문제가 심각한 것은 아니었으나, '남은 삶을 이렇게 살아야 하는가?'라는 생각이 들면서 가슴이 답답해왔다고 했다. 그러다가 무슨 말이라도 좀 꺼내보려고 하면 핀잔을 듣거나 작은 다툼으로 끝나는 경우가 많아지면서, 말을 안 하는 것이 차라리 나은 상태가 되었다는 것이다.

그런 상황에서 타로도 하고 명상도 한다는 수업이 있다고 해서 듣게 되었는데, 사실 그분은 수업 자체에 큰 애착은 없어 보였다. 그런데 배우다 보니 집에 가서 복습해야 할 것도 생기고 해서 가끔 집에서 타로카드를 펼치게 되었는데, 안 보던 물건을 가지고 뭔가를 하고 있는 남편을 보고는 처음에는 아내가 곁눈질만 하더니 지난주에는 갑자기 옆에 와서 말을 걸어왔다는 것이다.

"요즘에 그거 배워요? 그럼 내 꺼 좀 봐줘요." 이 말 한 마디가 너무 놀라운 일이어서 순간 당황했으나, "허허. 그럼 그러지 뭐. 아직 반도 못 배워서……. 일단 배운 만큼만 해볼게." 하며 아내의 타로점을 봐줬다고 한다. 이렇게 두 사람은 카드를 펼쳐놓고 대화하기 시작했고, 의외로 이 대화는 2시간이 훌쩍 넘도록 이어졌단다. 그러고는 처음으로 서로의 가슴 속에 있는 이야기들을 하게 되었다는 것이다.

아내와 벽이 허물어지니 자녀와는 더 수월하게 장벽을 허물 수 있었다고 했다. 그러면서 "가족들이 이런 생각을 하고 있는지 몰랐고, 반성도 많이 되었고 이해도 많이 되었습니다. 정말 감사합니다."라는 말로 수강생들에게 벅찬 감동을 전해주었다.

상담을 하다 보면 중년의 부부가 점점 멀어지는 상황을 많이 보게 된다. 처음에는 이러다 괜찮겠지 하다가 결국은 더 멀어지는 상황을 마주하게 된다. 쓸쓸한 중년, 노년이 되는 것이다.

사람들은 누구나 대화를 하고 싶다. 내 이야기를 하고 싶은데 방법을 잘 모르기도 하고, 너무 오랫동안 관계가 멀어지면 대화하는 방법을 잊어버리기도 한다. 그런 사람들에게 상담이라는 도구는, 상대방을 이해하게 하고 객관화하여 볼 수 있게 해준다. '아! 이 사람은 이런 사람이었구나. 힘들었겠구나.'

태어난 사주팔자, 즉 사주명리를 통해서 상대방을 이해하는 일은 정말 아름다운 경험이다. 하지만 쉽게 배워서 할 수 있는 것이 아니기에 나는 타로카드라는 도구를 끄집어낸 것이다. 10여 년 전 선생님의 인연으로 새로운 길을 발견하게 되었고, 실제로 상담에서 활용했을 때 정말 효과가 좋다는 것을 확인한 후, 대중 강의를 시작한 것이다.

상담실에 오시는 분들 중에 사춘기 자녀들의 일탈이나 가족과의 불화 문제로 마음 무겁게 방문하시는 분들이 많다. 그런 경우, 당사자인 학생을 다음에 꼭 데리고 오라고 말씀드린다. 중학생도 있고, 대학생도 있고, 가끔은 초등학생도 있다. 그 아이들이 오면, 나는 사주명리가 아니라 타로카드를 꺼낸다. 그래서 그 아이들의 속마음을 끄집어낼 수 있게 도와주면, 곁에서 지켜보고 있던 엄마가 많이 놀라는 것을 볼 수 있다. 전혀 생각하지 못했던 말을 아이가 하기 때문이다. 그렇게 서로를 이해하는 데 있어 상담은 정말 소중하다. 가족 상담이든, 부부 상담이든, 타로 상담이든, 사주명리 상담이든, 뭐가 되었든 간에 함께 사는 사람들과 속이야기를 할 수 있다는 것은, 모든 운의 출발이자 아주 큰 원동력이 된다.

가화만사성(家和萬事成)이라는 말이 이제는 다소 무색해진 세상이지만, 함께 사는 가족이 있다면 가족들 간의 좋은 기운이 나의 온몸에 저장되고, 그러한 기운은 사회활동을 하는 데 큰 힘이 되어 운 좋은 사람으로 만들어준다는 것을 잊지 말자.

그렇게 되려면, 당연히 나 자신이 먼저 준비되어 있어야 한다. 내가 나를 받아들이고 내가 타인을 이해하려는 마음의 준비가 되었다면, 가족이든 가까운 친구 누구든 진심으로 소통할 수 있는 기회를 가져보자. 그리고 이것이 내 모든 운의 시작임을 명심하자.

어린아이 사주는 보면 안 되나요?

_ 우리 아이 사주 검사

아이들이 학교에 가면, 학교에서 정기적으로 지능 검사나 적성 검사를 한다. 그 결과에 수긍하는 면도 있고, 의외의 결과라고 생각하는 면도 있음을 누구나 경험해보았을 것이다. 이렇게 어느 정도 질문에 대답할 수 있는 나이가 되면 각종 검사들을 통해 사람의 성향을 알아볼 수 있는데, 요즘 젊은 사람들에게 유행하는 성격 유형 검사법 MBTI에 대해 앞에서 얘기했었다. 심리 검사가 그렇듯 질문지를 잘 읽고 스스로 답하는 방식, 자기보고 형식의 검사이다. 나 스스로 자기 자신을 어떻게 인식하고 느끼는지 살펴보는 이런 검사가 매우 중요한 것은 말할 필요도 없다.

"저는요, 발표가 너무 힘들어서 학교생활이 참 어렵습니다."

"저는 거절이 너무 어려워요."

"저는 표현이 직선적인데 돌려서 말하는 게 너무 힘들어요. 그리고 왜 돌려 말해야 하죠?"

모두 본인 스스로 느끼는 자신의 성격이 있다. 이런 것들이 모여 '나'를 이룬다. 그렇기 때문에 그 누구의 평가가 아닌, 스스로 자신에 대해 살펴보는 것은 매우 중요하고 필요한 일이다. 그래서 요즘 MZ세대들이 서로의 MBTI를 공유하며 상대방을 이해하기도 한다. "아~, 그 애는 T라서……, 그런데 나는 F니까……." 이렇게 서로 이해하려고 하고 이해받고자 한다.

그런데, 어린아이의 경우는 이런 셀프 검사를 할 수가 없다. 더구나 어디서 어떻게 생겨난 잘못된 믿음인지 모르겠지만, "어린아이들 사주팔자는 보면 안 된다고 그러던데, 몇 살부터 아이들 사주를 볼 수 있나요?"라는 질문을 정말 많이 받는다. 왜 이런 말이 전해 내려왔을까를 혼자 생각해보다가, 예전에는 어릴 때 병으로 사망하는 경우가 많았고, 그래서 출생신고도 일부러 안 하고 기다렸다가 나중에 하거나 이름도 짓지 않고 돌 지나 서너 살 될 때까지도 건강한지를 기다렸다는 얘기를 들은 것이 생각났다.

그리고 너무 어릴 때 아이 사주를 봐서 그 아이의 성향이나 기질을 미리 규정해버리면, 엄마가 아이에 대한 선입견을 갖고 양육할 수도 있기 때문에 부정적인 작용이 있을까 봐 그런 것은 아니었나 하는 생각도 해보았다.

하지만 어린아이의 사주는 볼 수가 없다거나, 몇 살이 지나야만 볼 수가 있다는 어떤 합리적인 근거는 없다. 나는 운 좋게도 어린아이부터 수험생까지, 육아부터 입시까지의 상담을 많이 했는데, 그래서 사주 관련 육아방송을 해보자는 제안이 들어오기도 했었다.

그렇게 된 연유는 나의 삶과도 연관이 크다. 아무래도 학원을 운영하다 보니 교육 현장에 대해 발 빠르게 정보를 얻을 수 있었고, 끊임없이 입시 세미나를 들어야 했으므로 사주 풀이 이외에도 이점이 많았을 것이다. 이 일을 하면서 자주 느끼는데, 사주명리가 본인이 살아오면서 경험한 배경지식들이 상담을 하는 데 크게 작용하는 듯하다.

집이 가난했던 나는 중학생 때부터 아르바이트를 다양하게 많이 했었는데, 대학생이 되면서는 학원 강사 아르바이트를 했다. 초등학생부터 고등학생까지 가르치며 점점 강사로서의 역할은 커졌고, 훗날 학원을 직접 운영했을 때는 우리 학원만의 특별한 프로그램으로 '우리 아이 사주 검사'라는 것을 만들어 홍보하기도 했다.

사람의 사주팔자는 일단 탄생과 동시에 정해진다. 그렇기 때문에 생일이 생겨나는 순간, 그 사람의 운명을 살펴볼 수 있다. 어린아이라고 해서 사주팔자가 없는 것이 아니므로 언제든지 볼 수 있는 것이다.

아파트 단지 부근 상가에 학원을 차리고 초등생, 중학생을 대상으로 홍보했더니, 하나둘 상담 문의가 들어오기 시작했다.

"우리 아이 사주 검사가 뭔가요?"

"네, 제가 사주 공부를 해서요. 아이 사주를 보고 공부 방향과 진로 등을 살펴서 학원에서의 학습 프로그램을 짜는 데 도움을 주는 것이고요. 사주 검사는 무료입니다."

이때만 해도, 내가 역술가로 성공하겠다는 마음보다는 좀 더 안정적인 다른 사업을 해보려는 마음이 컸기 때문에, 학원이 잘될 거라는 희망을 안고 열심히 아이들 사주 상담을 했다.

무료상담이든 유료상담이든, 막상 상담을 시작하면 본분을 잊고 열심히 하다 보니, 학원을 등록시켜야 한다는 목적은 까마득히 잊고, "어머니, 우리 OO이는 타고난 성향이 학원보다는 과외에 적합하고요. 공부는 내년부터 효율이 좋으니, 올해는 너무 많이 프로그램을 짜지 말고 기초체력 튼튼히 해서, 내년부터 과외를 하시는 것이 좋겠네요." 하는 일도 부지기수였다.

그러다 보니 사주 잘 보는 집으로 소문이 나서, 학원 등록이 반, 상담만 받는 일이 반, 그렇게 몇 년간 무료로 아이들 사주를 열심히 보게 되었다. 나도 아이를 키우는 입장이라 아이들 사주 보는 일이 재미있었고, 오전에는 사주상담실에서 정식으로 손님을 보고, 오후에는 학원으로 넘어와 아이들 사주를 봐주는 투잡을 하면서 입시, 진로에 대한 공부도 많이 했고, 보람도 있었다.

나중에는 학부모들과 신뢰가 쌓이면서 다른 상담을 요청받기도 하고, 부모님들은 아이의 학습뿐만 아니라 행동에 대해서도 답답함을 토로하기 시작했다.

"원장님, 우리 OO이는요, 아무래도 나랑 안 맞는 거 같아요. 그리고 나를 너무 무시하는 거 같아요."

"아이고, 이제 중1인데, 엄마를 무시하다니요. 무슨 말씀이세요?"

"아니, 세상에 제가 그렇게 잔소리를 했거든요, '그렇게 하지 마라.' 하고. 그날 OO이는 분명 눈물 뚝뚝 흘리며, 다시는 안 그러겠다고 분명히 약속을 했거든요. 그런데 세상에 오늘 또 어제랑 똑~같은 행동을 하지 뭐예요. 이거 엄마 말을 무시하는 거 아닙니까? 어찌 하루도 안 가냐고요?"

어머니는 화가 나면서도 아이가 걱정되기도 하고, 그러면서도 아이를 도무지 이해할 수가 없다며 하소연했다.

"어머니, 혹시 OO이가 눈물 뚝뚝 흘리며 '다시는 안 그럴게요.' 한 후에 5분도 안 돼서, '근데 엄마, 저녁에 햄버거 먹으면 안 돼요?'라고 하지는 않던가요?" 하며 물었다. 그랬더니 "아, 맞아요, 맞아! 세상에 그걸 어떻게 아셨어요?"

어머니 입장에서는 정말 마음에 상처를 받을 만한 상황이다. 하지만, 아이는 엄마 말을 안 듣거나 무시하는 것이 아니라, 타고난 성향이 그러한 면이 있는 편이라서 혼난 것은 혼난 것이고,

밥은 또 먹고 싶은 것을 먹고자 하는 것뿐이기에, OO이도 억울할 것이다.

이렇게 차분히 설명해드리면, 어머니는 마음이 조금 누그러지고 아이를 이해하려는 마음이 생기면서, 그러면 이런 아이는 앞으로 어떻게 지도하면 좋을지를 의논하는 단계로 넘어간다.

자식도 부모 때문에 상처를 받지만, 부모도 자식으로부터 마음의 상처를 많이 받는다. 서로를 잘 이해하지 못하면 이러한 마음의 상처가 차곡차곡 쌓여서 불행한 관계를 만들기도 한다. 서로에 대한 오해를 풀고 상대방을 객관적으로 생각해보는 데에 사주 분석은 매우 효과적이다. 그리고 나는 이럴 때 매우 보람을 느끼고 심장이 간질간질해지는 기쁨을 누린다.

어릴 때 사주를 보는 것은 매우 유용하다. 어차피 모든 변화는 '알기'에서부터 출발한다. 무엇이든지 바로, 제대로 알기가 된 이후에 방향을 조절해 앞으로 나아가는 데 도움을 줄 수 있는 것이다. 그러므로 어린아이들의 사주를 보는 것에 부담을 느끼거나 겁을 낼 이유는 전혀 없다.

다만, 상담을 아이가 직접 듣는 것이 아니라 부모님이 대신 듣는 입장이기 때문에, 부모님 본인들이 마음의 준비가 되어 있지 않거나, 우리 아이의 사주를 긍정적으로 잘 활용할 수 있는 환경이 되어 있지 않다면 '긁어 부스럼'이 될 수도 있다. 따라서 아이를 궁금해하기 전에 부모님 자신을 먼저 살피는 것이 더 중요하리라 생각된다.

또, 상담을 해주는 역술가도 '사람'이기 때문에 개인의 선입견과 개인이 알고 있는 지식이 당연히 상담에 녹아들어간다. 그래서 철학관과 인연이 좋지 않으면, 오히려 혼란을 겪을 수도 있다. 그렇기 때문에 부모님들도 자녀 상담 시 어느 정도는 사주 공부를 하고 상담을 받으면 여러모로 도움이 될 것이다.

기승전, 나와 내 가족을 위해 '사주 공부합시다!'

남이 보는 나, 내가 보는 나

_ 인생 복기(復棋) '나의 인생표'

사주를 공부하다 보면 내 살아온 삶을 스스로 복기(復棋)해보는 과정이 있다. 공부한 이론이 내가 살아온 실제의 삶과 어떻게 상호작용 되는지, 나에게 있어서 특정한 글자와 운은 어떻게 작용하는지를 살펴보는 과정이 꼭 필요하다.

상담실을 찾는 손님들 중에서도 A4용지 서너 장 분량으로 빽빽하게 적어 본인의 삶을 미리 보내주시는 분도 있다. 대부분 사주 공부를 하는 분들이고, 정확하게 분석할 수 있도록 유년 시절부터 아주 상세히 굵직한 사건들 위주로 적어 보낸다. 몇 살에 반장, 몇 살에 골절, 몇 살에 결혼, 대입 낙방, 취업 성공 등등.

사주명리학 공부, MBTI 검사, 관상, 풍수, 타로카드 등, 모든 운명 예측 방법들을 다 제쳐두고 딱 하나만 해보라고 한다면, 나는 살아온 삶을 복기하는 '나의 인생표' 쓰기를 추천한다. 그 어떤 이론적 지식이 없어도 살아온 과정을 기록하는 것만으로도, 내 인생에 엄청난 가치를 만들어줄 것이다. 실망도 하고 후회도 남고 뿌듯함도 있었던 그 과정을 복기해보는 것이다.

막상 해보니 생각보다 시간이 많이 걸리고 꽤 어렵다. 생각보다 어렵고 귀찮기도 해서 그냥 사주 전문가를 찾아가 내 사주를 살펴본다. 내 사주는, 성격은 이렇고, 적성은 이렇고, 몇 살에 이랬고, 저랬고, 연애 스타일은 이렇고, 부모복은 이렇고, …. 나를 처음 본 역술인이 나에 대한 모든 것들을 다 말해준다. "네, 맞아요! 와~, 너무 신기하네요." 하면서 계속 듣는다.

그런데 어느 정도 일치하는 부분이 있는 것 같다가도, 또 조금 생각해보니 그렇다고 그게 다 맞는다는 생각이 들지는 않는다. 반은 맞고 반은 틀린 것 같다는 생각을 간간이 하며 듣고 있는데, 공부를 많이 한 사주 전문가는 마치 나를 훤히 다 꿰뚫어보고 있으며, 내가 어떤 사람인지 다 안다는 식으로 강조하는 것을 보니 슬슬 거부감이 올라오기 시작한다. '에이, 날 언제 봤다고! 나 안 그런데…….'

사주를 보고 나니 뭔가 더 복잡한 생각이 든다. 내가 나를 잘 모르나? 그분이 사주에 그렇다고 했으니 그분이 말한 모습이 진짜 내 모습인가? 나는 어떤 사람이지? 속이 시원하기도 한데 뭔가 더 혼란스러워진 것도 같다.

'난 공부하기 싫은데, 왜 사주 선생님은 공부를 하라고 하는 거지? 나 욕심 없는데 왜 나보고 욕심 많다고 하는 거지? 나를 내가 제일 잘 알지, 처음 본 역술인이 내 생일만 보고 어떻게 다 알겠어? 그래, 다 믿지 못할 거 같으니, 무료 MBTI를 해봐야겠군.'

무료 MBTI 검사로 스스로 나를 파악해본다. '그래, 이거지! 난 이런 사람이지. 내가 나를 제일 잘 안다니까!'

그런데 몇 달 지나서 내 MBTI 결과값이 나랑 잘 맞지 않는 것 같다는 생각이 들기 시작한다. 그때는 내가 그런 사람이라고 생각됐는데, '아~, 요즘 나는 좀 그렇지가 않은 것 같은데……. 다시 해봐야겠어!' 그래서 다시 해보니 MBTI가 다르게 나왔다.

'앗! 이건 또 뭐지? 혼란스럽다.'

이런 혼란스러움에도 불구하고 앞으로 다르게 살아보고자 하는 사람들이라면, 셀프 사주 공부 + 인생 복기, 이 두 가지를 해보기를 권한다. 셀프 사주명리는 내가 알고 있는 나의 모습과 내 성향을 내 사주팔자와 대비해 볼 수 있어 두 방법의 장점을 취할 수 있다. 또한 인생 복기를 통해 하나하나 비교, 검증을 해나가면, 남이 보는 나와 내가 보는 나를 잘 섞어 긍정적인 대안을 만들 수 있다.

컴퓨터가 발달하기 전에는, 사주명리를 공부하기 위해 유명한 스승님을 직접 찾아가야만 했다. 당연히 비용도 상당했고 인연이 닿지 않아 배우지 못하는 경우도 많았다. 스승님이 거부하는 경우도 있고, 10년 동안 마당만 쓸게 하고 공부는 안 가르쳐 주었다는 과장된 뒷담화도 존재했었다. 돈도 많이 들고 배우기도 어려웠던 이 학문은, 그래서 소수의 사람들에 의해서만 전해 내려왔기에 좋은 의미에서는 신비로웠고, 안 좋은 의미로는 진입장벽이 높은 폐쇄적인 영역이었다.

지금은 관련 도서가 홍수처럼 넘쳐나고, 유튜브에는 명리 채널만도 셀 수 없이 많고, 거의 무료로 많은 강의들이 재생되고 있다.

《만세력(萬歲曆)》이라는 책을 사서 생년월일을 찾아 종이에 사주명식을 적던 시대는 가고, 컴퓨터로 생년월일을 입력하면 사주가 바로 튀어나오는 혁신에 오래 감탄할 새도 없이, 스마트폰의 대중화는 사주명리학계에도 돌풍과 같은 변화를 가져온 것이다. 그래서 휴대폰이 있는 사람은 누구나 사주를 전혀 몰라도 자신의 생일을 육십갑자로 변환시킬 수 있게 되었으며, 기초적인 음양오행과 명리이론을 배우면 셀프로 사주를 볼 수 있게 되었다. 이러한 시대 발전이 이 두 방법을 섞을 수 있게 해주었기에, 지금을 살아가는 세대는 매우 복이 많다는 생각이 든다.

그런데, 사주를 공부하는 목적을 반드시 명심해야 하는데, 그것은 '내가 나를 객관화해서 보기 위함'이라는 것이다. 결코 남을 판단하거나 이용하기 위함이 아님을 명심하고, 또 명심해야 한다. 공부가 깊어지면 타인을 연구해보며 타인에 대한 이해를 넓혀나가는 좋은 수단으로 활용할 수 있지만, 전문가가 아닌 입장에서 함부로 남의 사주를 봐주는 것은 매우 위험할 수 있음을 처음부터 꼭 마음에 새길 것을 강조하고 싶다.

그리고 사주명리를 통해 알게 된 나의 모습 또는 타인의 모습은, 100 퍼센트 그렇다, 반드시 그렇다라는 것이 절대로 아니다. 그럴 가능성이 많다는 것이지, 절대 그렇다는 아니다.

연애운이 있다고 해서, '이 녀석 바람났군!' 이런 접근은 엄청난 불행을 초래한다. 스스로 지옥문을 여는 일에 이 공부를 사용하면 절대 안 된다.

사주명리 공부는 '취급주의', 'DANGER'임을 꼭 명심하자. 나또한 다시 한 번 명심하는 순간이다.

·인생 복기, 나의 인생표 만들기·

우주의 모든 것은 계속해서 변한다. 그런데 무작위로 막 변하는 것이 아니라 큰 흐름에서 보면 일정한 법칙이 있다. 봄, 여름, 가을, 겨울은 단 한 번도 여름, 봄, 겨울, 가을처럼 순서를 바꿔서 순환하지 않는다. 변화하지만 일정한 규칙을 갖고 순환하는 것이 자연이듯 우주에는 변화의 큰 규칙이 있는데, 우리 인간은 작은 우주이므로 우리의 삶도 어떤 규칙이 있다는 데에 믿음을 둬보자.

기억이 나는 나이부터 하나하나 연도별로, 그 연도 안에서는 월별로 기억날 만한 일들을 적어보는 것이다. 아주 어릴 때 일은 들은 기억을 적어도 좋다.

사진도 꺼내보고 기억을 떠올리면서, 12세 학급회장 선거 당선, 17세 독서 동아리 시작, 19세 수능 잘 봄, 20세 5월 첫 연애(소개팅으로) 시작, 21세 7월 운전면허 취득, 23세 4월 연인과 헤어짐, 26세 3월 접촉사고(3주 부상), … 이런 식으로 노트 하나를 따로 준비해서 적어나가는 것이다.

인생이 아직 짧은 젊은 사람들은 아직까지 큰 특징을 발견하지 못할 수 있다. 그래서 나이가 어린 분들은 세세하게, 월별로 적어보는 것이 더 좋다. 데이터가 많을수록 결과값이 정확하므로 최대한 많은 기록들을 모아서 적어야 한다. 하루아침에 하려고 하면 절대 안 되고, 노트를 하나 만들어서 생각이 날 때마다 기록해야 한다. 원래 이 방법은 사주명리를 공부하는 과정에서 사주와 내 과거를 연결해보면서 육십갑자의 글자들이 나에게 주는 영향을 살피려는 목적으로 하는 것인데, 사주를 볼 줄 몰라도 기록하고 분석해서 정리해보는 것만으로도 유의미한 결과를 발견해 미래를 예측하는 데 활용할 수 있다.

가만히 살펴보면서, 나는 가을만 되면 꼭 몸살을 하네? 나는 봄에 직장일이 좋았네? 나는 연애를 거의 다 소개팅으로 하네? 거의 연상만 만났네? 시험은 거의 다 한 번에 붙었네? 겨울만 되면 돈이 좀 넉넉했네? 이런 기록들을 모아가야 한다.

노트를 사서 왼쪽 페이지에는 구체적 사건, 오른쪽 페이지는 사주 공부를 한 사람은 사주적인 변화 정보를 적고, 사주 공부를 하지 않은 사람들은 생각나는 것들을 적으며, 노트를 볼 때마다 추가한다. 이러한 작업은 과거의 패턴을 분석해 미래를 예측하고, 나의 행동양식도 예측 가능하게 해준다.

그리고 감정 상태와 상황을 분리해서 기록하는 것이 필요한데, 예를 들면, 수능 만점을 받았다는 사실은 객관적으로 성취를 이룬 좋은 상황을 나타내는 것이고, 수능 만점을 받았더라도 그 과정이 너무 힘들었기 때문에 별로 기쁘지 않았다면 이것은 감정 상태이다. 이렇게 두 가지를 분리하되, 감정보다는 상황 위주로 모아가는 것이 중요하다.

그런 뒤에 감정 상태와 상황을 따로 평가하여, 좋고 나쁨을 구분해서 그 정도치를 표시한다.

그 평가들을 그래프에 점을 찍어서 연결해보면 조금씩 리듬이 보이게 된다.

내 인생인데 이 정도 정성을 쏟아보는 것은 할 만하지 않을까?

·나의 인생표 예시·

왼쪽 – 구체적 사건(감정과 구분해서 기록)

1쪽

년도	나이	시기	사건	감정/상황	경위	기타
2000	1세	늦여름쯤	응급실-고열	기억 안 남	어머니께 들은 이야기	제왕절개 출산

– 출생 당시 자연분만 시도하다가 긴급 수술한 것으로 들음. 탯줄 감아서 숨이 끊어졌었다고 들음. 상황이 좋지 않았다고 들었음.
– 늦여름 정도 열이 안 떨어져서 응급실 갔다고 들음. 며칠 입원했다고 함.
(생각이 날 때마다 추가적으로 적어나간다.)

3쪽

년도	나이	시기	사건	감정/상황	경위	기타
2018	19세	4월	복통 입원	너무 힘들었음	시험 스트레스	잘 쉬고 퇴원
		11월	수능 대박	매우 기쁨	찍은 게 많이 맞음	상향 지원 준비
		12월	여행	즐거움	친구들 의견	일본 여행

– 야간 복통으로 응급실 갔다고 함.
– 수능 대박 / 수능 망침.
– 수능 끝나고 친구들이랑 여행감.
– 쌍꺼풀 수술함.
(이런 식으로 기록해나간다.)

오른쪽 – 사주명식과 작용 기록

2쪽

사주	대운	세운	월운/일운
丙壬戊庚 午寅子辰		庚辰	未월 정도
출생 때도 허약하게 태어났고, 그 후에도 잘 못 먹고 잠도 길게 안 잤다고 들음. 고열 응급 상황은 무엇 때문이었을까? 寅未 원진, 午未合의 작용이 있었을까? (사주 공부를 하지 않은 상태라면, 생각이 떠오르는 대로, 볼 때마다 내용을 추가해 적어보면 된다.)			

4쪽

사주	대운	세운	월운/일운
丙壬戊庚 午寅子辰	己丑	戊戌	辰월
			亥월
			子월
丑戌形의 작용으로 아픈가? – – – –			

사주팔자에 법칙이 있다면?

_ 팔자 관성의 법칙

관성의 법칙(뉴턴의 운동법칙 중 제1법칙) :

관성의 법칙은 외부에서 힘이 가해지지 않는 한 모든 물체는 자기 상태를 그대로 유지하려고 하는 것을 말한다. 즉, 정지한 물체는 영원히 정지한 채로 있으려고 하고, 운동하던 물체는 등속 직선운동을 계속하려고 한다. 달리던 버스가 급정거하면 타고 있던 사람들이 앞으로 넘어지는 경우, 트럭이 급커브를 돌 때 가득 실은 짐들이 도로로 쏟아지는 경우, 컵 아래의 얇은 종이를 갑자기 빠르고 세게 당기면 컵은 그 자리에 가만히 있는 현상 등이 '관성의 법칙'의 예이다.

인터넷 검색창에 '관성의 법칙'을 입력하니 가장 처음에 검색

되는 설명이다. 나는 이것을 운명에 대해 말할 때 덧붙이고 싶다.

팔자 관성의 법칙 :

팔자 관성의 법칙은 외부 및 내부에서 힘이 가해지지 않는 한, 모든 사주팔자는 타고난 상태 그대로를 유지하려고 하는 것이다. 즉, 불행한 운명은 계속 불행한 채로 있으려고 하고, 행복한 운명은 계속 행복하려고 한다.

불행한 운명에게 행운의 신이 멋진 애인을 만들어주어, 삶이 행복으로 가득해지면 행복한 삶에 불편을 느끼고 무슨 일을 벌여서라도 그 애인과 다투고 결국 이별의 길로 들어서서 식음을 전폐하고, '그래, 역시 내 팔자에 그런 멋진 애인이 있을 리가 없어. 난 버림받을 팔자야. 갑자기 너무 행복한 것이 이상하다 했어. 내 팔자는 왜 이리 불행한 건지. 난 왜 행복해질 수 없는 걸까?'라며 현재의 자리에 머무르려는 현상이, 바로 '팔자 관성의 법칙'의 예이다.

사주명리학에 이러한 용어가 있을 리 없고, 내가 그냥 만들어낸 말이다. 하지만 이 용어를 나는 운명의 속성에 넣고 싶다.

20년 이상 타인의 삶을 함께 연구하고 희로애락을 함께하면서 보람되고 뿌듯한 일도 많았지만, 안타까운 일도 무척 많았다. 그것은 바로 '팔자 관성' 때문인데, 실제로 그런 분이 있었다.

30대에 이미 결혼을 두 번이나 한 손님이었다. 상담실을 찾은 이유는 두 번째 결혼이 또 문제가 생긴 것이었다.

20대에 사랑하는 사람과 첫 결혼을 했다. 남자가 매우 적극적으로 청혼해서 스물네 살에 결혼했는데, 그렇게 나 없으면 죽겠다고 했던 남자는 아이를 낳고 얼마 지나지 않아 외도를 했고, 그래도 참고 살아보려 했으나 남편이 원해서 이혼을 하게 되었다. 젊은 여자가 혼자 지내고 있으니 주변에서 아깝다면서 재혼 소개를 많이 해주었고, 그중에서는 객관적으로 조건이 좋은 남자와 재혼할 뻔한 적도 있었다. 그 사람은 자식도 없고, 집도 한 채 있고, 자기 사업도 운영하는 좋은 조건의 사람이었고 주변의 평판도 좋았는데, 너무 다 갖춘 것 같은 그 남자가 오히려 불편하기도 하고 부담이 돼서 거절했다고 했다. 아쉬운 생각도 들었지만, 자꾸 내 복이 아니라는 생각이 들었다고 한다.

왜 부담이 되시냐고 물어보니, "그런 괜찮은 남자가 애 딸린 이혼녀인 저를 좋아해주겠어요?"라고 답변했다. "아니, 그 남자도 돌싱이라면서요. 같은 입장인데 그런 생각 안 하셔도 될 것 같은데요?"라고 했는데도, "제 팔자에 무슨……. 잘난 남자는 저 같은 사람 안 만나죠."라고 단정적으로 말해서, 나는 마음이 아프면서도 약간 화가 날 지경이었다.

그래서 그 다음으로 만난 분이 지금의 남편인데, 이혼 경험이 있고 아이가 한 명 있는 남자였다. 남자 혼자 아이를 키우는 모습이 참 대단하면서도 안타까워 보여서 잘해주고 싶은 마음이 들었고, 남자분도 자상하게 잘 대해줘서 살림을 합치고 재혼에 성공했다. 하지만 함께 살다 보니 자상했던 남자는 주사가 있었고, 가정에 소홀했다. 내 아이에 그 남자 아이까지 혼자 다 보살피고 남편은 점점 더 아내에게 의존하게 되었는데, 어느 날 남편이 외도를 하는 정황을 포착한 것이다. 고민할 것도 없이 이혼해야 할 상황인데도, 그 남자분의 아이에게 정이 들었고, 두 번째까지 또 실패한다는 것이 부담스러운데다, 나이 40세도 안 돼서 결혼과 이혼을 두 번이나 한다는 것이 많이 부끄럽다고 했다.

남편이 외도를 하게 된 데에 "내 탓도 있다."라며, 내가 일만 하고 애들만 챙기느라 남편에게 관심을 많이 안 줘서 그런 거라고, 어떻게 하면 남편이 다시 좋은 사람이 될 수 있을지, 본인이 뭘 해주면 남편이 변할 수 있는지를 궁금해했다.

이렇게 힘든 상황에서도 이혼보다는 살아볼 생각을 하는 이 젊은 아내가 참 대견하면서도, 한편으로는 너무 안타깝다는 생각이 들었다.

왜 이런 현상이 생겨날까? 사주팔자에 남편복이 없으면 다 이렇게 되는가? 분명히 중간에 좋은 남자와 재혼할 수 있었는데도, 좋은 자리 마다하고 부족한 자리를 찾아들어간 것이다. 그 부족한 자리가 본인을 심리적으로 더 안정시켜주는데, 이것이 바로 '팔자 관성' 때문인 것이다.

아주 가난했던, 한 번도 부자였던 적이 없는 사람이 있었다. 이 사람이 로또 1등에 당첨되었다. 너무 놀라서 당첨금도 찾지 못하고 저승길 떠날 뻔했지만, 이내 차분하게 당첨금을 수령한다. 처음에는 주변 사람 밥도 사주고, 옷도 사 입고, 집도 사고, 차도 사고, 정말 부자가 되었기에 써도 써도 돈이 남으니 자신의 삶이 너무 여유롭고 편안하다. 그러다 당첨금이 서서히 바닥을 드러내게 되면서 슬슬 불안감이 밀려든다. '돈이 다 떨어져가네. 다 쓰면 어떡하지?' 돈이 없어질 것을 생각하니 너무나도 불안하다. 대책을 세워야 한다. 그래서 이 남자는 남은 당첨금을 그대로 챙겨서 도박판에 간다. '난 로또 1등의 운이 좋은 사람이니 도박 정도는 더 쉬울 거야. 그리고 뭐 혹시 잘 안돼도 설마 한 번 잃으면 한 번은 따겠지 뭐.' 이런 생각을 하며 가진 돈을 도박판에 걸고, 그것도 모자라 빚을 내어 도박하고 결국은 로또 당첨 이전보다 더 가난한 빚쟁이로 전락하고 만다.

내 팔자는 도대체 왜 되는 일이 없느냐고 한탄하며, 괜히 로또에 당첨돼서 인생이 불행해졌다고 당첨되었던 사실을 저주하며 자살을 결심하는데, 그래도 죽기 직전에 내 사주팔자나 한번 들어보자 싶어 유명해 보이는 철학관을 찾았다.

"생일이 어찌 되시오? 음, 이 사주는 거지 팔자요. 돈이 없는 사주네. 사업을 해도 잘나가다가 망하겠고 욕심 내지 말고 성실하게 사쇼."

죽음을 결심한 그에게 참으로 힘 빠지는 점괘가 아닐 수 없다.

'그래. 이럴 줄 알았어. 내 팔자가 그렇지 뭐. 난 원래 가난한 운

명인 거야.'

실제 사례와 가상의 이야기, 이 둘은 결국 처음으로 돌아갔다. 가장 안정적인 자리, 처음의 불행이 강하게 자리를 잡아서 본인의 마음과는 다르게 자꾸 처음의 불행했던 자리로 돌아가야지만 안정을 느끼게 되는 것, 로또 당첨자가 돈이 떨어지니 대책이라고 생각해낸 것이 '도박'인 것, 합리적이고 안정적인 대안을 생각하지 못하고 기어이 잔액 0원의 원래 상태로 돌아가야만 편안해지는 이것이 바로 '팔자 관성의 법칙'이다. 너무 강해서 참으로 깨트리기가 어려운 법칙이다.

그러면 다음의 이야기는 어떨까?

어릴 때부터 행복하게 살던 한 남자가 있다. 아주 부유하지는 않았으나, 가족은 화목했고 가까운 사람들로부터 늘 지지와 응원과 사랑을 받아왔다. 경제력, 학력, 직업, 그 어느 하나 대단하다고 말할 것은 없었지만, 늘 사랑받고 살아온 인생이다.

그렇게 평범하게 살아가던 어느 날 좋은 여자를 만나 결혼을 했다. 그러나 결혼생활이 길어질수록 그 여자는 가정에 소홀했으며 남편을 무시하고 본인 마음대로 살았다. 아무리 좋게 생각하고 잘 살아보려고 마음먹어도, 남편으로 대우받지 못하고 늘 무시당하며 불행 속에서 살아가는 것은 내 삶이 아니라는 결론에 이르렀다. 사람을 제대로 보지 못하고 잘못된 선택을 했지만,

지금이라도 바로잡기 위해 그 남자는 이혼을 결심하고, 몇 년간의 결혼생활을 마무리지었다.

사람의 운명에는 관성의 법칙이 매우 강력하게 작용하기 때문에 아무리 노력해도 꿈쩍하지 않는 것 같고, 아무리 애를 써도 나아지지 않는 것처럼 느끼게 된다.

하지만 과학에서 '뉴턴의 운동 제1법칙'은 깨지지 않는 진리인 반면, 팔자에 작용하는 관성의 법칙은 깨질 수 있도록 설계되어 있다는 것, 이것이 이 둘의 차이이다.

운명은 한자로 運命이다. 움직일 '운(運)', 목숨 '명(命)'이다. 움직인다는 것이다. 아니, 움직이려고 하는 것이다. 관성의 법칙이 팔자에도 작용해 그 법칙을 깨기가 무척 어렵지만, 과학 법칙과는 다르게 깨질 수 있음을, 깰 수 있음을 반드시 명심하자.

이것은 운명을 바꾸는 데 있어 매우 중요한 법칙이므로 4장에서 또 다루기로 하겠다.

4장

운을 바꾸는 시작 단계 :

아는 만큼 보인다

바람이 불 때 파도를 타자

_ 때를 기다리며 준비하는 힘

나의 몇 안 되는 친구 중 한 명이 어느 날 갑자기 서핑을 배운다고 했다. 그게 뭔지도 잊고 있었던 터라, 마흔이 넘어 서핑을 배우겠다는 친구가 신기하기도 하고 부럽기도 했다.

서핑이라고 하면 아주 옛날 '폭풍 속으로'라는 외국 영화에서 은행 강도단이 서핑을 하는 모습이 너무 멋있어서 그런 모습을 상상했었으나, 내 친구는 몇 달이 넘도록 보드 위에 누워만 있는 것 같았다. "민정아, 도대체 파도는 언제 타노? '폭풍 속으로' 가능하나?"라고 농담하며 웃었는데, 어느 날 친구가 짧은 동영상 하나를 보내왔다. "와우!" 하는 감탄사가 나올 만큼 영화에서처럼 보드 위에 벌떡 일어서서는 파도를 타는 모습 아닌가! 너무 신기하고 기특하고 멋진 모습에 감동받은 그날 이후, 나는 바다에서 보드를 타는 서퍼들만 보면 항상 내 친구가 생각난다.

참 신기한 것이, 그 전에는 아무리 바다를 봐도 서핑 하는 사람들이 눈에 들어오지 않았다. 나와는 전혀 무관한, 나에게는 없는 세계였다. 그런데 친구가 서핑을 한다고 한 이후부터 바다에 가면 서퍼들이 가장 먼저 보이고, 파도가 보인다. 어제까지 존재하지 않았던 세계가, '앎' 하나로 갑자기 존재하게 된 것이다. 그래서 우리는 같은 세상을 살지만, 서로 다른 세계를 보며 사는 것일 테다.

그렇게 친구 덕분에 열심히 서퍼들을 관찰하다 보니, 우리가 사는 인생이 서핑과 같다는 생각이 들었다. 바람이 불 때 파도를 탈 수 있듯이, 좋은 운(길운)이 오면 그 흐름을 탈 수가 있다.

하지만 상담실에 오는 사람 대부분은 어려운 상황에 처해 있는 경우가 많다. 아무리 기다려도 좋은 바람이 불지 않는 상황인 것이다. 그러다가 간혹 안 좋은 운의 끝자락에서 곧 좋은 운이 들어오기 시작하는 분이 상담실을 방문하면, 나는 너무 반갑고 신난다. 왜냐하면 운이 좋아지는 사람에게는 해줄 말이 많고, 좋은 이야기를 할 수 있으니 말이다. 힘들었던 누군가가 잘되는 것이 상상만 해도 기분 좋아지는 것을 보니, 이제는 이 일이 내게 천직임을 느낀다.

어느 날 깔끔한 차림의 여성분이 상담실을 방문했다. 사주를 딱 펼쳐보니 작년까지 너무 운이 안 좋았는데, 이제부터 대운도 모두 바뀌어서 좋은 운이 들어오는 시점이 된 것이었다.

"아, 이제 운이 좋아집니다. 여태까지 고생하셨죠? 작년까지 정말 힘드셨을 것 같은데, 이제 고생 끝입니다. 운이 좋게 바뀌는 시점이에요. 제가 다 기분이 좋네요."

"안 그래도 너무 힘들어서 직장을 그만두고 다른 일을 해볼까 고민 중입니다. 빚도 많고……. 운이 좋아진다고 하니 참 듣기는 좋은데요. 지금 상황으로는 도무지 그럴 것 같지가 않은데……." 손님은 내 말이 기분 좋으면서도 믿기 어려운 듯 반신반의하는 모습이었다. 그래서 무슨 일을 하시는지 물어보니, 어린이집에서 일하신다고 했다.

"아닙니다. 지금까지는 어려운 운의 끝이고, 그동안 안 좋은 운이 지속되어서 그러신데, 정말 좋은 운이 곧 옵니다. 그리고 직업이 잘 맞습니다. 운이 안 좋아서 힘든 것이지, 직업이 안 맞는 것은 아니니 직업은 그대로 유지하면서 좋은 운을 활용할 방법을 같이 찾아보시죠."

그렇게 상담이 이어졌고, 직장생활에서 보직을 바꿀 수 있는 상황이라 일을 조금 바꾸고 주말을 활용해 아르바이트를 하면서 경제적 어려움을 극복해보자고 얘기했다. 그리고 이분의 미래 대운을 좀 더 길게 살펴보니, 공부운이 들어오고 3~4년 뒤쯤에 직업을 바꿀 수도 있을 것 같아 보였다.

"혹시 다른 하고 싶었던 일이 있으신가요? 3~4년 이후쯤에 직장을 그만두고 개인적으로 작게 사업을 할 운이 있어 보이는데요?"라고 여쭤보았다. 그분은 그렇지 않아도 곧 아이들도 몇 년 뒤면 초등학생이 되니까 공부도 좀 시켜야 해서, 어린이집보다는 초등학생 공부방이나 논술 교습소 같은, 막연하게 그런 쪽을 생각해보기는 했는데 구체적으로는 준비한 것은 없다고 했다. 아이들이 몇 살인지, 육아 상황 등 여러 가지 대화를 나눈 후에, 우선 지금은 채무 변제가 급하니 주말 아르바이트를 통해 빚을 갚는 일에 집중하고, 내년부터 논술 교습소 창업을 위한 교육을 알아보고 필요한 과정을 배워서 3년 뒤에 그쪽 일로 전업을 해보자며 함께 계획을 세웠다.

그분은 어떻게 되셨을까? 너무나 감사하게도 13년이 지난 지금, 그분은 입시학원에서 상담실장으로 일하며 능력만큼 돈을 벌고 있는데, 꽤 고연봉 수준이다. 이렇게 잘돼서 다시 연락하는 분들에게 나는 무한한 감사를 느낀다. 내가 이분의 삶을 새롭게 이끈 것은 아니지만, 그래도 어려운 시기에 상담을 하고, 작은 희망 하나를 품고, 용기 내어 본인의 삶을 멋지게 개척했다는 것이 너무 멋지고, 좋은 소식을 되돌려주시니 정말 감사한 일이다. 지금의 성취를 위해 이분은 얼마나 많은 노력을 하셨겠는가! 오랜 경험을 통해 좋은 운을 내 것으로 만드는 일이 만만치 않다는 것을 알기에, 이런 인연은 정말 반갑지 않을 수가 없다.

서퍼들을 관찰해보면 그들은 좋은 파도를 타기 위해서, 1. 파도를 찾는다, 2. 그리고 기다린다. 날씨가 좋지 않아 파도를 탈 상황이 안 되면, 다음을 기약하며 과감히 돌아가기도 한다. 물러설 줄도 아는 것이다. 물론 예상보다 좋은 파도를 만나면, 그동안 갈고 닦은 모든 것을 쏟아붓고 최고의 서핑을 즐긴다.

서퍼들이 좋은 바람이 언제, 어디에서 부는지를 살피고 기다렸다가 멋지게 파도를 타는 이유는, 바람은 영원히 부는 것이 아니라 곧 잦아들고 멈춘다는 사실을 잘 알기 때문이다. 마찬가지로 우리도 인생에 좋은 바람이 불기를 잘 관찰하고 기다려서 좋은 운이 왔을 때 멋지게 운을 타야 한다. 평생 좋은 바람만 부는 운이란 없기 때문이다.

좋은 운이 오면, 삶은 편안해진다. 몸도 덜 아프고, 나쁜 인연도 덜 만나고, 아픈 곳은 회복되고, 미해결 과제는 해결의 실마리가 드러난다. 하지만 보드에 누운 채 바람이 부는 대로 바다 위를 둥둥 떠다닐 것인지, 방향과 속도를 조절하며 원하는 곳을 향해 적극적으로 파도를 탈 것인지는 내 삶의 주인공인 나의 몫이다.

한편, 좋은 운인데 적극적으로 파도를 타지 않고 보드에 누운 채 바람이 부는 대로 둥둥 떠다니는 이유를 한번 생각해보자.

한 가지는 파도를 탈 실력은 있지만 이미 충분히 타서 더 이상 원하지 않고 쉬는 중일 수도 있고, 또 한 가지는 초보자였을 때 내 친구처럼 기술이 없기 때문일 수도 있다. 충분한 실력이 있는데도 원하지 않는 사람을 보면 좀 아깝다는 생각이 든다. "능력도 좋고 운도 좋으신데 좀 더 욕심내보시죠?"라며 좋은 운이 못내 아쉬워 말을 건네면서, 그래도 나중을 위해 건강 관리도 하고 돈 관리도 더 해보라고 얘기할 뿐이다.

하지만 실력이 부족한 서퍼라면 일렁이는 파도 따라 움직이는 보드 위에 우뚝 일어서기 위해 오랫동안 기술을 배우고 연마해야 한다. 숱하게 넘어지면서 일어설 타이밍과 자세를 잡고 파도를 탈 타이밍을 체득해야 하고, 그 모든 것을 가능케 할 기초 체력이 있어야 한다.

운도 마찬가지다. 좋은 운이 언제쯤 온다고 하면, 그 운을 향해 성큼 나아가며 기다려야 한다. 아무리 좋은 운이 와도 잡지 않으면 모르는 것이다. 파도가 아무리 좋아도 모르는 사람은 탈 수가 없는 것이기에, 운이 좋아진다는 이야기를 들었다면 적극적으로 준비해야 한다.

좋은 파도를 타려면 체력이 기본이고 그 다음이 기술이다. 바람이 불 때 멋지게 파도를 탈 수 있도록 평소에 맨땅에서 열심히 체력도 기르고 기술도 익혀야 한다. 준비도 되지 않았는데 겁없이 바다로 뛰어들면 무모한 참패를 당할 수도 있고, 자칫하면 목숨을 잃을 수도 있으니까.

그렇다면 이런 체력과 기술은 언제 길러질까? 그 이야기를 이어가보자.

빨간불에는 멈춰요!

_ 멈출 수 있는 힘이 진정한 힘

사회가 복잡해지면서 사람들은 서로 약속을 한다. 신호등이 대표적이다. 우리는 빨간불이 켜지면 멈추고, 초록불이 켜지면 길을 건너도록 약속했다. 빨간불에 멈추지 않으면 사고가 날 위험이 매우 크고, 신호를 위반했기에 일어난 사고에 대해 법적 보호도 받을 수 없다.

인생을 살다 보면 우리 삶에도 가끔씩 빨간불이 들어온다. 인생의 빨간불도 교통신호와 같다. 그런데 참 요상한 것이, 신호등 빨간불에서는 잘 멈추는데, 인생 신호등의 빨간불 앞에서는 길을 건너겠다고 고집을 부린다는 것이다.

'역대 최저가 분양. 마지막 기회'

고급진 빌딩 외벽에 커다랗게 신규 분양 광고가 걸렸다. 언덕배기 산동네를 재개발해서 저렴하게 분양을 한다는 것이다. 그 광고에 혼이 나간 A씨는 집에 돌아와 인터넷으로 이 광고의 내용을 알아보았다. 분양가격이 타 지역보다 저렴하고, 시공사도 믿을 만한 곳 같아서 이 아파트를 한 채 분양받으면 좋겠다는 생각을 하게 되었다. 하지만 사주를 보니 올해 운이 안 좋다고 했던 기억이 났다.

'올해는 운이 안 좋으니, 무리한 투자나 확장은 하지 말고 현상 유지하면서 건강 관리해야 함.'

올해의 운세 내용이 계속 머릿속에 맴돌았지만, 이 아파트 분양을 놓치면 뭔가 손해를 보는 것 같은 기분이 들고 자꾸 그 집이 눈에 아른거렸다. 그런데 이 아파트는 말도 많고 탈도 많은 '지역주택조합' 건이었다.

'내 눈으로 직접 확인해야겠어.' A씨는 분양사무실을 찾아갔고, 분양사무소 직원은 A씨가 걱정하는 부분을 잘 알고 있다며 토지 매입을 했다는 토지 현황 지도도 보여주었다. 하지만 A씨는 올해 운이 나쁘다는 것이 계속 찜찜했다. 이미 머릿속은 사고 싶은 마음으로 가득 찼고, 개발 예정지역을 직접 눈으로 보고 온 후에는 '싸니까 2채를 살까?' 하는 마음까지 뻗어간 상태였다. 이쯤 되니 분양 계약을 할까 말까를 고민하는 것이 아니라, '운이 나쁘다는데 이걸 사려면 어떻게 하면 되지?'를 고민하는 단계에 접어든 것이다.

사람이 이렇다. 안 좋다고 하면 그만두는 것이 아니라, 되는 방법을 찾으려고 애쓴다. 그래서 A씨는 심사숙고 끝에 운이 나쁜 본인을 빼고, 운이 보통 이상은 된다는 '어머니'와 '형제'를 끌어들이기로 결정했다. 그렇게 A씨는 본인 명의가 아닌 가족 명의로 2채를 분양받았다. 창립총회도 열렸고 뭔가 진행이 잘 되어가는 듯했다.

그러던 어느날 아침, 지역 뉴스에 익숙한 이름의 아파트 분양현장이 나오고, 대표가 구속되었다는 소식이 나오는 것이었다. 뉴스에 등장한 곳은 그 아파트가 맞았고, 대표는 사기죄로 구속되었고, 조합은 기능을 상실했고, 결국 모든 것이 없어졌다. 관련법이 있기 이전에 일어났던 일이라 꼬박꼬박 계약금, 업무추진비, 1차 납입금 등 시키는 대로 잘 입금했던 A씨는 갖고 있던 전 재산을 다 날렸다.

타인의 이름으로 열심히 머리를 굴려봤지만, 결국은 운이 나쁜 것이 맞았던 것이다. 타인의 이름으로 계약했어도, 이름만 타인이었을 뿐 모든 계획은 운이 나쁜 A씨가 진행했고, A씨의 돈으로 행한 것이니 결국 A씨의 운이 그대로 적용된 것이었다.

사람의 마음에 욕망이 일어나기 시작하면, 생각보다 멈추기가 어렵다. 그래서 베트남의 틱낫한(Thich Nhat Hanh, 1926~2022) 스님은 《힘 POWER》이라는 책에서, '멈출 수 있는 힘이 진정한 힘'이라는 말씀을 하셨다. 이런 일이 벌어지지 않도록 조금이라도 도움을 주기 위해, 동양에서는 사주명리학을 통해 운의 흐름에 관한 어느 정도의 힌트를 주었으나, '로봇도 만들고 인공지능도 가능하게 만든 인간이 무엇을 극복하지 못하랴!' 하며 그렇게 머리를 굴렸지만 억지로 안 되는 것도 있는 것이다.

운이 나쁘다고 하면 일단 멈추자. 멈추라는 것이 아무것도 하지 말라는 뜻이 아니다. '일단 멈춤, 우선 멈춤'한 후, 냉정하고 객관적으로 본인의 상태를 살펴봐야 한다는 것이다.

2015년 무렵에 72세의 어르신이 홀로 상담실을 찾으셨다. 그때 당시 내 사무실은 옥탑 사무실이어서 연세 드신 분들은 오시기가 참으로 불편한 곳이었다. 그런데도 직접 오셨을 때는 뭔가 중요한 일이거나 답답한 일이 있으리라 짐작했다.

상황인 즉, 그때 당시 노인들을 대상으로 다단계 형태의 코인 결제 같은 것이 유행했었나 보다. 코인을 구입하면 카드를 발급해주고, 그 카드로 장터에서 물건도 구입할 수 있고 이래저래 사용이 가능하다고 했다. 그리고 코인을 구입하는 금액의 일정액수를 캐시백처럼 입금해줘서 이번 달에도 25만 원이 들어왔다고 말씀하셨다. 투자한 원금은 그대로 있고 나중에 수익이 엄청날 것이고, 배당금처럼 캐시백을 다달이 받으니 노후대비는 끝이라며 매우 좋아하셨다. 어르신은 현재 2천만 원을 투자하셨는데, 더 하고 싶다고 말씀하셨다.

가만히 어르신 말씀을 듣자하니 사기성이 짙어 보였다. 그래서 "어르신, 제가 볼 때 그거 사기입니다. 그러니 절대 추가로 돈을 넣으시면 안 됩니다. 특히 7~8월에는 돈을 날릴 운이니 절대 안 돼요. 더 이상 투자하지 마시고, 지금이라도 투자하신 2천만 원을 뺄 수 있으면 원금을 회수하세요." 하고 말씀드렸다. 손님은 '사기'라는 나의 말은 들리지도 않는지, 나에게도 투자를 권하면서 정말 좋은 기회라고, 본인은 처음에 시작해서 제일 수익을 많이 본다며 희망에 차 있었다. 나는, 어떤 식으로든 절대로 7~8월에 투자하시면 돈 다 날린다고, 절대 안 된다는 말만 거듭하고 손님을 보냈다.

사실, 이분뿐만 아니라 운이 나빠질 때는 타인의 목소리가 잘 들리지도 않고, 와닿지도 않는다. 특히, 현재 모든 것이 잘 진행되고 있는 상황이거나 이미 성공을 크게 거둔 분들에게, 앞으로 운이 나빠질 것이니 하던 일을 정리해서 나쁜 운에 대비하도록 말씀드리는 것은 매우 어렵고, 또 듣는 분의 기분도 좋지 않기 때문에 상담도 잘 진행되지 않는다. 지금 이렇게 잘나가고 있는데 앞으로 상황이 안 좋아진다는 말이 당연히 귀에 들어오지 않는 것이다. 본인 사업이니 본인이 제일 잘 알고 있는데, 오늘 처음 만난 사람이 하는 부정적인 말이 와닿을 리 없지 않겠나. 충분히 이해된다. 그래도 이런 상담을 계기로 그동안의 사업을 한번 돌아보고, 참고해서 대비하는 것은 꼭 필요한 일일 것이다.

그해 11월, 그분이 다시 상담실을 찾아오셨다. 말을 안 듣고 추가로 투자를 했고, 배당금이 어느 날부턴가 들어오지 않았고, 옥신각신하다가 결국 딸이 알게 되어 집안이 발칵 뒤집어졌다고 했다. 사기 당한 금액은 총 7천만 원이었고, 그 일을 계기로 부인과 딸에게 신뢰를 잃어 이제는 눈치보며 용돈을 타 쓰는 입장이고 일상의 자유가 없어졌다고 하셨다. 게다가 마음의 병까지 얻어 죽다가 살아났다고 하셨다.

인생에 빨간불이라는 신호가 뜨면, 우선 멈추는 것이 옳다.

태어나서 처음 스키장에 갔을 때, 맨 먼저 배운 것이 '잘 넘어지는 기술'이었다. 스키 타는 법을 배우러 갔는데 대뜸 잘 넘어지는 법을 배워야 한다기에 사실 난 어리둥절했었다. 그런 나에게 선생님은 "스키는 사고가 나면 매우 위험할 수 있기 때문에, 초보자들은 안전하게 넘어지는 방법을 배워서 넘어질 것 같으면 그냥 넘어지셔야 합니다. 그래야 안전해요."라고 했다. 그동안 스키 타는 법이 달라지지 않았다면 아직도 이 방법이 유효하리라 생각된다. 그때는 어려서 다 이해하지 못했지만, 이제는 안다. 잘 넘어지는 것이 얼마나 중요한 일인지를.

살다 보면 운이 좋지 않음을 직감할 때가 있다. 또는 미래를 보는 사람들로부터 좋지 않은 운이 도래할 것임을 듣기도 한다. 이럴 때 우리는 어떻게 해야 할까? 넘어지지 않기 위해 용을 쓰다가 더 심하게 넘어져 크게 다쳐야 할까? 그렇지 않다. 그냥 잘 넘어져야 한다. 내가 '미리 계획하고 의도해서' 넘어진다면, 잘 넘어질 수 있고 전혀 다치지 않을 수도 있다.

그러면 노란불에는 어떻게 해야 할까?

사람의 운은 O나 X처럼 단답형이 아니다. 그리고 운이라는 것이 어느 날 O였다가 갑자기 X로 변하지는 않는다. 내가 자주 쓰는 말 중 "운은 그라데이션으로 변화한다."는 표현이 있다. 즉 좋고 나쁜 운이 칼로 벤 것처럼 딱딱 구분되는 것이 아니라, 대체로 운의 변화는 그라데이션처럼 서서히 단계적으로 움직인다는 의미이다. 그렇기에 노란불이 존재한다.

빨간불은 많이 어려운 운이니, 일단 운신의 폭을 좁히고 새로운 시도를 하지 않고, 최소한의 활동으로 현상 유지만 하는 것이 좋다. 열심히 하려고 애쓰면 몸도 상하고 마음도 상할 수 있다. 그리고 안 좋은 인연을 만나서 고생할 수도 있기에 빨간불에는 그냥 멈추는 것이 좋다.

우리가 주목해야 할 운은 '노란불'일 때다. 내가 앞에서 말했던, 파도를 잘 타기 위해 맨땅에서 체력을 기르고 기술을 익히는 시기가 바로 노란불의 시기이다. 봄-여름-가을-겨울이 자연스럽게 변화할 때 간절기 기간을 확보하면서 순환하듯이, 운도 그렇게 흐르기 때문에 노란불의 시기가 많다. 모든 운은 노란불을 거쳐서 변화하기 때문에 아주 나쁜 빨간불 시기와 아주 좋은 파란불 시기보다 중간 정도의 운인 노란불일 때가 훨씬 많고, 운명의 차이를 만드는 시기가 바로 이때인 것이다.

'좋은 운'이라는 손님을 맞이하기 위한 준비를 해야 하는 시기, 노란불. 언제든 좋은 손님을 맞이하기 위해, 청소도 해두고 손님의 기호를 미리 파악해 장도 봐두어야 하지 않을까?

오래 전 손님 중에 작은 회사에 다니는 사무직 여직원이 있었다. 크게 바쁜 일도 없고 어려운 업무도 없는 단순 사무를 하며 편안하게 살고 있었는데, 어느 날 갑자기 '일본어를 배워볼까?' 하는 생각이 들었다고 한다. 당장 어디 쓸 일은 없지만, 시간적 여유도 많고 하루하루 그저 시간을 보내는 것이 아깝다는 생각이 들어서, '뭐 안 되면 일본 여행이나 가지.' 하며 혼자 일본어를 꾸준히 공부했단다. 그렇게 2년이 지났는데 회사가 일본으로 사업을 확장하게 되었고, '혹시 일본어 할 줄 아는 사람 있나요?' 하는 사장님의 물음에 이 여직원이 손을 들었다. 이때부터 이 여직원의 직책과 연봉은 완전 달라졌고, 새로운 인생이 시작된 것은 말할 필요도 없다.

아무 일도 없는 노란불일 때 우연히 일본어를 배워둔 이 사람이 복이 많은 사람이라고 생각할지는 모르겠지만, 노란불일 때 무엇을 어떻게 하며 보내면 좋을지 생각해볼 수 있는 계기로 삼으면 어떨까?

노란불은, 옷에 묻은 하얀 눈을 툭툭 털어내고 장비를 점검

하는 시기이다. 그러고 나서 다시 스키를 타면 된다. 운도 그렇다. 어쩌면 파란불보다 노란불이 더 중요한 이유는, 잘 넘어졌던 사람이 다치지 않고 실력을 쌓아 더 성장할 수 있기 때문일 것이다.

인생에서 노란불의 시기가 많다는 것은, 신이 우리에게 운명이라는 것을 선사해주면서, 주어진 운명 안에서 개인의 노력으로 바꿀 수 있는 길을 열어둔 것이 아닐까?

木
火
土
金
水

• 변화하는 운 •

– 대운(大運) : 10년 단위로 변화하는 운

10년이라는 기간을 관장하는 운이기 때문에 그 영향력이 크다. 따라서 큰 흐름을 잘 파악해서 장기적인 안목으로 준비해야 한다. (10년 대운 3개가 모여서 30년의 큰 흐름을 만든다.)

만세력을 보면 본인 대운수를 볼 수 있다. 본인의 대운수는 기억해두자. 대운수가 2라면 2, 12, 22 이런 식으로 10년마다 운이 변화하는데, 대운이 바뀌는 처음 1년 정도는 운이 교차하는 과도기여서 변화가 많고 안정감이 적은 특징이 있어 이 시기를 지혜롭게 잘 보내는 것이 매우 중요하다. 아주 중요한 '노란불'의 시기인 것이다.

– 세운(년운, 해운) : 1년 단위로 변화하는 운(매해 입춘(2월 4일)부터 시작)

10년을 관장하는 대운의 틀 안에서 1년마다 변화하는 운이다. (입춘부터 새해가 시작된다고 보는데, 전년도의 동지부터 서서히 변화한다고 이해해도 좋다.)

– 월운 : 1개월마다 12절기의 절입 시간을 기준으로 변화하는 운

– 일운(일진) : 1일마다 자시(子時)를 기준으로 변화하는 운

이 모든 운들은 그라데이션으로 변화한다. 이 말은 우리가 개입하여 운을 바꿀 수 있는 여지가 곳곳에 매우 많다는 뜻이다. 매일, 한 달, 일 년, 10년, 30년, 이 모든 변화의 운마다 앞, 뒤로 노란불의 시기가 있으니, 운명은 모두 정해진 것이 아니라 우리가 노력하여 만들어갈 수 있는 것이다.

나의 크기보다 나의 용도를 알자

_ 방향과 용도가 맞으면 운이 든다

부자, 돈.

누구나 좋아하고 관심 있는 단어이다. 사주명리에서도 소부(小富), 중부(中富), 대부(거부, 巨富)를 이야기하는데, 대부(大富)는 하늘이 낸다고 하니 그건 차치하더라도 소부, 중부 정도는 평범한 우리도 꿈꿔볼 수 있을 것이다.

얼마나 가지고 있으면 소부, 중부라고 할까? 내가 공부하던 당시 선생님은 중부를 30억 원 정도의 자산가라고 말씀하시면서, 이것이 딱 정해진 것은 아니고 옛날 기준으로 하면 동네 유지(有志)가 되는 정도를 중부라고 하셨다. 집과 소작 땅 정도가 있는 수준일 것이다. 소부는 내 가정을 꾸려가며 자손들에게 얼마만큼의 재산을 물려줄 수 있는 정도로, 15억 원 가량을 말씀하셨다.

하지만 30억이면 지금 서울에서는 강남의 고급 아파트 한 채 값도 안 된다는 이야기가 들리니, 100억 원은 가져야 중부라고 할 수 있지 않을까 싶다. 실제로 상담실에서 나누는 대화는, 거의가 '돈'이라 해도 과언이 아니다. 자본주의 사회에 살고 있으니 '자본(돈)'을 중요시하는 것이 당연한 이치라 그런지, 상담자들은 그 어떤 것보다도 돈에 대해, 자신이 얼마나 벌 수 있는지에 대해 궁금해한다.

하루는 37세의 평범한 남자분이 상담실을 찾았다. 건물을 짓는 문제를 상의하고자 왔으며, 물려받은 땅에 건물을 짓고 있는 중이라고 했다. 상속받은 땅도 있지만 20대 후반부터 하던 본인 사업도 잘되어 건물을 올리는 것이었다. 그러면서 본인은 사주팔자에 돈을 얼마나 가질 수 있느냐고 물었다.

"지금도 부유하시고 앞으로도 운이 좋아서 지금보다 더 잘사실 텐데 얼마가 뭐 그리 중요합니까?"라고 웃으며 되물으니, 그래도 궁금하다고 했다. "사주로는 중부 이상은 될 사주이니, 예전에는 30억이라 했는데 요즘은 100억 정도 되지 않을까요?"라고 말씀드리니 약간 실망한 표정이었다. 그분에게 100억은 기대했던 답이 아니었나 보다. 나 역시 남자분의 실망한 표정을 보고는 당황해서, 실망감을 줄여드리기 위해 좀 더 부연 설명을 해드리고는 상담을 마쳤다.

상담을 오래 하다 보면 부자 손님들을 많이 만나게 되는데, "천석꾼은 천 가지 걱정, 만석꾼은 만 가지 걱정"이라는 옛말이 있듯, 우리가 그렇게 갈망하는 부자들도 고민이 많다. 이분들의 상담사가 되어 작은 생활 고민부터 큰 사업 고민까지 그렇게 세월을 함께 보내다 보면, 이분들로부터 주옥같은 인생 이야기를 듣는 감사한 기회를 보너스로 얻는다.

대부분의 부자들에게는 공통점이 있다. 부자들 중에는, 일명 '돈복사'에 성공한 '벼락부자'가 있고, '자수성가' 또는 '태어날 때부터 부자'도 있다. 그 모두를 다 만나보면 고개가 끄덕여지는 지점이 있다. 오래도록 그 부를 단단히 유지하며 다음 세대를 준비하는 분들에게는 배울 점이 정말 많다. 그분들을 만나면서 내가 왜 가난했는지, 부자가 되지 못했는지를 알 수 있었기에, 내가 상담을 해드린 것이 아니라 오히려 내가 상담을 받게 된 경우도 많았고, 그분들 덕분에 나도 많이 변하고 있음을 느낄 수 있었다. 언젠가 인연이 되면, 부자들의 운명에 대한 이야기를 따로 들려줄 수 있을지도 모르겠다.

장래 희망, 인생 목표 : 부자.

이런 목표에 대해 어떤 생각이 드는가? 방법이 무엇이든 부자만 된다면, 이 사람은 인생의 목표를 성취한 성공한 사람이 되는 걸까?

고객들 중에 교도소에 다녀온 분들을 만나기도 한다. 본의 아니게 불법적인 일에 휘말려서 다녀온 분도 있고, 알면서도 일부러 불법을 저질러 죗값을 받는 분도 있다. 20대 조직폭력배도 만나보았고, 신문 기사에까지 실렸던 분도 만나보았다. 감옥 갈 것을 불사하고도 이들이 죄를 짓는 이유의 대부분은 '돈'과 관련이 깊다. 오직 '부자'가 되기만 한다면, 죄를 짓거나 사람들로부터 손가락질 받는 이러한 과정을 겪게 돼도 괜찮을까? 분명 대부분의 사람들은 공감하지 못할 것이다.

부자는 인생 목표가 아니라 살아가는 과정의 결과로 드러나는 것이어야 한다. 그렇기 때문에 내가 타고난 그릇의 '크기'에 집중하지 말고, 그 '쓰임'에 집중하는 것이 안전하게 부자가 되는 길이다. '내가 OO세까지 얼마를 벌 수 있겠는가?', '올해는 얼마나 벌겠는가?' 같은 경제적 목표를 세우는 것은 좋지만, 돈을 인생의 최종목표로 두는 것은 경계해야 함을 말해주고 싶다.

"사주에 재물운이 들어오면 돈을 많이 버나요?", "제가 올해 재물운이 많이 들어온다고 하던데 얼마나 벌 수 있을까요?"

재물운이 들어오면 돈이 많이 들어오는 것은 맞다. 하지만 재물운이라고 해서 다 좋은 돈이 아니다. "돈이 들어온다 하더니 빚만 졌네."라고 얘기하는 사람을 본 적이 있을 것이다. 돈이 들어오는 것과, 그 돈이 내 돈이 되는 것은 차이가 있다.

운수가 안 좋은 어떤 사람이 사업에 관해 의논하려고 철학관에 갔다. "지금은 큰 운수는 안 좋으나 그래도 재물운이 조금 열리니 3천만 원 이내의 작은 장사를 하시오."라는 말을 들었다. 그래서 그 사람은 희망을 품고 돌아가 장사 준비를 했는데, 여기저기서 돈을 빌려주는 사람들이 나타나 '3억 원'짜리 가게를 열었고 결국 망했다는 이야기를 책에서 읽은 적이 있다.

사람들의 운명을 오랫동안 살피면서 알게 된 것은, 누구나 부자가 될 수도 있고 누구나 마이너스 인생이 될 수도 있다는 것이다. 그리고 너는 10억, 너는 30억, 너는 1000억, 이렇게 정해져서 태어나는 것이 아니라, 그릇의 크기는, 시대에 따라, 상황에 따라, 얼마든지 커지기도 하고 줄어들기도 한다는 것이다. 물론 욕심을 과하게 내면 탈이 날 운명이라서 욕심 부리지 말고 살아가는 것이 더 좋다고 말할 수 있는 인생도 있지만, 방향만 잘 설정한다면 누구나 운이 오는 것도 사실이다. 타고나면서 정해지는 것이 있다면, 그것은 '나'라는 사람의 경제적 크기가 아니라, 어떤 삶을 살아갈 것인가에 관한 그 쓰임, '용도'인 것이다.

한때 나는 나의 '천직'이 뭔지 정말 알고 싶었던 적이 있었다. 내 사주를 아무리 연구해보고 머리를 굴려봐도, 2만 가지도 넘는다는 방대한 직업 세계에서 나의 천직 딱 한 가지를 찾아내는 것은 무척 힘든 일이었다. 진짜 신이 있어서 어느 날 밤 꿈에 "너는 OO이 천직이다."라고 말씀해주신다면 당장이라도 그것을 하리라 생각했던 적도 있었다.

그러던 차에 아는 무속인 언니가 본인은 사람의 손바닥을 보면 직업이 보인다고 하기에 그럼 내 손바닥 좀 봐 달라고 하면서, "하나, 둘, 셋, 짠!" 하고 손바닥을 펼쳤는데, 그 언니가 '의사'라고 답해주었다. 이것이 신의 음성이라 해도 당시로서는 불가능한 것이었다. 그래서 '그래, 사주상담사로 열심히 살면서 사람들에게 마음의 의사 역할을 해주자! 부처님도 의왕(醫王)이라 불리셨으니까.'라며 스스로 재포장했었다.

실제로 상담을 오는 분들 중에는 나와 같은 간절한 심정으로 천직을 묻는 경우가 은근히 많다. 내가 그릇인지, 공구인지, 학용품인지, 가구인지, …. 자신의 쓰임이 무엇인지 알고 싶어 한다. 적어도 어떤 그룹인지라도 알고 싶은 것이 사람의 마음이고, 알 수만 있다면 이것을 아는 것은 큰 도움이 된다.

사주명리는 그것을 알려줄 수 있다. 하지만 그릇을 넘어 '이건 가정에서 간장 종지로만 써야 한다'는 식의 확정적 답을 얻으려고 하는 순간, 사주명리는 그 원래의 기능을 잃는다. 그릇인 것만 알면 되지, 국그릇인지, 밥그릇인지는 실제로 그다지 중요한 것이 아니다. 국그릇에 밥을 담는다고 해서 큰일이 나지도 않거니와 상황에 따라서는 바꿔 쓸 때도 있기 때문이다. 세세한 용도는 살아가면서 바뀌기도 하고, 그렇게 더 잘 맞는 그릇을 찾아가는 것이다. 그런데 이것을 1+1=2처럼 한 가지로만 답을 내려고 하는 시도는 무익하다.

프롤로그에서 소개한, 대학 진학 문제로 상담실을 찾아왔던 외국어고등학교 학생 어머니에게 아들의 한의대 진학을 권하고 합격하여 이후 한의사가 되었다는 사례도, 그 학생 입장에서는 '방향'을 제대로 잡아 본인의 '용도'를 찾은 경우라 할 수 있다. 물론 상담을 진행했던 내가 이 학생의 깊은 어딘가에 잠재되어 있던 부분을 건드려줌으로써 '방향'에 대한 조언을 한 것은 맞지만, 모든 선택은 이 학생의 내부에서 나온 것이다. 역술가가 하는 일은 본인도 미처 알지 못하는 본인의 내면 깊은 곳에 있는 씨앗에 물을 주고, 꺼진 등불에 라이터를 켜주는 일이라고 생각한다. 역술가가 아무리 권유하고 강요해도 그 학생 안에 있는 것이 아니라면 발현되지 못하기 때문이다.

이렇게 방향이 제대로 설정되면, 이 그릇에 얼마나 큰 것이 담길지는 본인의 노력에 따라 변한다. 아무리 그릇이 커도, 내가 있을 자리가 아닌 곳에 있으면 그 그릇을 다 채울 수 없고, 아무리 작은 그릇이어도, 내가 있을 자리에 있으면 채우고 옮기고 또 채우고를 계속 해나갈 수 있다. 따라서 내 그릇이 얼마나 큰지는 궁금해하지 않아도 된다. 내가 가는 방향이 내 용도와 맞다면, 그 사람에게는 반드시 운이 온다.

일생을 살면서 단 한 번도 운이 오지 않는 사람은 없다. 내가 공부가 짧았던 시절, 철모르고 운이 없다는 말을 했던 평생의 실수를 기억하면서, 사람들의 운을 보기 위해 얼마나 많은 노력을 했는지 모른다. 그리고 작은 부자부터 눈이 휘둥그레질 정도의 큰 부자까지 다양한 많은 부자들을 만나고 그분들의 사주를 살펴본 결과, 인생은 크기보다 용도를 아는 것이 더욱 중요하고, 어떻게 잘 사용하는가가 핵심이라는 것을 알게 되었다. 공구로 태어난 사람이 그릇을 하려고 하면, 본인은 물론이고 주변까지 고달파지는 것은 자명한 이치 아닐까?

누구나 돈을 벌 수 있다. 그러나 얼마나 버는가가 중요한 것이 아니라 얼마나 소유할 수 있는가가 중요하고, 그 소유를 얼마나 오랫동안 유지할 수 있는가가 중요하다. 옛말에 "버는 자랑하지 말고, 쓰는 자랑하란다."는 말이 있다. 버는 것에 너무 레이더를 세우지 말자. 없어지면 그만인 것이다.

누구에게나 운은 온다. 하지만 운이 왔을 때, 과연 내가 맞는 자리에 있는가가 중요하다. 우리는 그 운을 위해서 나의 용도를 알고 내가 잘 쓰일 그곳으로 가야 하는 것이다.

내가 사는 세상의 속성을 파악하라

_ 파도를 일으키는 바람을 보자

우주 전반의 원리를 구체적으로 인간의 삶에 대입해 연구한 것은 춘추전국시대부터라고 할 수 있는데, 인간의 운명을 태어난 생년(띠)을 중심으로 파악했고 그러한 것들이 여전히 남아서 "무슨 띠에요?"라든가 "쥐띠는 말띠랑은 상극이라고 하던데요."와 같은 띠에 관한 이야기를 하고는 한다. 이렇게 생년(띠)을 중심으로 운명을 살피던 것을 '고법(古法)'이라고 한다.

그러다 약 1000년 전, 오나라 말 서자평(徐子平)이라는 명리학자가 '연월일시'의 사주체계를 정립하고, 태어난 일간(日干)을 중심으로 운명을 살피는 현대 명리학의 토대를 세우고 발전시켜 현대에 이르기까지 운명학의 큰 틀이 되고 있다. 다소 지루한 이야기를 꺼내는 이유는, 사주명리라는 학문이 그만큼 오래되었고, 변화하며 발전했으며, 지금도 변화하고 있고, 앞으로도 변화할 것이라는 사실을 강조하고 싶어서이다.

예전에는 귀하게 여겨졌던 덕목이 세상이 바뀌면서 그만큼의 가치를 인정받지 못하기도 하고, 예전에는 천하게 여겨졌던 덕목이 현대 사회에서 귀하게 여겨지는 큰 변화가 있는 것이다. 변하지 않는 것은 없다고 했고, 이것이 역(易)의 진리이니 시대에 따라 변하는 것은 당연한 이치이다.

우리가 흔히 아는 '도화살(挑花殺)', '역마살(驛馬殺)'도 불과 몇십 년 전까지만 해도 부정적인 의미로 해석하는 경우가 많았다. 여자가 도화살이 있으면 끼가 많아서 이성관계가 복잡해진다고 보았던 것인데, 현대에 도화살은 사람들의 인기를 한몸에 받으며, 본인의 매력을 긍정적으로 발산하는 좋은 영향력을 많이 갖고 있는 의미로 해석한다. 그래서 '연예인살'이라고도 말한다. 역마살 역시, 과거에는 고향을 떠나 멀리 가는 것이니 유배당하거나 포로로 끌려가는 삶, 또는 전장을 누비는 등 험난하고 불안정한 고난의 삶이라 여겨 흉살로 생각했었다. 하지만 요즘은 전세계가 이웃이니 멀리 해외에 나가고 출세하는 살로 좋게 쓰인다. 이런 것을 반영하지 않고 옛날 이론에만 집착하여 사주명리를 천년 전, 삼천년 전, 오천년 전의 시대 상황에서 해석된 그대로 적용한다면, 이것은 이 학문의 가치를 제대로 활용하지 못하는 것이다.

고객 중에 축산유통업을 하는 젊은 사장님이 있다. 직접 도축 기술을 배워서 차곡차곡 돈을 모으고, 결혼한 후에 부부가 의논해 도축 기술자에서 유통업 사장님으로 변신했는데, 성실한데다가 육류를 잘 아는 전문가의 장점까지 살려 사업은 나날이 발전했다. 도축 기술을 가진 동료들을 모아서 함께 공장도 짓고, 육고기의 도축부터 유통까지 현대적인 시설을 갖춰 체계적으로 사업을 넓혀가는 분이었다. 그 사장님은 고객들에게 품질 좋은 육고기를 신선하고 저렴하게 제공한다는 점에서 본인의 일에 자부심도 컸다.

그런데 알다시피 이 사장님의 직업은, 조선시대에는 일명 '백정'이라 불리던 직업이다. 연세가 많으신 어른들 중에는 아직도 '백정'이라는 단어를 사용하며 편견을 가진 분도 있지만, 지금은 고급 기술을 가진, 고소득의 전문직이다. 그럼에도 옛날 인식에 젖어, "그런 직업은 하면 안 된다. 그건 천민이나 하는 일이니 열심히 공부해서 과거에 급제해 공무원이 되어라!"를 외친다면, 사주 공부는 많이 했을지 몰라도 시대 흐름은 보지 못하는 사람이 될 뿐이다.

또 예전에는 '철학관'이라 하면 연세가 지긋하신 남자 어르신이 사주를 봐주는 것을 떠올렸다. 하지만 요즘은 젊은 남녀들이 세련되게 사주를 보는 곳을 떠올리는 시대이다. 그도 그럴 것이 세상이 빠르게 변하는 만큼 젊은 역술가들이 사주명리의 이론을 발 빠르게 현대 사회에 잘 적용시키기 때문이다. 따라서 사주 공부를 하는 사람도, 사주 상담을 받으러 가는 사람도, 이 시대의 속성을 우선 정립해야 한다.

상담실에 오는 분들은 대부분 혼자 오시는 경우가 많다. 그리고 대부분은 어머니나 아내이다. 자식의 앞날이 궁금해 어머니가 오시고, 남편의 내년이 궁금해 아내가 온다. 최근에는 미디어나 매체를 통해 대중화가 되어가는 추세 덕인지 어머니와 자녀, 부부가 같이 오는 경우가 늘고 있다.

보통, 자녀와 어머니가 함께 오면 가장 많이 부딪히는 것이 가치관의 갈등이다. 어머니는 결혼은 꼭 해야 한다고 하고, 자녀는 알아서 한다고 한다. 어머니는 자식은 꼭 낳아야 한다고 하고, 자녀는 딩크(DINK, Double Income No Kids, 맞벌이 무자녀 가정)를 원한다고 한다. 어머니는 안정적인 한 직장을 꾸준히 다녀야 좋다고 하고, 자녀는 프리랜서 웹툰 작가가 되겠다고 한다.

나는 누구의 편을 들어야 하나?

이때 내가 주로 하는 일은, 어머니의 시야를 좀더 객관적으로 넓혀주면서, 자녀에게는 부모 세대의 환경을 이해할 수 있도록 도와주는 일이다. 어머니에게 시대가 많이 변했음을 말씀드리고, 자녀분과 유사한 사례들을 언급하면서 이 시대에서의 결혼과 직업관이 어떠하며, 어머니가 걱정하시는 일들이 그렇게 걱정할 만한 일이 아님을 알려드린다. 다행히 최근에는 부모님들도 많이 변해서 이런 말씀을 드리는 일이 점점 줄어들고 있지만,

여전히 보수적인 사고와 새로운 가치관은 갈등을 일으킨다. 그렇게 어머니를 이해시킨 후, 자녀에게는 불안정한 현대 사회의 흐름이 가져오는 여러 가지 문제점들도 이야기하고, 본인이 생각하고 있는 것이 현실적으로 실현 가능한지, 허황된 것은 아닌지도 같이 살펴본다. 이런 정리 과정을 거친 후, 개인의 사주 분석을 통해서 평균수명이 100세나 된다는 이 기나긴 삶을 어떻게 그려나갈지 상담하는 것이다.

사주팔자가 모든 것을 결정하는 것은 아니다. 조선시대에 태어났으면 '소박' 맞았을 여성이 현대 사회에서는 멋진 커리어우먼이 되어 가정과 직장일을 모두 성공적으로 이끌기도 하고, 집안 망신이라고 욕을 먹었을 '남성 전업주부'들이 가정을 안정적으로 보살피는 것을 보면, 사주가 펼쳐지는 '시대 상황'이라는 것이 얼마나 중요한가를 알 수 있다.

내가 만약 아프리카의 내전지역에 태어났다면, 나에게 사주팔자라는 것이 얼마나 어떻게 영향을 끼칠 수 있을까? 시대의 상황이 개인의 운명에 강력한 작용력을 갖고 있는 시기도 있고, 시대의 상황보다는 개인의 역량이 더 크게 작용하는 시기도 있을 것이다. 그래서 '나는 시대를 잘못 타고난 것인가?' 하며 한탄하고 억울한 마음을 품을 수도 있지만, 지금부터라도 현 시대의 속성을 잘 파악해서 나아갈 수 있도록 노력하는 편이 더 낫다.

따라서 손님도 역술가도 모두 세상 공부를 해야 한다. 특히 역술가는 우리가 살고 있는 지금 이 시대의 속성을 잘 알고 사주 상담을 해야만 진짜 도움을 줄 수 있다. 사주명리만 연구한다고 해서 그것이 답은 아니라는 말이다.

손님들 중에는 "저는 돈에는 관심이 별로 없고요."라고 말하는 분들이 있다. 사실 나도 그랬고 그렇게 사는 것이 좋다고 생각했었고, 돈에 대해 무지했었다. 하지만 그렇게 말하는 손님들을 보면 요즘에는 "자본주의 사회에 살면서 돈에 관심이 없으면 안 돼요. 물론 타고난 사주팔자에 재물에 대한 생각이 약할 수는 있으나, 이 시대를 살면서 돈을 너무 모르면 불편한 일을 많이 겪게 돼요. 돈에 당하는 일이 생긴다고요. 농업 시대에는 팔자와 무관하게 농사법도 좀 알아야 하고, 자본주의 시대에는 팔자를 떠나서 돈이랑 친하게 지내야 해요. 나도 잘 안 되지만, 같이 관심 좀 가져봅시다."라고 웃으며 말씀드린다. 그러면 손님도 "아, 하긴 그것도 그러네요. 관심 좀 가져볼까요?" 하며 유쾌하게 웃는다.

이러한 생각이 머릿속에 한번 심어지면, 과거와는 다르게 세상을 바라볼 수 있다. 만약 현 시대와 부합하지 않는 성향과 계획을 갖고 있다면, 어떻게 활용하는 것이 좋을지를 연구해보자. 또한 내가 만약 현 시대에 잘 맞는 생각과 성향을 갖고 있다면, 그 또한 어떻게 펼칠지를 연구해보자. 펼치고 안 펼치고가 중요한 것이 아니라, 본인이 상황을 알고 선택하는 것과 모르고 당하는 것은 엄청난 차이를 만든다. 그 차이는 삶과 행복에 대한 만족감을 좌지우지하므로, 우선 그 부분을 먼저 파악한 후 어떤 방향으로 나아갈지 선택하자는 것이다.

대선이나 지방선거가 있으면 '누가 왕이 될 상인가?'에 대한 이슈가 흥미를 끌기 때문에 예측에 관한 요청이 오기도 한다. 각 분야 전문가들이 모여 누가 왕이 될 것인지에 대해 방송을 한 적도 있었는데, 과연 이것이 개인의 사주만으로 볼 수 있는 것인가에 대해서는 늘 의문이 남는다.

영화 '관상'의 마지막 장면에 나오는 관상가의 말이다.

"난 사람의 얼굴을 봤을 뿐 시대의 모습을 보진 못했소.
시시각각 변하는 파도만 본 격이지. 바람을 보아야 하는데…….
파도를 만드는 건 바람인데 말이요."

나 역시도 이 영화의 송강호 배우처럼, 바람을 보지 못하고 파도만 보며 그것이 전부인 줄 알던 때가 있었다. 물론 지금도 바람을 보기 위해 노력할 뿐, 다 안다고 말할 수는 없지만, 그저 한 사람의 사주팔자 그 글자에만 얽매이던 예전보다는 마음가짐이 많이 달라졌다.

어떤 개인의 운명도 시대를 벗어나서 발현될 수는 없다. 이 시대에 태어나서 이 시대를 살아가는 우리는, 이 시대에 맞는 삶의 계획을 세워야 하지 않을까? 다행히 이 책을 읽고 있는 지금 우리는, 그래도 개인의 역량이 운명에 영향을 많이 발휘하는 시대에 살고 있지 않은가!

언젠가 바람을 볼 수 있는 혜안을 갖출 수 있기를 소망해본다.

주인공보다 중요한 조연

_ 내 삶의 등장인물들

'혈연관계의 가족을 제외하고 최근 1년 이내에 연락을 가장 자주 하는 사람 5명을 떠올려보라. 그 5명의 평균(공통점)이 바로 현재의 내 모습이다.'

너무 힘들어하는 지인에게 이 메시지를 보냈다. 그로부터 몇 시간 후에 답장이 왔는데, 너무 소름 돋았고 충격적이라고 적혀 있었다. 몇 년 동안 가장 자주 연락하고 지낸 5명을 쭉 적어보았는데, 놀랍게도 모두 '신용회복 중'이라는 것이었다. 물론 내 지인도 최근에 같은 상황에 처한 상태였다.

'유유상종(類類相從)'이라는 말은 과학이다. 비슷한 기운은 비슷한 기운을 불러 모은다. 술을 좋아하는 사람들은 술을 좋아하는 사람들을 만나는 것이 편하고 좋다. 등산을 좋아하면 또 그렇게 모인다. 동호회라는 것이 그런 것이듯, 공통점이 있는 사람들끼리 자연스럽게 모이게 되는 것이다.

이렇게 지속적으로 비슷한 기운을 가진 사람들끼리 모여서 인연을 이어가고 좋은 일도 궂은일도 함께하며 인생을 만들어가기도 하지만, 가끔씩은 아주 짧지만 강력한 인연이 나타나서 인생의 큰 변화를 일으키기도 한다. 친구를 따라간 강남에서 대박을 거머쥐기도 하고, 쪽박을 차기도 한다.

긴 인연이든 짧은 인연이든 인간관계는 인생의 전부라 해도 과언이 아닐 만큼 중대한 일이므로, 내 인생을 한 편의 영화라고 생각해본다면 이 영화의 감독이자 연출자이자 주인공은 바로 '나'라는 데 이견이 없을 것이다. 따라서 나의 영화에 누구를 등장시킬 것인지를 잘 생각해야 한다.

하루는 군복을 입은 여성분이 찾아왔다. 가까이에서 여군과 처음 대화를 나누게 되어 오히려 나의 호기심이 발동했다. 왜 군인이 될 생각을 했고, 어떻게 되었는지를 먼저 물었다. "별다른 생각이 있었던 건 아니고요, 친구가 군인 시험(?) 보러 가는데 같이 가자고 해서 따라갔다가 친구는 떨어지고 제가 되었어요." 라는 다소 허무한 답변을 들었다.

또 시험을 준비하던 연인을 따라 같이 공부하다가, 원래 준비했던 연인은 떨어지고 그냥 따라 시험을 봤던 사람은 합격해 둘은 결국 헤어졌다는, 웃지 못할 경우도 있었다. 이런 사례들을 보면, '그때 그 인연은 나에게 직업을 만들어주려고 나타난 것이 아닐까?' 하는 생각을 하게 된다.

이와는 반대로, 친구가 투자를 권유해서 같이 투자했다가 많은 재산을 손해 보는 경우도 있고, 사람 하나 잘못 만나서 인생이 완전 거꾸로 돌아가는 안타까운 상황도 참으로 많다. 이렇게 어찌할 수 없이 맺어지고 흘러가는 것을 '인연'이라고 하는데, 인연에는 선연(善緣)도 있고 악연(惡緣)도 있다. 사람의 인연을 미리 알 수만 있다면, 선연만 만나고 악연은 피하면 참 좋을 텐데, "원수는 외나무다리에서 만난다."고, 꼭 살다 보면 악연을 만나 고생하는 경험을 하게 된다.

사람의 인생에서, 어떤 팔자는 좋은 인연만 만나고, 어떤 팔자는 나쁜 인연만 만나는 것이 가능할까? 당연히 그런 것은 없다. 누구나 좋은 인연, 나쁜 인연 다 만나게 된다. 하지만 어떤 인연에 관심과 주의를 두느냐에 따라서, 만나는 인연들이 점점 좋아지기도 하고 나빠지기도 할 뿐이다. 타고난 복이 많아 깊이 사귀어보기도 전에 선연인지 악연인지를 구분하여 선택할 수 있는 능력이 있다면 그건 대단한 행운이고, 대부분은 겪어보면서 좋고 나쁨을 판단하게 된다. 좋은 인연은 만날수록 기분이 좋아지고, 일이 잘 풀리고, 그와 헤어진 후 집에 돌아와 잠자리에 들 때 뿌듯하고 행복한 느낌을 주는 인연이다. 반대로 주변에서 자꾸 부정적인 이야기를 하면서 그 인연을 멀리하라고 간섭하기도 하고, 그 인연을 만나고 집에 돌아오면 좋은 감정보다는 뭔가 피곤하고 찜찜하고 불안한 느낌이 든다면, 그것은 악연이 될 가능성이 높다. 악연은 나를 피곤하게 만든다.

물론 매번 다 이런 것은 아니고, 이렇기도 하고 저렇기도 한 느낌은 늘 섞이겠지만, 어떤 느낌이 위주가 되는지는 조금만 숙고하면 누구나 알아차릴 수 있다. 뭔가 이상함을 감지했을 때는, 과감하게 이 조연을 내 영화에서 퇴장시키는 것이 좋다. 이상함을 느끼면서도 애써 부정하면서, 조연이 선한 역할로 바뀔 것이라고 기대하며 기다리는 데에서 문제가 발생하는 경우가 많기 때문이다. 물론 운이 좋아지면 자연스럽게 악연은 멀어지고 선연이 가까워지는 신비한 경험을 하게 되지만, 그때까지 내가 입을 피해가 클 수도 있으니 악연의 싹은 일찍 잘라내는 현명함이 필요한 것이다. 이러한 조연들 중에, 주연급으로 발탁되어 내 인생 영화에 아주 지대한 영향을 주고받는 사람들이 바로 '가족'이다.

내가 하는 일이 인생 상담이다 보니, 본의 아니게 이혼하는 데 일조(?)하게 되는 경우가 있다. 물론, 이혼 위기의 부부가 다시 잘 지내게 하는 경우도 있지만, 이혼을 하게끔 돕는 경우도 많다. 이런 경우는 사주팔자의 판단만으로 할 수는 없는 일이고, 그간의 상황을 다 들어보고 종합적으로 이야기를 나눈 후, 잘못 인식하고 있는 부분들을 객관적 입장으로 설명해서 이혼하는 것이 결코 나쁜 일이 아님을 생각하게 만드는 역할이고, 좀 더 나아가면 이혼하기에 좋은, 안전한 시기를 알려주기도 한다.

남편 때문에 평생 힘겹게 살던 옷가게 사장님이 있었다. 남자분이 의류 사업을 했고, 여자분은 그때 당시 그곳에서 아르바이트하는 고등학생 점원이었다고 한다. 나이가 어린 상태에서 가게 사장의 아이를 임신해 여자분은 제대로 판단할 정신도 없이 그 사장과 부부의 연을 맺었다.

나를 찾아올 당시 16년간 결혼생활을 유지하고 있었고, 그동안 아이 한 명을 더 출산해 2명의 자녀를 두고 있었다. 결혼 후 아내는 작은 옷가게를 운영하고, 남편은 여전히 의류 사업을 했다. 처음부터 별로 애정 없이 시작된 결혼은 즐겁지 않았고, 서로에 대해 잘 알지 못한 채 부부가 되었던 터라 의견 충돌도 많았지만, 그래도 나이 어린 아내가 남편의 의견을 많이 따랐다고 했다. 남편은 어린 네가 뭘 아느냐는 식이었고, 아내도 본인이 어려서 아는 것이 별로 없음을 인정하고 그렇게 살아왔다.

그런데 어느 날, 알고 보니 남편은 또 다시 어린 여성과 내연관계를 맺고 있었고, 아내 몰래 돈을 많이 숨겨놓은 상태였다. 생활비도 거의 주지 않아서 아내는 본인이 장사한 것으로 생활했는데, 그마저도 남편이 물건값이다 뭐다 해서 가져갔다고 한다. 그러다 보니 다툼이 잦아지고, 급기야 폭력 상황이 생겨서 경찰이 출동할 지경에 이르렀다. 바람, 폭력, 경제적 압박. 결혼을 유지할 아무런 이유가 없는데도, 여사장은 이혼할 엄두도 못내고 있었다.

너무 어린 나이에 시집을 와서 나이 많은 남편에게 모든 것을 의지했던 터라 본인이 직접 의사결정을 해본 경험이 적고, 모든 사회·경제적인 것이 남편 앞으로 되어 있어 그런지 여사장은 아직도 그냥 학생 같았다. 세상 물정을 너무 모르는 상태라 자립할 생각조차 못하게 된 것이다.

인물도 좋고 성격도 싹싹하여 동네사람들로부터 칭찬도 많이 듣고, 나를 만나러 올 때에도 꼭 손에 뭐라도 들고 오는 그런 정이 많은 분이었다. 가게가 서로 가까워 자주 만나게 되었는데, 사연을 들으면 들을수록 내가 더 화가 나고 답답했다. "전생에 제가 죄를 많이 지었나 봐요. 지금 나는 하나님을 믿지만, 그래도 전생에 죄인이었나 봐요." 이렇게 말하는 것을 보면 정말 마음이 아팠다.

물론 한 사람의 일방적인 이야기만 듣고 판단할 수는 없는 일이지만, 객관적인 내용이나 동네사람들의 이야기에 따르면 여사장의 이야기가 어느 정도 사실이라는 것을 확인할 수 있었고, 그 정도만으로도 이혼을 하고도 남을 상황이었다.

이분이 나를 만나서 이혼을 하기까지 4년이 걸렸다. 4년 동안 객관적으로 본인을 돌아보았다. 어디서부터 잘못되었는지, 지금 이렇게 사는 것이 과연 자녀들을 위한 일인지, 이혼을 하려면 지금 내가 어떤 준비를 해야 하는지 등등. 이분은 이혼이 곧 자립이었기에 많은 준비가 필요했고, 그렇게 4년 동안 이혼을 위한 준비를 차곡차곡 해나갔다. 마지막에는 남편이 절대 이혼만은 못 하겠다고 하는 바람에 속칭 '야반도주'를 해야 했고, 나중에는 법적으로 이혼하는 데 성공했다.

멀리 다른 지역으로 떠나서도 가끔 연락이 오는데, 내 마음이 아주 후련하다고만 할 수는 없지만, "지금도 여전히 두렵고 잘 살 수 있을지 걱정이지만, 그래도 이제 혼자 살아가는 연습을 해 보려고요. 이제 눈치 안 보고 사니까 그건 좋아요."라며 전화기 너머 밝은 목소리를 들려줘서 기뻤다.

16년을 살았고, 4년을 더 유지해 20년간의 결혼생활에 종지부를 찍은 것은, 소위 '팔자 관성'을 깨트린 일이다. 오랜 시간이 걸렸지만 첫 시작이 중요하고, 이 파괴는 새로운 세상으로 나아가는 긍정적 파괴인 것이다. 병아리가 알을 깨고 나오듯.

때로는 인생 영화의 조연이라는 존재들을 각본에서 없애기가 쉽지 않을 때도 있다. 아주 쉽게 잠깐 등장하고 사라지는 조연도 있지만, 인생 영화 내내 주인공을 따라다니며 괴롭히는 조연도 있기 마련이다. 하지만 분명한 것은 이런 조연이 계속 등장하도록 내버려두는 한, 내 인생 영화는 내가 주인공이 될 수 없고, 내가 원하는 내용으로 영화를 찍을 수도 없다는 사실이다.

지금 당장 가족을 제외한, 현재 가장 가깝게 지내는 사람 5명을 적어보자. 그리고 그 사람들의 공통점을 찾아보자. 재력, 학별, 직업 등등. 그 5명의 평균이 나의 현주소라는 말에 동의하는가?

내가 지금 잘 풀리고 있는지, 내 운이 지금 좋은 상황인지, 내가 앞으로 잘될 팔자인지가 궁금하다면, 내가 지금 누구를 만나서 무엇을 하고 사는지를 확인해보자. 답을 찾게 될지도 모른다.

죽기 전에 사주팔자나 한번 보려고요

_ 태도가 기적을 만든다

지금까지 내게 자살하겠다고 찾아온 손님은 세 명이었다.

물론 더 있었을지도 모르지만, 또렷이 기억에 남는 분은 세 분이다. 다행히 세 분 중 그 누구도 자살을 하지는 않았고, 그 중 두 분은 소원 성취를 이루어서 원하는 삶을 살고 있고, 한 분은 여전히 어렵지만 잘 이겨내고 있다.

부유해 보이는 한 어머니가 아들과 함께 상담실을 처음 찾아오시고 난 후, 열흘쯤 지났을 무렵 이번에는 어머니 혼자 상담실에 방문했다. 가방, 안경, 액세서리 등을 보니 돈 걱정 없는 부잣집 사모님 같아 보였는데, 그분이 빙그레 웃으며 꺼내놓은 첫 마디가, "내가 사는 게 너무 힘들어서 죽을 결심을 했는데, 죽기 전에 마지막으로 사주팔자를 한 번만 보고 판단해서 결정하려고 합니다."였다. 지난번에 아들과 함께 왔을 때는 상상도 못할 얘기였다. 너무 무거운 첫 마디에 어떻게 반응해야 할지 난감했다. 그러면서 그분이 살아온 이야기를 들려주었다.

그분의 아버지께서 예전에 사주 공부를 하셨고, 그래서 이런 것들을 어릴 때부터 알고 살았는데, 조심한다고 했는데도 운이 나빠서 그랬는지, 사람을 하나 잘못 만나서 너무 큰 빚에 시달리게 되었다는 것이다. 그 빚을 가족들에게는 비밀로 하고 혼자 감당을 해왔는데, 이제는 더 이상 버틸 힘도 없고 상황도 안 되어서 다 내려놓으려고 한다는 것이었다. 가족들이 알게 되면 큰 충격을 받을 것이고, 해결도 안 될 것 같아 주변에 피해를 주지 않으려면 조용히 내가 없어지는 게 답인 것 같다고 했다.

그래도 혹시나 운이 있어서 살아갈 방법이 있다면 한번 들어나 보고 죽으려고 한다는 것이다. 죽겠다고 말씀은 하셨지만, 살 방법을 찾아 달라는 의미인 줄 너무 잘 알기에 마음이 아팠다. 그리고 사실 그분의 다른 가족들도 나에게 상담을 받은 적이 있어서, 본의 아니게 다른 가족 몰래 비밀을 공유하게 되어 마음이 무거웠다. 어떻게 해야 이분이 죽지 않고 살아서 빚을 갚고 잘 살 수 있을까. 마음이 두근거리고 긴장되었다.

일단 사주를 한번 보자고 말씀드리고 사주 풀이에 들어갔다. 사주를 열어보는 순간, 그나마 마음이 편안해졌다. 나쁜 운이 끝나고 좋은 운으로 돌아서는 길목으로 보여졌기 때문이다. 나는 확신에 찬 목소리로, 분명히 도움을 줄 사람이 나타나니 집에 돌아가서 나를 도와줄 만한 사람이 없는지 차근차근 한번 생각해 보시고, 연락할 수 있는 친구들에게 도움을 요청해보시라고 했다. 죽을 결심도 하셨는데 부탁 전화 한 통 못 하시겠냐고, 이 고비만 넘기면 분명히 말년에 떵떵거리고 살 날이 오니 꼭 주변 사람의 도움을 받으시라고 했다. 덧붙여, 도움을 받으면 다시 다 갚아줄 수 있을 말년운이니 걱정 말고 방법을 찾아보자고 했다.

다행히 어머니는 주위에 부유한 친구들이 좀 있다고 했다. 하지만 이런 문제를 의논할 생각은 전혀 못 해봤는데, 죽기 전에 부탁이나 해보고 안 되면 그때 죽어도 되니 알겠다고 하셨다. 혹시라도 아들이 찾아와도 내가 다녀갔다는 말은, 내게 빚이 있다는 말은 절대로 비밀로 해 달라고, 아들이 알면 나는 정말 못 산다고 신신당부를 하시고는 돌아갔다.

그런데 정말로 진심이 통한 걸까? 어머니의 사정을 들은 한 친한 친구가 아파트 담보대출을 받았고 그 이자도 친구분이 감당할 테니 너는 빚부터 갚으라며 돈을 빌려주어서, 우선 급한 빚을 갚으며 한시름 덜게 되었다. 그 이후 장사하는 또 다른 친구가 사정을 들었다며 본인의 가게에서 일하게 해주었고, 그 친구의 배려로 월급이 아니라 매출이 오른 만큼 돈을 가져가게 해주었다고 한다. 정말로 기적처럼 그렇게 조금씩 조금씩 풀리기 시작한 것이다.

중간 이야기는 생략하고, 지금 그 어머니는 고급 외제승용차를 타고 다니며 내게 종종 맛있는 밥도 사주신다. 이제는 오히려 나를 도와주려고 애쓰시는데, 본인은 이제 편안하니 선생님도 잘되셨으면 좋겠다고 내 걱정을 해주는 입장이 되셨다.

이분의 이야기는 기적에 가까운 스토리일 수도 있고, 또 누구나 이렇게 극적인 경험을 하는 것도 아니다. 하지만 실제로 내가 지켜봤던 일이고, 그래서 더 잊을 수 없는 이야기이다. 그리고 이 사건은, 내 일에 온전히 마음을 붙이지 못하고 여기저기 헤매던 나에게 '아, 나는 이 일을 평생 해야겠다.'는 확신을 심어준 좋은 계기가 되었다.

이분이 죽음의 결심 앞에서도 극적인 도움을 받아 위기를 넘기고 인생 말년에 편안해질 수 있었던 비결, 이런 기적이 이분에게 일어날 수 있었던 특별한 이유가 있을까? 사주가 풀려서? 사주가 풀린다고 모두 다 이런 드라마틱한 기회를 얻는 것은 아니지 않은가! 역술가인 내가, 풀리는 운보다도 더 크게 살펴본 것은, 이분의 태도, 특히 사람을 대하는 태도였다.

이분은 항상 웃는 얼굴이었고, 상대방을 하대하지 않았다. 조카뻘인 나를 항상 존중해주셨고, 상담비를 낼 때도 정성이 느껴졌다. 만나는 사람 누구라도 절대 함부로 대하지 않았고, 지금도 그 모습은 변함이 없다. 항상 친절하고, 항상 웃으시고, 양보하는 습관이 몸에 배어 있는 분이었다. 그렇게 평생을 살아왔기 때문에 인생의 어려운 순간에서 도움의 손길을 내미는 사람들이 나타났다고 나는 100퍼센트 확신한다. 이분은 나를 만나서 죽지 않고 살 수 있는 방법을 찾게 되었고, 나는 이분을 만나서 어려움 속에서도 몸에 밴 좋은 태도는 반드시 내 삶을 좋은 방향으로 이끈다는 것을 배우게 되었다. 서로 남는 장사였다.

나 역시도 힘든 상황이었지만 오히려 상담일을 하면서 매일 만나는 다양한 손님들로부터 간접적이나마 인생을 배워나갔다.

때로는 큰 걱정 없이 편안하게 사는 손님들의 인생을 상담하다 보면, '내 인생은 왜 이렇게도 억울한가?' 하는 절망에 빠질 때도 있었다. 항상 남들에게 잘하려고 애썼고, 큰 죄를 지은 적도 없는 것 같고, 그냥 하루하루 열심히 살아온 것 같은데, 내 삶은 자꾸 꼬여만 간다는 생각이 나를 짓눌렀다. 그런 와중에 소소하게 사기도 잘 당하다 보니, 해도 해도 정말 내 팔자 너무하다는 생각까지 들었다. 내가 한 만큼 돌아오지 않는 것 같아 억울한 마음이 들어 괴로우면, 제발 그런 마음이 들지 않게 해 달라고 빌었다.

그러던 어느 날, 한 달에 한 번 가는 강원도에 있는 한 사찰에 가려고 고속버스를 탔는데, 혼자 조용히 버스 창가에 기대어 밖을 바라보다가, 문득 내 주변이 많이 바뀌었다는 것을 느끼게 되었다. 더 이상 소소한 사기나 속임을 당하지 않은 지가 한참 되었고, 정해진 상담비보다 비용을 더 지불하는 손님들이 늘어났으며, 나를 힘들게 하고 괴롭히고 험담하던 사람들이 어느 틈엔가 멀어졌고, 나에게 좋은 이야기를 들려주고 "감사합니다."라고 말해주는 사람이 많아진 것이다. 게다가 생각해보니, 힘들고 어려움에 처한 분들보다 편안하고 여유 있는 분들이 더 발전적인 삶을 위해 상담하러 오는 경우가 많아졌다는 것을 알게 되었다.

죽을 결심을 하고 찾아오신 그 손님 덕분에, 내 인생도 달라졌다. '죽음을 생각할 만큼 마음이 힘든 사람도 저렇게 친절하고 웃는 얼굴로 남을 대할 수 있구나. 나도 그래봐야겠다.' 할 수 있었고, 마음이 여유롭고 인생을 잘 사는 성공한 분들로부터 나도 모르는 새에 그분들의 좋은 면을 배웠다. 그런 배움들이 하나둘 모여서 나를 변화시킨 것이다.

타고난 팔자가 아무리 좋아도, 흘러가는 대운이 아무리 좋아져도, 기적 같은 일이 매번 일어날 수는 없다. 기적은, 자살을 결심했던 그 어머니처럼 '살면서 쌓아온 덕과 지어놓은 복이 좋은 운과 만나서 생겨나는 것'임을 깨닫게 해준, 참으로 고마운 경험이었다.

운을 바꾸기 위한 준비

_ 살풀이, 개명, 부적, 이사

"올해는 삼재가 들어서 운이 안 좋네요."

정초부터 이런 이야기를 들으면 참으로 기분이 상한다. 걱정되고, 불안하고, 불길한 예감에 마음이 편치 않다.

"이름이 안 좋아서 되는 일이 없구먼! 개명해야 해."

"어허~. 이사를 가야 돼. 터가 안 좋아. 운이 오다가도 도망가겠어."

"사고수가 있네. 사고 방지 부적을 써야 해."

"올해 운수가 막혔어. 액막이굿을 해야 해."

"살이 끼어서 되는 일이 없어. 살풀이를 해야 해."

"올해 운수가 대통이네. 운맞이 굿을 해서 더 크게 받아야지!"

이게 다 무슨 말인가 싶지만, 실제로 상담 현장에서 일어나는 대화이다. 대부분 무속인들이 하는 말 같지만 사주명리를 하는 철학관에서도 많이 주고받는 대화이다. 내가 아는 어떤 곳은 철학관인데도 부적이 무려 '천만 원'씩이나 하는데, 가끔 그런 부적을 해 가는 분이 있다고 한다. 그런 고가의 부적이 정말 효험이 있었는지 알 수는 없지만, 운이 나빠도 무엇을 하라 하고, 운이 좋아도 무엇을 하라고 하고……. 잘못된 상술에 걸려들면 후회만 남으니 조심해야 한다.

운을 바꾸기 위한 시작 단계 중 마지막으로, 새롭고 좋은 운을 맞이하기 위한, 원하는 운으로 바꾸기 위한 몇 가지 흔한 방법에 대해 얘기해보겠다.

살(殺)풀이

추운 겨울의 어느 날, 냉기를 가득 안은 채 예쁜 아가씨가 상담실을 찾았다. 바깥 날씨가 얼마나 추운지 그 손님의 온몸에서 냉장고의 기운이 나오는 듯했다. 키도 크고 눈에 띄는 아름다운 외모를 가진 분이었는데, 뭔가 기분이 매우 나빠 보였다. '날씨가 추워서 그런가?' 하고 있는데, 이분이 갑자기 눈물을 터뜨리는 것이었다.

사연인 즉, 2년 넘게 교재해오던 남자와 최근에 헤어지게 되었는데 다툼이 잦아지고 화해하기를 반복하다가 남자가 진지하게 이별을 통보했단다. 결혼을 염두에 두고 만나고 있었던 터라 웬만큼 싸워도 헤어질 거라고는 생각 못 했는데, 반복되는 싸움에 지친 남자가 이별을 통보했고 정말로 연락이 끊어진 것이었다.

상심이 컸지만 오직 머릿속에는 이 사람과 다시 잘될 방법을 찾아야 한다는 생각밖에 없어서 유명하다는 '도사'를 찾아갔던 것이 문제의 발단이었다. 그 도사에게 가서 헤어진 남자친구와 다시 재회를 하고 싶으니 방법을 알려 달라고 하자, 도사가 지금은 손님이 많으니 저녁 6시에 다시 방문할 수 있겠느냐고 해서 손님은 저녁 6시에 도사를 다시 찾아갔다. 그런데 이 도사가 내어놓은 비법이라는 것이 정말 어이없는 것이었다.

일단 돈 100만 원을 요구했다는데, 돈이야 그럴 수도 있다고 치자. 그런데 그다음이 정말 황당했다.

입에 담기도 민망하고 황당한 내용이었는데, 핵심은 이 아가씨의 몸에 '살(殺)'이 끼어서 그 살 때문에 남자친구가 떠났고 결혼이 잘 안 되는 것이므로 그 살을 푸는, 일명 '살풀이'를 하면 된다는 것이었다. 그런데 이 살풀이 방법이라는 것이, 도사와 잠자리를 해야 한다고 말했단다.

이 손님이 나를 찾아온 이유는, 정말로 그런 방법이 존재하는지 궁금해서 물어보러 온 것이라고 했다. 그 얘기를 듣고 나는 너무도 흥분해서, 말도 안 되는 소리이니 당장 그 도사를 경찰에 고발하라고, 그런 사람은 이런 일을 하면 안 된다고, 그 집 이름 알려주면 내가 가서 고발하겠다고까지 말했다. '세상에 이런 인간이 다 있다니!' 도사라는 이름으로 범죄를 저지르는 나쁜 사기꾼 범죄자일 뿐이었다.

하지만 이 손님은 재회가 너무도 간절했기에, '진짜 그런 방법이 통한다면 그렇게라도 해야 하나?'라는 생각을 1퍼센트라도 해본 것이다. 사람이 다급하고 간절해지면 정상적인 생각이 작동을 멈추기도 한다. 오죽 간절했으면 그런 말도 안 되는 소리에 단 1퍼센트라도 혹하는 마음이 들었겠는가! 이런 약해진 마음을 악용하는 가짜 도사들은 다 사라져야 한다.

정신이 좀 든 손님은, 정말 본인에게 그런 나쁜 살이 있는 것인지, 그렇다면 그 살 때문에 이런 일이 일어난 것인지, 또 그렇다면 이 살은 어떻게 없앨 수 있는지를 물었다. 나는 사주에서 살(殺)이라는 것이 어떤 의미를 갖고 있는지 등을 설명해주었고, 살을 푸는 방법에 대해서도 알려주었다.

무속인이 살풀이라는 의식을 통해 없애줄 수도 있겠지만, 그것이 가능하다 하더라도 이런 방법은 영구적인 방법일 수는 없다. 일시적인 것이기 때문에 사주에 살이라는 것이 들어서 작용한다면 크든 작든 평생 영향을 미치기 때문에 생활 속에서 스스로 살풀이를 하고 살아가면 되는 것이다. 셀프 살풀이 방법은 4장 맨 뒤에 별도로 설명하겠다.

아무튼 이 손님은 본인이 너무 다급해서 순간 판단력이 흔들렸다는 것을 인지하고, 어떤 일이든지 순리대로 해결하겠다고 마음을 다잡고 돌아갔다.

개명(改名)

살다가 보면 운수가 답답할 때가 있다. 답답함을 해소하기 위해서 기찬 비법을 찾아보지만, 대부분 헛수고인 경우가 많다. 운을 바꾸기 위한 각종 비법들은, 본인 마음 속 울림과 함께 이루어져야 효과가 있는 것이지, 역술가나 점집의 판단으로 이루어지는 것은 한계가 있다.

어떤 사람들은 이름이 좋지 않다며 개명을 권유받는 경우가 있다. 모든 불행이 이름 때문이라고 과장하는 사람도 있다. 하지만 세상에 그런 일은 없다! 모든 것이 완벽한데 이름을 잘못 지어서 인생이 나락으로 떨어지거나 고생하게 되는 경우는 없다. 다만, 평소에 본인 이름에 부정적인 사연이 있거나 애착이 적고 불만족했던 분들, 강력한 변화를 원하는 분들이라면, 개명(改名)하는 것이 분명 효과가 있다.

개명을 한다는 것은 대내외적으로 큰 상징적인 의미가 있기 때문에, 개명하겠다는 그 마음가짐이 이미 큰 변화의 운을 불러들인다. 그리고 주민등록증, 여권, 은행통장, 보험 등, 모든 사회적 이름이 바뀌는 것이라, 그 힘은 상당할 수밖에 없다. 이런 모든 불편함을 기꺼이 받아들이며 적극적으로 삶을 바꾸겠다는 그 의지로 말미암아 사회적으로 '새로 태어나는 것'이라 할 수 있다.

그렇게 개명을 결심했다면, 기왕에 짓는 이름이니까 사주와 보완도 잘 되고 작명이론에도 잘 부합하는 좋은 이름이면 금상첨화라 하겠다. 하지만 작명이론이 너무나도 다양하고 하나로 통일

되어 있지 않기 때문에, 어떤 이론도 완벽하다고 할 수 없는 것이 현실이다. 저마다 본인들의 이론이 맞다고 주장하지만, 완전히 수긍할 만큼 근거가 확실하지는 않다. 이러한 와중에 새로운 작명이론들은 자꾸만 생겨나니 누구 말을 듣고 이름을 바꿔야 할지 난감하기도 하다. 따라서 멀쩡한 이름을 작명가의 말을 듣고 바꾸는 것이 아니라, 본인의 의지가 우선되어야 하는 것이다.

내가 내 이름을 좋아해야 긍정적인 기운이 생성되는 것은 당연한 이치이다. 내 이름을 부르고, 적고, 듣는데, 내 이름을 내가 좋아하지 않는다면 그럴 때마다 기분이 좋을 리 없다. 아무리 유명한 작명가가 지은 비싼 이름이라 할지라도 내가 좋아하지 않으면 좋게 작용할 수가 없는 것이다. 반면 홍길동이든 심청이이든, 내가 내 이름이 좋다면 그 이름이 과연 나쁘겠는가도 생각해봐야 한다.

좋은 이름은, 발음이 부드럽고 걸림이 적어서 소통하는 데 불편함이 없으며, 한글이든 한자든 그 뜻이 좋아서 자부심을 가지고 살아갈 만하며, 본인 스스로 만족감이 드는 이름이 가장 좋다. 좀 더 나아가서, 타고난 운명에서 조금 부족한 부분을 이름으로 보충해줄 수 있다면 금상첨화일 것이다. 그런 보충은, 이름 뜻의 의미나 한자의 상징이나 뜻으로 해줄 수 있는데, 이것은 사주팔자를 먼저 분석한 이후에 가능한 부분이니 사주 공부를 통해 부족한 기운이 무엇인지 알게 되면, 이름을 지을 때 그 부분을 보충해 지을 수 있게 되는 것이다.

부적(符籍)

부적에 대한 나의 첫 기억은, 아주 오래된 중국 영화 중에 '강시' 시리즈가 있었는데, 중국형 좀비 같은 존재들의 이마에 노란색 부적을 딱 붙이면, 이 강시들이 내가 의도하는 대로 움직이기도 하는 그런 장면이다. 강시들이 나타나서 주인공들을 마구 공격하려 할 때, 술사(術士)가 나타나서 부적을 딱 붙이면 순간 '얼음'이 되는 것이 신기했었다. 몇 십 년이 지난 지금, 내가 그 부적을 그리는 사람이 되어 있으리라는 생각은 전혀 못한 채 말이다.

부적은 괴황지(槐黃紙, 노란 물을 들인 종이)에 경면주사(鏡面朱沙)라고 하는 붉은 돌가루를 갠 액체로 글씨를 써서 어딘가에 붙이거나 몸에 지니는 것으로, 부적에 쓰는 글씨는 한문과 상징적인 기호와 도형들이고, 원하는 소원을 여기에 적었으니 속히 반응하여 실행하라는 내용이다. 즉, 높은 신의 언어로 명령어를 적어두었으니 그 명령어를 보고 낮은 신들은 그대로 실행하라고 지시하는 것이다. 귀신은 물러가고 소원은 성취되도록 선한 신들이 나서서 실행하라는 뜻이다.

부적의 효험은 재료가 가지고 있는 특수성과 문자에 써진 의미, 그리고 부적을 쓰는 사람의 능력과 부적을 요청한 사람의 믿음이 모두 한데 어우러져 효과를 낸다고 할 수 있고, 아무 날에나 쓰는 것이 아니며 좋은 날, 좋은 시에 써야 그 효험이 크다고 한다.

부적이 이렇게 비법으로 사용된 것은 질병 치료와 연관이 깊은데, 의학이 발달하지 않았던 시대에는 질병을 귀신의 장난이라고 생각했기 때문이다. 그래서 부적으로 귀신을 쫓아내면 병이 나을 것이라 믿었고, 실제로 부적 제작에 쓰이는 주사라는 돌가루는 한방에서 약재로도 쓰이는 것이기에 부적을 태워서 먹게 하는 행위가 어느 정도 약효가 있었을지도 모를 일이다. 하지만 이제는 아프면 병원을 가는 세상이지 부적으로 질병을 치료하지 않는다. 그러니 부적을 어떠한 상황에 어떻게 사용할 것인지 합리적인 판단이 먼저 필요할 것이다.

그래서 요즘은, 부적으로 운을 바꾸겠다는 생각은 점점 줄어들고 오히려 재미있는 캐릭터 부적이나 코믹한 부적을 가볍게 주고받는 분위기가 많다. 비용은 천차만별이기에, '상식'적인 선에서 마음의 안정과 위로를 얻을 수 있는 정도면 크게 무리가 없을 것이라 생각되고, 좋은 마음을 담아 필요한 사람에게 선물할 수 있을 정도면 좋지 않을까 싶다. 다만, 사람의 간절하고 다급한 마음을 악용하여 터무니없는 부적값을 제안할 수 있으니 반드시 주의해야 한다.

이사

터가 안 좋아서 운이 막혔다고 이사를 하라는 처방(?)을 받는 일도 있다. 이사는 상식적으로 운의 변화에 큰 영향을 끼친다. 이사를 하게 되면 생활환경이나 동선이 달라지고, 이렇게 바뀐 생활패턴은 운의 변화에 영향을 끼치는 것은 당연하다. 그렇다고 운이 안 좋은 것 같으니 무턱대고 이사를 가겠다며 고집피운다고 당장 갈 수 있는 것이 아니니, 상황과 필요에 맞게 추진해야 하며, 그런 이사라면 운을 바꾸는 좋은 기회가 될 수도 있다.

다만, 이사 갈 상황이 전혀 못 되는데 괜한 소리를 들어서 뭔가 찝찝하고, 이 집에서 생활하는 것이 갑자기 불안하고 불편해졌다면, 이렇게 해보길 권한다. 대대적으로 집 청소를 해서 버릴 것들은 과감히 버리고, 가구 배치를 바꾸고, 집안 정렬을 새롭게 하면, 이사한 것과 유사한 효과를 얻을 수 있다.

이로써 새롭고 좋은 운을 맞이하기 위한 방법, 원하는 운으로 바꾸기 위한 가장 흔한 처방을 몇 가지로 살펴봤다. 각자 자신의 상황에 맞게 판단하되, 억지로 무리해서는 일만 더 꼬인다는 점을 잊지 말자.

지금까지 운을 바꾸기 위한 준비 단계였다면, 이제부터는 적극적으로 운을 바꾸러 가보자.

• 돈 안 드는 셀프 살풀이 방법 •

살(殺, 煞)이라는 뜻은, '죽이다'라는 의미이다.
죽을 만큼 나를 고통스럽게 한다는 것인데, 사주팔자가 만들어질 때 글자의 작용으로 살이 정해진다. 하지만 살은 종류만도 수백 가지이고, 살을 적용하는 기준도 차이가 있다. 그래서 너무 맹신할 필요는 없고, 누구나 살 몇 십 개쯤은 갖고 있고, 살 중에는 좋은 살도 있기 마련이므로 가볍게 넘겨도 좋다.
하지만 어쨌든 흉살이 있으면 찜찜하게 생각되는 것은 사실이다. 그래서 흉살을 풀어주면 좋은데, 살을 푼다는 것은, 몸과 마음에 맺힌 매듭을 푸는 것과 같다. 몸과 마음에 감당할 수 있는 정도의 적당한 고통을 주고, 건강한 방법으로 그것을 해소함으로써 내 마음에 맺힌 것을 쏟아내고 풀어내는 원리이다. 평생 동안 이 살을 없애고 오히려 좋게 작용할 수 있도록, 셀프로 할 수 있는 살풀이 방법이 있다면 어떨까?

1. 힘든 운동을 꾸준히 하라 : 고행(苦行), 몸에 고통을 주어라
살이라는 것은 죽음과 같은 위험과 고통이다. 힘든 운동을 하다 보면 숨이 넘어갈 듯한 순간이 온다. 목구멍까지 숨이 차올라서 한 동작만 더 하면 죽을 것 같다. 그러한 고통을 자발적으로 기꺼이 하자는 것이다. 그래서 108배를 하면 좋고, 3000배는 당연히 더 효과가 클 것이다.
일반적으로는 그냥 운동을 하면 된다. 격한 운동을 하다 보면 몸에 멍이 들기도 하고 조금씩 다치기도 한다. 소소하게 살의 작용이 일어나기 때문에 사주에 있는 살이 긍정적으로 해소된다. 이것들을 꾸준히 하다 보면 살이 풀리는 것은 물론이고 건강해지는 덤도 얻으니, 긍정

적 보상이 따르는 정말 좋은 살풀이 방법이다. (살이 강하게 작용하면 몸이 아픈 경우가 많다. 운동을 할 수 없을 만큼 힘들더라도 한 발자국이라도 조금씩 운동을 시도해보자. 살도 풀리고 몸도 건강해지는 선순환이 시작된다.)

2. 궂은일을 솔선해서 하라 : 마음에 고통을 주어라

남들이 하지 않으려고 피하는 일을 하는 것이다. 화장실 청소나 쓰레기를 줍는 일은 누구나 하기 싫어한다. 일이 힘들다기보다는 불쾌감을 주기 때문이다. 그러한 것을 솔선해서 하는 것은 마음의 불편을 겪는 일을 나서서 하는 것이기 때문에, 마음의 살을 푸는 방법이 된다. 다른 사람을 위해 봉사활동을 한다는 생각도 좋고, 아니면 살을 푼다는 마음으로 궂은일을 나서서 하게 되면 마음의 살이 풀린다.

3. 춤을 추어라

운동과 비슷한 효과인데 감정도 같이 풀어낼 수 있으니 좋다. 다만, 술을 먹고 취해서 춤을 추는 것은 오히려 부작용이나 역효과가 날 수 있다. 맑은 정신으로 음악을 틀어놓고 땀이 날 정도로 춤을 추는 것은 긍정적 살풀이 효과가 있다.

4. 펑펑 울어라

마음에 맺힌 한을 쏟아내듯이 펑펑 소리 내어 우는 것은, 우울이나 불안, 긴장 등의 감정을 해소하고 후련해져서 맑음을 채울 수 있기에 살을 풀어내는 효과가 있다.

운을 바꾸는 단계 :

의도를 갖고 적극적으로 행동하라

한 가지 소원만 들어드립니다?

_ 선택과 집중

경북 경산에 가면 팔공산 갓바위라는 곳에, 영험하기로 소문난 부처님이 계신다. 기도터라는 곳을 찾아다녀본 사람이라면 이미 가본 경험이 있거나 들어본 적이 있을 만큼, 전국에서 가장 유명한 곳 중 하나이다. 이곳 외에도 각 시도마다 소원 성취가 잘 되기로 유명한 장소가 있다. 특히나 나와 같은 직업을 가진 사람들은, 나의 소원보다도 타인의 소원 성취를 위해 대신 방문하는 일도 많다. 조금이라도 힘을 보태면 뭐가 좋아도 좋을 것이라는, 나의 일이나 남의 일이나 할 것 없이 모두에게 좋을 것이라는 믿음으로, 궂은일은 잘 넘어가기를, 좋은 일에는 액운이 끼어들지 않고 더 좋기를 기도한다.

내가 처음 팔공산 갓바위를 방문한 것은 20대 중반 때였던 것 같다. 기도터를 잘 알기로 유명한 보살님이 처음 나에게 알려주었는데, 그곳에 가서 소원을 빌면 한 가지 소원은 무조건 들어준다는 것이었다.

그런데 소원을 하나만 빌어야 된다는데, 딱 하나는 꼭 들어주신다는데, 방문을 결심한 그날부터 나는 예상치 못한 고통에 빠지게 되었다. 도저히 한 가지 소원을 정하지 못했기 때문이다. 그날부터 팔공산 갓바위 부처님 밑에 고개를 숙이는 순간까지, 아니 하산하는 순간까지도, 나는 또렷한 한 가지 소원을 빌지 못하고 그냥 형식적인 절만 하고 내려왔다. 그리고 알게 되었다. 한 가지 소원을 정하는 그것 자체가 큰 기도의 시작이라는 것을!

일단 나는 내가 왜 한 가지 소원을 정하지 못했는지를 곰곰이 생각해보았다. 이유는 크게 두 가지였다.

첫 번째는, 그렇게 간절하게 빌어야 할 만큼 다급한 일이 없어서였다. 물론 남들에게는 내 상황이 다급해 보일지 모르겠으나, 내 성격 때문인지 그 정도로 긴급한 일이 있다는 생각이 들지 않았다. 가령, '돈을 많이 벌게 해주세요, 빚을 갚게 해주세요, 건강하게 해주세요.' 같은 소원들이 당시 나에게는 가장 급한 일이었는데, 이것들은 다 내가 해야 하는 일이지, 엎드려 소원을 빈다고 해결되는 일이 아니라는 생각이 들었기 때문이었다.

두 번째 이유는, 그 좋은 곳에까지 가서 하나만 빌려고 하니 생각나는 소원도 많고, 또 생각나는 사람은 왜 이리도 많은지!

'내가 이곳을 자주 올 수는 없을 텐데, 기왕 여기까지 왔으니 이것도 해결되면 좋겠고 저것도 해결되면 좋겠고, 이 사람도 잘되면 좋겠고 저 사람도 잘되면 좋겠고…….' 나의 욕심이 하나의 소원으로 귀결되지 않았다.

결국 나는 도대체 무엇을 빌었는지도 기억나지 않은 채, 등산만 열심히 하고 하산하게 되었다. 소원을 한 가지로 압축해서 염원을 간직하며 살아간다는 것이 큰 재능이 아닌가를 생각해본 시간이었고, 인생을 바꾸기 위해서는 '선택과 집중'이 얼마나 중요한 능력인지를 몸소 깨닫게 된 경험이었다.

이날의 경험 이후 나는 '기도'라는 행위에 대해 고민이 깊어졌다. 어린 시절 절에서 자라온 나로서는 기도라는 것이 매우 일상적인 단어였기에 사실 그 의미를 깊게 생각해본 일이 없었다. '뭐든 잘되게 해주세요 하며, 달님 보고 빌고 별님 보고 빌고, 내가 그냥 바라는 바를 비는 것이구나.' 하는 정도였다. 그런데 누군가의 인생을 의논하는 일을 업으로 삼으면서 자의든 타의든 '기도'를 열심히 해야 하는 삶을 살게 되었기에, 내가 지금 하는 '기도'가 정확히 어떤 것인지 알아야겠다는 생각을 진지하게 하게 된 것이다. 그래서 시중에 나와 있는 기도에 관한 책들을 찾기 시작했다.

기독교든 불교든, 기도란 과연 무엇인가를 좀 더 깊이 알고 싶었고, 생각보다 기도에 관한 책이 많다는 것에 놀라기도 했다.

사주 보는 사람이 '사주를 살피고 운명을 파악하고 나에게 맞는 방향을 설정하고 열심히 살아가는 것.' 그것이면 충분하지 기도는 왜 해야 하는가라고 생각할 수도 있겠다. 특히 종교가 없는 사람들에게는, 자칫 기도가 비과학적이고 맹목적인 행위로 보일 수도 있을 텐데, 이는 올바른 기도에 대한 오해이다.

올바른 기도는, 종교의 유무와는 별개의 행위이며 모두에게 반드시 필요한 행위라고 생각한다. 물론 본인들이 믿는 특정 종교의 양식에 따라 기도를 올릴 수는 있지만, 진정한 의미의 기도는 어떤 종교의 형식 없이도 바른 마음을 갖고 행하는 것이 중요하다.

여기서 바른 마음이란, 남을 해치고 나의 소원만 이루고자 함이 아니라 나의 소원이 남의 삶에도 유익한 영향을 줄 수 있도록 바라는 것이다. 어떠한 방식으로 기도를 하든지 그것은 개인의 취향이니 본인이 하기 좋은 방식을 택하면 되지만, 기도의 근본에는 반드시 필요한 조건이 있는데, 그것은 바로 '자비'의 마음이다.

자비(慈悲)

1. 남을 깊이 사랑하고 가엾게 여김, 또는 그렇게 여겨서 베푸는 혜택.

2. 중생에게 즐거움을 주고 괴로움을 없게 함.

사전을 검색하면 나오는 뜻이다. 기도의 형태가 무엇이든 자비의 마음이 기도의 시작이자 끝이다. 108배 기도, 묵주 기도, 찬양, 찬송, 염불, 주문, 그 어떤 기도도 좋다. 생전 기도를 해본 적이 없어서 어떻게 하는지 잘 모르거나 기도라는 것에 약간이라도 거부감이 있다면, 봉사활동이나 기부를 하는 것 역시 또 다른 형태의 기도라고 할 수 있겠다. 자비의 마음이기 때문이다.

그렇다면 자비의 마음을 담은 올바른 기도는 어떻게 운을 바꾸게 되는 걸까? 나의 꿈은 의사인데, 공부는 안 하고 자비의 마음을 담아 기도와 봉사활동만 하면 수능 성적을 보장해준다는 말인가? 당연히 그럴 리는 없다. 자비의 마음을 가지고 하는 진실한 기도는 성적을 올려주는 것이 아니라, 나의 내면에서부터 선한 에너지 파장을 만들어서 나와 내 주변을 변화시킨다. 그렇게 선한 파장이 커지고 확장되어, 소원 성취가 아닌 소원 성취를 가능하게끔 도와주는 좋은 선생님, 멘토, 친구와 같은 '좋은 만남'을 만들어주는 것이다.

우리가 사는 이 세상에, 만남 없이 되는 일은 아무것도 없다. 하지만 만남이라는 것은, 나를 기쁘게 하고 성장시키는 좋은 만남도 있고, 나를 힘들게 하고 때로는 내 인생을 송두리째 망가뜨리는 나쁜 만남도 있다. 이러한 만남들을 내가 다 선택해서 고를 수 있는 것이 아니기에 노력한다고 되는 영역도 아니다. 어느 정도는 노력으로 가능할 수 있겠지만, 만남과 인연이 온전히 노력만으로 가능하다면 세상에 못 만날 인연이 어디 있고, 피하지 못할 인연이 어디 있겠는가. '나는 월드스타 OOO와 만나 결혼하고야 말겠다!' 하면서 혼자서 뼈를 깎는 노력을 기울인다고 해서 만날 수 있는가 말이다. 설령 만났다고 하더라도 결혼까지 하는 데는 '인연'이라는 또 다른 요소가 필요하다. 노력이 닿을 수 있는 한계라는 것이 존재하기에, 내가 어찌할 수 없고 알 수 없는 영역이다. 이러한 미지의 영역을 내 삶으로 이끌어, 나의 소원을 이루게 해줄 바로 그 '좋은 인연'을 연결해주는 것이 바로 '기도의 힘'인 것이다.

아직도 좋은 장소에 가면, 여전히 나는 한 가지 소원만을 빌지 못하고 욕심 가득한 속내를 들키고야 만다. 하지만 기도라는 행위를 통해 '좋은 마음'을 발산하는 그 순간만큼은, 써도 써도 줄지 않는 '좋은 마음'을 가진 내가 정말 부자라는 생각이 들고 그런 충만한 경험을 하게 되기에, 어느 순간 소원 성취의 기도가 덜 중요하게 느껴진다.

자비의 마음을 품고 기도하는 삶이 일상이 된다면, 우리는 아무리 나눠도 줄지 않는 그런 화수분을 가진 마음부자가 되는 마법을 매일 경험하게 될 것이고, 이러한 마법은 내 삶을 매순간 충만하게 만들어줄 것이니, 이것이야말로 올바른 기도의 힘이 아닐까? 막연히 절대자에게 원하는 것을 달라고 '떼쓰는' 행위가 아닌, 삶의 일부로써 우리가 기도를 이해하고 실천한다면, 불안을 안고 살아가는 우리에게 평생 든든하게 기댈 곳이 생기게 될 테니 말이다.

인간의 욕망은 끝이 없다. 그렇기 때문에 누군가 한 가지 소원을 정할 수 있다는 것 자체만으로도 존경의 마음을 보낸다. 그렇게 한 가지 소원을 정할 수 있는 깨끗한 마음이 기도의 준비이고, 그 바탕 위에 자비의 마음을 담아 기도해보자.

당장 특별한 소원이 없거나 나처럼 욕심이 많아서 한 가지만 빌 수 없다면, 그냥 자비의 마음으로 하루하루 살아보자. 어느 정도 시간이 지나면 주변의 인연들이 많이 달라져 있음을 느끼게 될 것이고, 그 선한 인연들은 나를 도울 것이다. 그 시간은 1년이 될 수도, 3년이 될 수도, 10년이 될 수도 있다. 나는 8, 9년 정도 걸린 것 같다. 시기는 사람의 상황에 따라 차이가 있겠지만, 반드시 하나, 둘 소원이 이루어지고, 내 주변이 좋은 인연들로 바뀌어 가고, 내 운명이 변화하고 있음을 느낄 때가 올 것이다.

매일 하루를 시작하기 전에 점을 치자

_ 힘을 빼는 시작

매일 아침 일어나면 이불부터 정리해야 성공한다는 책을 읽은 적이 있다. 그때는 '그냥 그럴 수도 있겠다' 정도의 느낌이었는데, 이것이 생각보다 어려운 일이라는 것을 깨닫는 데는 그리 오랜 시간이 걸리지 않았다. 이 아무것도 아닌 일을 지속적으로 하는 것이 힘들다니! 참으로 자괴감이 들기도 한다.

이불을 개든, 무엇을 하든, 하루의 신호탄을 규칙적으로 만들어서 뇌에 일관된 신호를 보내는 것은 매우 중요한 일임에 틀림없다. 매일 아침의 이불 정리(침대 정리)는 사소한 행동이지만 뇌는 뿌듯함과 성취감을 맛보게 되고, 크든 작든 성취를 맛본 뇌는 침대 정리를 성공과 연결시켜 우리의 하루를 성공에서 출발하도록 만들기 때문이다. 즉 사소한 매일의 신호탄을 뇌가 성공과 연결하게 만드는 것이 중요하다는 내용이었다.

그런데 나의 엄마는 칠십 평생을 자고 일어나면 본인 이불은 물론이고, 온 식구의 이불을 정리하셨는데 왜 백만장자가 되지 못했을까? 그건 우리 어머니들이 평생 해왔던 이부자리 정리가 뿌듯함과 성취감의 행동이 아니라 그냥 해내야 하는 집안일 중 하나였고, 지긋지긋하고 고단한 하루가 시작되었음을 알리는 일이었기 때문일 것이다. 즉, 어떤 행동이든, 매일 아침 일어나 내가 하는 특정한 행동이 나의 뇌에 어떤 신호가 되는지를 미리 생각하고 행동해야 원하는 효과를 볼 수 있는 것이다.

뇌가 이런 신호들을 긍정적으로 여기는 것이 반복되면 좋은 결과를 가져올 것이라고 나도 믿는다. 하지만 내가 지금부터 하고자 하는 얘기는, 작은 습관적 행동을 통한 긍정적 정보의 입력과 성공적 결과의 출력에 관한 부분이라기보다는, '나의 하루를 어떻게 경영할 것인가?'에 관한 이야기이다. 즉, '무엇'에 관한 이야기가 아닌, '어떻게'에 대한 이야기라 하겠다.

이순신 장군의 《난중일기(亂中日記)》에는 '주역점'을 치는 내용이 자주 나온다고 한다. 《난중일기》 원본을 읽어보지는 못했으나, 이순신 장군이 임진왜란 중에 건강, 날씨, 관련된 인물 등 다양한 주제에 관해 주역점을 보았던 그 내용을 찾아 읽은 적이 있다. 막중한 책임의 자리에 있는 상황에서 매사를 결정함에 있어

신중하고자 하는 조심스러운 마음으로 했던 일이었을 것이다. 즉 남의 점을 봐주면서 이렇다 저렇다 판단하는 것이 아니라, 겸손한 마음으로 나와 관련한 일을 하늘에 물어 내가 취할 바를 알고자 했음인 것이다.

예전에 어떤 방송 프로그램에서 매일 점을 보는 사람에 관한 내용을 본 적이 있다. 연회원을 끊어놓고 매일 상담실을 찾아서 오늘 살필 일, 조심할 일, 오늘 행운의 색깔 등을 매일 확인하는 분이었다. 실제로 내 고객 중에도 매일까지는 아니지만 아주 빈번하게 사주를 보시는 분들이 많이 있다. 그분들께 나는 "제 목표는 본인 스스로 본인 사주를 잘 알게 되어서 저를 찾아오지 않도록 만들어드리는 것입니다."라고 웃으며 말한다. 그래서 운세를 말해주기보다는 사주에 대해 계속 설명해준다.

"서당 개 삼 년이면 풍월을 읊는다."는 말처럼 사주의 원리를 계속 설명하다 보면 손님들 중에는 어느 순간 반무당의 경지에 오르는 분들도 있는데, 그쯤 되면 사주 공부를 해보라고 적극 권유해드린다.

자, 일단 이불을 정리하면 성공한다 했으니, 우선 아침에 일어나서 기쁜 마음으로 이불을 정리해보자. 그렇게 정리된 나의 침대를 보며 뿌듯함을 느끼고 스스로에게 칭찬을 아끼지 말자. 그렇게 좋은 기분으로 하루의 준비를 마친 후 5분 내지 10분 정도의 시간 여유가 있다면, 오늘 하루를 한번 예측해보면 어떨까?

타로카드를 배운 적이 있는 분들은 책상이나 방바닥에 앉아서 깨끗한 천을 깔고 타로카드를 뽑아본다. 주역을 배우신 분들은 오늘 하루를 생각하며 같은 방식으로 괘를 뽑는다. 사주명리를 배우신 분들은 나의 사주를 펼쳐놓고 오늘 하루를 살펴본다. 어떤 방식으로든 오늘 하루를 살펴보는데, 이때 주의해야 할 점은 '무엇'이 아니라 '어떻게'에 초점을 맞추어야 한다는 것이다.

집에 맑은 소리를 내는 종, 띵샤, 싱잉볼 등이 있다면 소리를 내어 듣는 것이 좋다. 요즘은 핸드폰 어플로도 이 소리를 들을 수 있으니 좋은 파장을 내는 맑은 소리와 함께해보자. 그렇게 해서 내 눈앞에 나타난 카드나 괘상이나 사주팔자 간지의 이미지를 가만히 살펴보는데, 그것을 보면서 '오늘은 돈이 되는 날이겠네?'와 같은 생각을 하는 것이 아니라, '오늘은 돈과 관련된 일들이 나의 주변에 많이 일어날 것만 같은데, 그러면 나는 이 부분을 어떻게 다루어야 할까?'라는 생각으로 이미지 결과를 살펴보는 것이다. 즉, 답을 적극적으로 찾는 것이 아니라 그냥 방법을 궁리하는 시늉을 한번 내보자는 말이다.

거기에서 조금 더 나아갈 수 있다면, 앉은 그 자리에서 잠시 눈을 감고 온몸에 힘을 빼고 자세를 정리해서 편안하게 만든 다음, 들숨과 날숨의 깊은 호흡을 해보자. 우리가 다 아는 '명상'을 해보자는 것이다. 원래 명상은 생각마저도 비우는 것이지만, 우리는 조금 전에 얻은 결과의 이미지(타로, 주역괘, 간지)를 마음에 품고 잠시 명상을 하는 것이다.

오늘 하루 내가 경험하게 될 다양한 일과 속에서 나는 어떠한 태도를 취하며 하루를 경영해나갈 것인가를 생각하며, 그 환경이 나에게 유리해 보이는 이미지이든 불리해 보이는 이미지이든 그 이미지의 길흉('무엇')에 주목하지 말고, 이 이미지가 오늘 나에게 나타나게 된 그 인연을 생각하며 '어떻게'에만 집중해보는 것이다.

모든 일어나는 일은 인연에 의한 것이니 좋아 보이는 일이든, 안 좋아 보이는 일이든 다 내 눈앞에 나타나게 되는 이유가 있음을 생각하고 명상을 해보자. 명상이 잘 되었다면 눈을 떴을 때 차분하면서도 뭔가 멍하기도 하고 개운하기도 한 맑은 느낌이 들 것이다. 컨디션에 따라서는 약간의 두통을 느끼게 될 수도 있으나, 잠시 간단하게 했으므로 곧 사라지니 걱정하지 않아도 된다.

'그래서 하루를 어떻게 살라는 건데? 도통 아무것도 모르겠네. 그래서 오늘 내 하루가 좋다는 거야, 안 좋다는 거야!' 이런 생각이 들 수도 있지만 이런 것에 연연하지 말고, 그냥 '아, 오늘 하루는 이런 그림, 이런 괘상, 이런 글씨가 인연이 되는 하루이구나. 잘 모르지만 내가 오늘 하루를 잘 경험할 수 있도록 뭔가 잘되었을 것이다. 모르지만, 잘되었을 것이다.' 그렇게 믿고 하루를 시작하면 된다.

특히, 하루의 시작을 '힘을 주는 시작'이 아니라 '힘을 빼는 시작'을 하자는 것이 내가 권하는 바이다.

매일 아침 점을 쳐서, 오늘은 사고수가 있으니 어디를 가지 말고, 5분 일찍 출발해서 신호등은 몇 번째에 건너고 …, 이런 계획을 세우자는 것이 아니다. 오늘 만약 사고를 암시하는 느낌의 이미지를 받았다면, 내가 아직 다 파악하지 못한 '깊은 나'에게 모든 것을 맡기고, '이런 이미지와 오늘 내가 인연이 된 하루라면, 이 하루를 잘 살아갈 수 있게 해줘.'하고 깊은 곳에 있는 나 자신을 믿고 맡겨버리고 그냥 잊고 살아가자는 의미이다.

내가 나를 믿지 못하고 내가 아는 한정된 정보와 경험으로 무언가를 자꾸 하려고 하지 말고, 하루의 시작을 힘을 뺀 후 '깊은 나'에게 맡기고, 나는 이불을 정리한 후의 그 뿌듯한 성취감과 즐겁고 가벼운 마음으로 하루를 편안하게 지내려 하면 정말 편안하고 가벼운 하루를 느끼게 될 것이다. 만약 그날 당장은 그런 느낌이 없더라도 얼마간의 시간이 지나고 나면 매우 편안하게 하루를 살고 있는 자신을 발견하게 될 것이다.

'생생하게 상상하면 이루어진다'며 눈을 감고 앉아서 최고급 스포츠카의 핸들을 실제로 만지고 있다고 상상하는 그런 시각화가 아닌, 오히려 완전 반대로 '알아서 하소서'의 내맡김을 말하는 것이다. '생생한 시각화'가 가짜라는 것이 아니라, 시각화를 제대로 하려면 '믿음'이 필요한데 이 믿음은 불안한 마음속에서는 온전히 만들어지지 않기 때문이다. 공부해야 할 학생이 책상에 앉아 전교 1등 하는 자신의 모습을 간절하고 생생하게 시각화한다고 해서 전교 1등이 된다고 생각하는 사람은 없을 것이다. 최고급 스포츠카의 주인이 되고 싶다면, 차를 살 돈을 벌어야지 상상 속에서 고급 가죽 시트의 냄새를 맡는다고 해서 차가 눈앞에 나타나지는 않을 테니까.

매일 아침 눈을 뜨면 뿌듯한 성취감을 느낄 수 있는 작은 습관 하나를 만들어보자. 이불을 정리하든, 스트레칭을 하든, 화분에 물을 주든, 본인을 만족스럽게 하는 습관 하나를 행하고, 편안하게 앉아서 내 하루를 점쳐보자. 그리고 '깊은 나'에게 점괘에 나온 하루를 내맡겨버리고 그저 편안하고 뿌듯하게 하루를 살아보자.

하루가 달라지기 시작하면, 일주일, 한 달, 일 년 후, 오랜만에 만난 친구로부터 "너 어딘가 달라졌다."라는 반가운 말을 듣는 날이 올 것이다. 그렇게 삼 년, 오 년, 십 년 …, 나의 평생이 달라질 것이다. 하루가 모여서 평생이 되는 것이니까.

굿을 하면 해결될까요?

_ 오늘 변하지 않으면 내일도 똑같다

살다 보면 누구나 '절대자'의 힘을 빌리고 싶을 때가 있다. 나는 늘 그렇다. 매순간 '내가 슈퍼히어로나 전지전능한 절대자의 힘이 있다면 얼마나 좋을까?' 하는 그런 꿈을 꿔보지만, 내 두 발은 여전히 땅에 붙어 있고 보통 사람만큼의 능력을 가진 채 살고 있다.

그래도 혹시나 '소림'이라는 사람에게 그런 절대자 비슷한 능력이 있을지도 모른다는 기대(?)를 갖고 나를 찾는 분들이 있다. 가벼운 마음으로 오시는 분들도 있지만, 정말로 갈 길을 잃고 헤매고 있는 중에 뭔가 신묘한 힘을 가진, 답을 아는 사람이길 기대하고 나를 찾는 분도 있을 것이다. 나는 정말로 이분들의 민원을 다 해결해드리고 싶다. 정말 다 해주고 싶은데, 내 몸은 공중부양 하나 하지 못하니 참으로 답답하다.

아버지가 말기암을 선고받고 병원에 입원해 계실 때 가깝게 지내던 무속인 언니가 굿을 하자고 했었다. 무속인의 사명감으로 당연히 굿을 통해 친한 동생 아버지를 살려보자는 그 마음은 충분히 이해했지만, 나는 굿을 하지 않았다. 기적을 바라기에는 이미 아버지의 객관적인 상황은 가능성이 거의 없었기 때문에 의사의 판단을 따르기로 했고, 우리도 이별을 준비하는 시간을 갖는 데 집중하기로 했다. 무속인 언니는 아쉬워했지만 나는 지금도 그때의 결정에 후회가 없다.

그런데 상담을 오는 분들의 경우에는 내가 내 일처럼 이렇게 단호하게 말씀드리기가 오히려 어렵다. 그분들의 간절한 마음이 굿이라도 하고 싶어 한다는 것을 잘 알기 때문에, 내가 하는 것도 아닌 일을 하라 마라 하는 것이 쉽지가 않다. 그럼에도 나는 내 소신을 말씀드리기는 하는데, 그 이유는 내가 굿을 많이 해보았기 때문이기도 하다. 그리고 여러 복잡한 사정으로 나 역시도 삼각산 자락의 어느 굿당에서 내림굿을 받았던 경험이 있기 때문이다.

그런데 사람들은 왜 이런 것을 믿으려고 하는 것일까? 정말 이러한 것들의 효과를 믿기 때문일까? 아니면 나쁜 사람들의 상술에 넘어가서일까? 심리적으로 의지하고 마음의 위안을 얻기 위해서라고 하기에는 비용이 상식적이 않은 경우가 많다.

하루 10시간 이상 집중해서 공부하는 것이 합격의 지름길이라는 것을 안다고 해도, 그 방법보다는 큰 비용을 지불하더라도 합격하는 비법만 있다면 부적도 쓰고 굿도 하고 싶은 것이 사람의 본능적인 마음일 것이다. 될지 안 될지도 모르는 결과를 놓고, 내 인생의 모든 노력을 기울이는 것보다는, 비용을 치르고 나 자신이 아닌 외부에 칼자루를 넘겨주는 것이 여러 가지 면에서 마음을 쉬게 해줄 수 있기 때문이다.

'삼천만 원을 주고 합격굿을 했으니 이제 열심히 공부를 해보자.' 하며 돈이 아까워서라도 공부할 마음을 먹을 수도 있고, 또 그랬음에도 불구하고 혹시 불합격한다면, 굿이 뭔가 잘못되었기 때문이라는 핑계를 댈 수도 있을 것이다. 이번 달 영업을 성사시켜줄 고객 10명을 만나기 위해 열심히 밖으로 돌아다니기보다는, 굿을 하고 어디선가 일당백의 영업 실적을 올려줄 귀인 한 명이 기적처럼 나타나기를 기다리는 것이 심신이 덜 고단하기도 하고, 혹여 그런 일이 생기지 않으면 "속았다!"라며 남 탓을 해볼 수도 있을 것이다.

돈이 어느 정도 여유가 있는 사람이어야, 노력하는 것보다 비용을 치르고 절대자에게 칼자루를 맡기는 것이 심신이 덜 고단할까? 또 외부에 의지해서라도 더 열심히 노력할 수만 있다면, 굿이나 비방을 하는 것이 꼭 나쁘다고 말할 수 있을까? 그런데 문제는, 그런 것에 매달리는 사람들 대부분이 '궁지에 몰린, 경제적으로 매우 어려운 사람'이라는 것이다.

예전에 "아무리 돈이 없어도 굿할 돈은 생긴다."라고 말하는 무속인을 본 적이 있다. 원래 굿은 신이 하는 일이니 그 돈은 어떻게든 빌려지니까 돈을 빌려서 굿을 하라는 것이다.(요즘은 카드 결제도 된다고 하니…….) 아무리 지금 형편이 어려워도 마음만 먹으면 굿값은 마련되고, 그렇게 빚을 내어 굿을 하면 굿값으로 치른 비용보다 더 큰돈이 들어온다고 믿고 하는 것이 이 일이다.

하루는 내가 한 무속인에게 좀 따져 물은 적이 있다. "세상에 어떤 조상님이나 신이, 돈이 없어서 신용불량자가 되기 직전인 사람에게 돈을 빌려와서 굿을 하면 더 큰돈을 벌게 해준다고 합니까? 그게 말이 좀 안 되는 거 아닌가요?"라고 따진 것이었다. 내가 조상이라면 먼저 하는 일이 잘되게 해주고, 돈을 벌어주고, 그러고 남는 돈으로 굿을 하라고 할 것 같은데, 왜 그런 거냐고 정말 궁금해서 물었던 것인데, 그런 말을 하는 내가 건방지다며 매우 불쾌해했다. 아무리 형편이 어려워도 진정으로 조상님을 믿고 신을 믿으면, 반드시 소원을 들어줄 것이라 믿고 하는 일인데, 빚을 내는 것이 뭐가 문제냐 하는 답이 돌아왔다. 내가 믿음이 부족한 것인지……. 이렇게 의심 많고 믿음이 부족한 나는, 어쩌면 신의 세계에서는 참으로 밉상일지도 모르겠다.

내가 어떻게 하면 시험에 합격할까? 어떻게 하면 영업왕이 될 수 있을까? 어떻게 하면 다이어트에 성공할 수 있을까?

사실 우리는 이 모든 소망을 이룰 방법을 이성적으로, 이론적으로는 너무나도 잘 안다. 하지만 이 방법을 꾸준히 실천하기가 어렵고, 힘이 드니까 하기 싫기도 하고, 방법이야 다 알지만 실천해본들 작심삼일이 되고야 말 것을 스스로 잘 알기 때문에 알면서도 못 한다.

상담을 하다 보면, 본인이 무엇을 어떻게 해야 하는지 대부분 그 누구보다 본인 스스로가 잘 알고 있다. 사주를 볼 필요도 없이 다 안다. 그런데 아는 것과는 다르게 그러한 마음이 잘 안 잡히는 것이다. 공부를 해야 하는 줄은 아는데 실천이 잘 안 되고, 그 남자 잊어야 하는 것도 아는데 마음이 그게 잘 안 되고. 그렇게 나약한 나지만, 몇 백만 원, 몇 천만 원만 내면 내 마음이 좋게 변해서 내 바람을 성취시켜주는 묘약이 있다면, 누구든 기대고 싶지 않을까.

하지만 반드시 명심해야 할 것은, 내 삶은 내가 주인공이라는 것이다. 어제의 나도 나 자신이 만들었고, 오늘의 나, 내일의 나도 내가 만들어가는 것이 진리임을 믿자. 그런 믿음 하에 내가 내 삶을 만들어가는데, 중간에 너무 힘들어서 위로와 응원과 지지가 필요한 상황이어서 조상님, 절대자 등 그 무엇의 힘도 다 끌어당겨서 쓰고 싶다면, 지금 가능한 범위 내의 비용만 지불하고 해볼 수 있겠다.

굿은 한 편의 심리치유극과 유사한 측면이 있다. 굿판을 오래 지켜보면 한 편의 굿 안에 우리 가족의 모든 삶이 다 녹아든다. 돌아가신 어머니와 만나서 맺힌 응어리를 풀기도 하고, 먼저 보낸 자식과 만나 못 다한 마음을 전하기도 하며, 절대자에게 엎드려 나만 알고 있는 잘못을 속죄할 수도 있다. 아주 강력하고 격정적인 심리적 파장을 일으키기에 응어리를 다 토해내고 나를 정화시켜 새출발하는 힘을 얻는 효과를 낼 수 있다. 정말로 돌아가신 어머니가 오신 것인지가 중요하기보다는 어머니라고 믿는 그분과 나누는 대화에서 내 안에 곪은 상처가 터져 나오고 새살이 돋아나기를 기대할 수 있다. 본인은 정말로 돌아가신 어머니와 진심 어린 대화를 나누었다고 믿는 신묘한 경험을 했기에, 그것은 매우 강력한 치유 효과가 있는 것이다.

여기서 일어난 치유의 힘은 앞으로의 삶을 살아가는 데에 큰 원동력이 된다. 이러한 정화가 필요하면서 적당한 비용을 지불할 수 있는 금전적인 여유가 있는 사람이 이런 방법을 통해 도움을 얻고자 한다면 굳이 반대하지 않는다.

하지만, 재차 강조하지만, 결국 움직이고 행동하는 사람은 '나 자신'이지 보이지 않는 그 누군가가 아니라는 것을 잊어서는 안 된다. 너무 어렵고 힘들어서 나 스스로를 가꾸지 못하고 내 습관을 수정하지 못한 채, 굿값을 치렀으니 다 잘될 것이라는 생각으로 어제와 같은 오늘을 산다면, 내일도 오늘과 같지 않을까?

착하게 살지 말아라?

_ 바른 삶, 팔정도

나의 최고령 손님 어르신에게서 올해도 연락이 왔다. 얼마나 반가운 연락인지 일정을 잡아서 찾아뵈었다. 그런데 이번에는 어쩐 일인지 어르신께서 삶에 대한 말씀을 길게 해주셨는데, 정말 감동적인 내용들이었다. 필력이 부족하여 일부분밖에 공유할 수 없어 매우 아쉽지만, 나에게는 정말 값지고 귀한 시간이었다. 100세 가까이 살면서 성공을 이룬 어르신은, 대한민국 근현대사의 살아 있는 역사책이었다.

"내가 초등학교 때 해방이 되었는데……."로 시작된 어르신의 이야기는, 비현실처럼 느껴지는 한 편의 역사 다큐멘터리를 보는 느낌이 들었는데, '내가 지금 이렇게 편하게 사는 데에 주역 역할을 해온 이런 분들과 내가 같은 세상을 살아가고 있었구나!'를 느낀 고마운 시간이기도 했다.

어르신께서 들려주신 많은 말씀 중 인상 깊었던 내용 하나는, "살아간다는 것은 참 무섭고도 무서운 일이다. 내가 의도해서 되는 일이 아니다."라는 말씀이었다.

해방 이후 고향을 떠나 서울에서 취업을 위한 교육을 받은 후 첫 직장에 발령을 받았는데, 정확히 기억나지는 않지만 수십 명 중 5~7명 정도만 부산이라는 멀고도 먼 지방으로 발령이 났고 본인이 거기에 포함되었다고 한다. 그 대여섯 명을 제외하고는 모두 서울에서 그대로 근무하게 되었는데, 교통수단이 잘 발달되지 않았던 시절이라 부산은 정말 멀고 낯선 곳이었기에 불평 가득한 마음으로 출근했었다고 하셨다.

그런데 첫 월급을 타기로 되어 있던 1950년 6월 25일. 한국전쟁이 터졌고, 서울에서 근무하던 동기들 대부분은 생존하지 못했으며, 최남단 부산에 머물렀던 사람들은 목숨을 건졌던 것이다. 그렇게 전쟁 내내 부산에서 탈 없이 살아남았고 서울 수복 이후 다시 서울로 발령받아 지금까지 서울에서 사셨다고 한다.

이 외에도 백년 가까이 살아오신 삶 속에는 정말 드라마틱한 일도 많았는데, 그때 당시는 그런 자각이 없었고 지금 와서 살아온 날을 뒤돌아보니, 삶은 기적이고 알 수 없으며, 그래서 참으로 무섭다고 하셨다. 그러면서, 이렇게 일 년에 한 번 운수를 보는 것도 이것을 다 믿어서 그대로 하겠다는 것이 아니라, 인생은 정말 한 치 앞도 알 수 없고 내 의지대로 다 되는 것이 아님을 알기에 큰 틀에서 전반적인 흐름을 보기 위해서라고 말씀하셨다.

본인이 지금 살고 싶어서 사는 것이 아니며, 배가 고프고 싶어서 고픈 것도 아니고, 모든 것은 때가 되면 배가 고프고 밥을 먹게 되어 있고, 움직이게 되어 있고, 살아가게 되어 있기에, 살게 되는 것이라고 하셨다. 그러면서 나쁜 길에 빠져서 헤어 나오지 못하는 사람들도 최초부터 아주 나쁜 의도로 작심을 하고 그런 일을 저지르는 것이 아니라, 본인도 의식하지 못한 어느 틈에 어느 한 생각이나 행동이 그런 나쁜 짓을 하도록 부추겨, 하필 그 순간에 그런 마음이 확 들어서 나쁜 행동을 해버리는 것이기에, 그런 사람들을 보면 참 불쌍하다는 생각이 든다고도 하셨다.

"어르신의 삶은 제가 보기엔 참 부러운 인생인데 그런 어르신께서도 삶이 그렇게 무섭다는 생각이 드십니까?" 하고 재차 여쭤보니, "그럼 무섭지. 참 무섭지. 후회되는 것도 많고 부끄러운 것도 많지. 그래서 착하게 살아야 해. 정말 착하게 살아야 해. 살아보니 반드시 대가가 있고 당장은 아니라도 언젠가 반드시 그 대가를 치르게 되어 있어. 그래서 너무 무서운 거야."라고 말씀해주셨다.

그러면서 "그 모든 것을 행하는 자가 신(神)인지, 운명(運命)인지, 팔자(八字)인지 무엇인지는 모르겠지만, 정말 신기해. 무언가가 있어. 그렇지 않고서야 이 세상이, 이 우주가 이렇게 딱딱 돌아갈 수가 없는 것이거든. 허허." 하시며 멋쩍게 웃으셨다.

해방과 전쟁과 눈부신 산업 발전과 민주화와 경제 위기와 전염병 등을 모두 겪으면서 성공적으로 잘 살아오셨다고 평가받는 분, 자신은 언제 죽을지 모른다며 장례식 비용이며 사찰의 49재 비용은 물론 언제 떠나도 아무런 문제가 없도록 한 세상 마무리까지 완벽하게 준비해놓은 94세 어르신께서 한 마디로 축약한 문장.

'삶은 무섭게 정확하게 돌아가고 있으니 착하게 살아야 한다.'

나는 집에 와서 가족들에게 어르신을 만나서 들었던 이야기들을 해주었고, 다시 한 번 삶을 어떤 태도로 살아야 하는지에 대해 깊게 생각하게 되었다. 내가 상담을 해드린 것이 아니라 오히려 큰 가르침을 받은 정말로 감사한 시간이었다.

'착하게 살아라.'

너무 흔해서 별 감동도 주지 못하는 이 말을 나는 다시 평생 새기며 살기로 했다.

그렇다면 어떻게 살아야 착하게 사는 것일까? 말로 뭐라고 표현하려면 어렵지만, 보통 내 욕심만 채우려하지 않고 남을 생각하고 돕고 사는 삶을 생각할 것이고, 누구나 희망하는 삶일 것이다. "저는 못되게, 악하게 살고 싶습니다."라고 소원을 말하는 사람은 없을 테니까.

하지만 살다 보면 마음에 독을 품고, 이에 악을 물고 살아야겠노라 결심하는 순간들도 있기 마련이다. 특히, 돈이든 사람이든 무엇이든, 믿었던 누군가에게 뒤통수를 맞으면 이런 마음이 든다. '여자가 한을 품어 오뉴월에 서리가 내리듯' 독해지는 순간이 있다. 그럴 때는 착하게 살고 싶은 마음이 싹 사라진다.

게다가 누군가는 꼭 "야! 다 바보같이 살아서 당하는 거야. 착하게 살아서 그래. 착하게 살면 안 돼."라고 말한다. 그런 말을 들으면, '그래, 지금부터 좀 독하게 살아볼까? 악하게 살아볼까?' 하는 마음이 들다가도, 결국 그런 마음을 품으면 가장 먼저 피해를 입는 것은 나 자신이라는 것을 알기에 그런 생각을 멈춘다. 독을 품으면 결국은 어떻게든 나도 그 독을 마시게 되는 것이니까.

너무나도 마음이 힘들던 어느 날, 《법구경(法句經)》이라는 책에서 글귀 하나를 보게 되었다. 그 글귀는 지금도 내 자동차 룸미러 아래에 걸려 있는데, 이 글귀를 보고서 나는 큰 해방감을 맛보았으며, 평화로움을 찾을 수 있었다. 그렇게 살다 보니 참 좋아서 분노로 잠 못 이루는 분들에게 많이 소개한 문장이다.

"원망을 마음에 품으면, 마음은 끝내 쉬지 못한다."

일이 해결되지는 않았지만 내 마음을 오랫동안 쉬게 해준 말이다. 이런 말들은 큰 힘이 되어 내가 다시 착하게 살도록 결심하게 해준다. 혹시나 여러분도 독이 든 마음을 품고 있다면, 이 문장을 보면서 일단 좀 내려놓자. 그리고 착하게 살 수 있는 방법을 찾아보자.

그런데 이쯤에서 우리는 '착하게 살기'를 다시 정의할 필요가 있다. 왜냐하면 막연히 착하다는 것은 부작용도 많기 때문이다. 삶이 힘든 사람들 중에는 "나는 그냥 착하게 살기만 했는데, 왜 이런 일이 일어나는 건가요?"라고 질문하는 분들이 많이 있다. 하지만, '착하게'라는 표현은 상당히 감정적이고, 주관적이고, 막연하기도 한 단어이다. 남들이 보기에는 그렇지 않은데 본인은 착하게 살고 있다고 생각할 수도 있고, 착하게 살았다는 것만으로 모든 사람들로부터 용서받고자 하거나, 본인은 착하게 살았으니 아무 잘못이 없고 주변이 다 나쁜 사람들이라고, 스스로 착하게 산 사람이라는 생각에 빠져 본인은 늘 피해자라고 인식하기도 하기 때문이다. 또는 착한 본인의 모습을 유지하기 위해서 주변 사람들을 오히려 희생시키고 힘들게 만드는 일도 많기 때문이다. 착한 사람도, 착한 사람 옆에 있는 사람도, 착하다는 이 단어에 갇혀 사회에서 약자로, 피해자로, 희생자로 살거나, 이 단어를 악용해서 남에게 피해를 끼치는 '가짜로 착한 사람들'은 또 얼마나 많은가? 평생 입에 달고 사는 '착하게'라는 이 말이 얼마나 많은 사람을 무기력하게, 자책하게 만들고, 나아가지 못하고 포기하게 하는가 말이다.

그래서 나는 이 막연한 단어인 '착하게 살자'가 아니라 '바르게' 사는 구체적인 방법으로 우리가 말하는 착한 삶을 다시 정의

해보고자 한다. 아마도 어르신께서 말씀하신 착하게 살라는 의미도, 이런 삶을 말씀하시는 것이라고 생각한다. 구체적인 '바른 방법'을 삶의 기준으로 삼고 산다면, 어떤 결정이나 행동을 할 때 한결같이 안전하고 유익한 선택을 함으로써 우리가 살고 싶은 '진짜로 착하게 사는 삶'을 살 수 있을 것이다.

내가 알고 있는 구체적인 바른 방법은, '팔정도(八正道), 여덟 가지의 바른 길'이다.

1. 정견(正見=바른 견해) : 바르게 알자
2. 정사유(正思惟=바른 생각) : 바르게 생각하자
3. 정어(正語=바른 말) : 바르게 말하자
4. 정업(正業=바른 행동) : 바른 행동을 하자
5. 정명(正命=바른 생활) : 바른 직업을 갖자
6. 정정진(正精進=바른 노력) : 꾸준히 노력하자
7. 정념(正念=바른 마음) : 바르게 관찰하자
8. 정정(正定=바른 정진) : 마음의 안정과 평정을 유지하자

이 글은 내가 공부했던 동국대학교의 모든 엘리베이터마다 붙어 있다.

불교의 목표가 '열반, 깨달음'이기에 팔정도는 원래 깨달음에 이르도록 해주는 수행방법인데, 이대로만 실천하면 자연스럽게

깨달음을 얻을 수 있게 된다고 한다. 저렇게 적어놓으니 간단해 보이지만, 깊이 들어가면 사실 어려운 개념이다. 그러니 깨달음이 무엇인지 잘 모르는 평범한 우리는 그저 저 여덟 가지 방법을 삶의 지침으로 삼고 꾸준히 노력해보면 어떨까? 깨달음은 비록 멀다 해도 팔정도를 실천함으로써 서서히 인격이 완성되어 갈 것이고, 우리는 점차 바르고 착한 삶을 살게 되지 않을까?

공자는 70세에 이르러, "하고 싶은 대로 해도 그것이 결코 세상의 상식, 법칙이나 예를 해치는 것이 안 되더라."는 말을 했는데, 바르게 살다 보면 우리도 이런 때를 만나지 않을까 싶다. 그리고 이렇게 삶의 지침 하나를 갖고 있는 사람은, 아무런 지침이 없는 사람과는 달리 더 든든한 마음으로 안심하며 살게 될 것이다. 꼭 내비게이션을 켜지 않아도 갖고 있다는 것만으로도 든든한 것처럼 말이다.

하루아침에 팔정도를 익숙하게 실천하기는 어렵고 되다 안 되다 하겠지만, 94세 어르신의 '착하게 살라'는 말씀을 되새기며 냉장고든, 머리맡이든, 화장실이든, 어디에든 붙여놓고 수시로 보면서 바르고 착하게 한번 살아보자.

산타할아버지를 본 적은 없지만, 산타할아버지는 다 알고 계실 테니…….

· 인격을 완성하는 불교의 '팔정도' 중 1, 3, 4, 5번째 ·

* 정견(正見 = 바른 견해)

나만의 사견을 주입 · 대입시키지 않고, 대상을 있는 그대로 보는 것. 바른 인생관, 바른 세계관, 업보와 윤회를 바르게 아는 지혜.

* 정어(正語 = 바른 말)

입으로 죄를 짓는 네 가지 언어생활을 하지 않는 것.

– 망어(妄語) : 거짓말, 망령된 말, 진실하지 못하고 허망한 말

– 기어(綺語) : 과장하는 말, 도리에 어긋나며 기이하게 꾸며낸 말

– 양설(兩舌) : 이간질하는 말

– 악구(惡口) : 악담, 저주하는 나쁜 말, 욕설

* 정업(正業 = 바른 행동)

올바른 신체적 행위. 살생, 투도, 시음의 행동을 하지 않는 것.

– 불살생(不殺生) : 자신을 포함한 살아 있는 모든 것들을 괴롭히거나 죽이지 않는 것

– 불투도(不偸盜, 도둑질) : 주어지지 아니한 것들을 강제로 탐내거나 빼앗지 않는 것

– 불사음(不邪婬) : 인륜에 어긋난 삿된 성행위, 성적인 방종을 하지 않는 것

* 정명(正命 = 바른 생활, 바른 직업)

신(身, 몸), 구(口, 입), 의(意, 마음, 생각)를 바르게 하는 생활. 이를 위해서 바른 직업을 갖고 정당한 방법으로 생계를 꾸려나가는 것.

흙수저의 복 짓기

_무재칠시

"오른손이 하는 일을 왼손이 모르게 하라."

살면서 한번쯤은 다 들어보았을 것이다. 예전에 학원을 운영할 때 함께 일했던 선생님 중 한 분이 신학대학에 다녔는데, 그 분에게《성경》책을 선물 받았고, 아직 잘 간직하며 가끔 읽어보기도 한다. 지금 찾아보니 〈신약전서〉 '마태복음' 6장, 3절~4절에, "너는 구제할 때에 오른손이 하는 것을 왼손이 모르게 하여, 네 구제함을 은밀하게 하라. 은밀한 중에 보시는 너의 아버지께서 갚으시리라."라고 적혀 있다. 전체를 찾아보니 더 감동적이어서 잠시 글쓰기를 멈추고 깊이 음미하게 된다.

그런데 이것이 생각보다 어렵다고 생각한 사람이 나뿐만은 아닐 것이다. 요즘처럼 스스로를 드러내는 자극적인 세상에서는 내 오른손 엄지손톱만 한 일도 SNS를 통해 전 세계에 실시간으로 알린다. 그렇게 알리는 행위를 통해 나의 좋은 행동이 남에게 좋은 영향을 끼칠 수 있어서 긍정적 효과도 있다. 게다가 자신의 장점과 좋은 점을 드러내고 싶은 것은 누구에게나 당연한 욕망일 텐데, 얼마나 큰 마음이면 은밀하게 선행을 할 수 있을까? 자신이 행한 잘한 일을 알리는 것이 작은 마음이라는 의미가 아니라, 그런 것을 자랑할 생각조차 않고 봉사와 선행이 그냥 일상생활이 된 분들을 보면 참으로 존경스럽다는 뜻이다.

내 주변에도 이런 분이 있었다. 처음에는 이분의 상황이 그리 어려운 줄 몰랐다. 인상도 좋고, 몸매도 후덕하고, 표정도 밝아서 여유 있는 중년 여성분이라고만 생각했다. 그때 당시 작은 김밥집을 운영하고 있다고 했는데, 처음에는 그냥 이런저런 대화를 나누고 가셨던 것 같다. 상담 온 목적이 자녀 공부에 관한 것이어서 그 주제로 얘기를 많이 나눴기에 그냥 평범한 분이라고만 생각했다. 이후 자녀의 입시가 끝나고, 이제는 본인의 이야기를 하고 싶다며 다시 찾아오셨다. 출생부터 어린 시절, 결혼 이후의 삶에 대해 쭉 말씀하시는데 정말 드라마 같았다.

결혼 이후 잘 흘러가다가 실패를 겪으면서 경제적으로 어려운 상황이 되었고, 가난은 가정의 화목을 빼앗아갔다. "가난이 문을 열고 들어오면, 사랑이 창문으로 나간다."는 말이 있듯, 가난이라는 것은 안정적인 가정을 유지하기 어렵게 만든다. 이렇게 버거운 현실에 처한 분들은 깨어 있는 것조차 괴로워 '술'로 스트레스를 푸는 사람들이 많다. 이 부부 역시도 각자 음주로 인한 문제가 있었고, 악순환이 계속되고 있었다. 그런데 나는 '저렇게 힘든 상황인데도 어떻게 저런 관상을 유지할 수 있을까?'가 계속 의문이었다. 참 알쏭달쏭하다는 의문을 남긴 채로 상담이 끝났고, 그 뒤로도 그분은 종종 나를 찾아왔다.

그러던 어느 날 나의 의문점이 드디어 해소되었다. 이분은 성당을 다니는 천주교 신자였는데, 젊어서부터 봉사활동을 많이 해왔다고 했다. 특히 장애인분들을 위해 지속적으로 봉사를 하고 있었다. 본인이 김밥과 국수를 잘 만드니 그것을 정기적으로 만들어 갖다드리고, 목욕 봉사 같은 몸으로 할 수 있는 활동을 해왔다고 했다. 그러다 형편이 어려워져 김밥집 운영이 도저히 불가능해 가게를 접어야 하는데, 일주일에 한 번 본인의 김밥을 기다리는 그분들이 눈에 아른거려서 가게 문을 닫지 못하고 있다는 것이었다.

'아! 이분은 이런 분이셨구나. 그래서 저런 얼굴을 갖고 있구나.'

게다가 이분은, "내가 형편이 좋아서 이 일을 시작한 것이 아니고, 그냥 내가 파는 김밥 만드는 김에 조금 더 싸서 갖고 가면 그렇게 맛있게 먹고, 장애가 심해서 외출이 어려운 사람들이 천원짜리 김밥 이걸 그리 좋아해요. 그래서 일주일에 한 번, 내가 너무 행복하고 감사해서 찾아가는 거예요."라고 말했다. 우리는 함께 사주를 열심히 살펴본 끝에 마음은 아프지만 김밥집은 문을 닫기로 했고, 지금은 다른 방식으로 여전히 봉사를 이어가고 있다. 이분 주변 사람들도 처음에는 이런 사실을 잘 모르다가 십 수 년간 봉사하다 보니 소리 소문 없이 선행이 알려져, 어느 해에는 지역신문에도 실렸고 이제는 모두가 다 알게 되었다. 그럼에도 당연히 이분은 변함이 없다.

자신은 비록 남을 위해 봉사하기 힘든 현실을 살고 있었지만 때로는 김밥, 때로는 목욕, 때로는 청소 등, 본인의 능력 범위 안에서 그렇게 꾸준히 해가다 보니 어느새 인생이 풀리고 있었다.

오르막길 동네에 다닥다닥 붙어 있는 방 2칸의 작은 주택에 살고 있었는데, 어느새 그 지역의 유명한 아파트를 사서 이사도 했다. 남들이 보기에는 아파트 사고, 자식 결혼해서 손주 보고 그런 것이 당연한 일일 수도 있지만, 이분의 삶에서는 그런 일들이 쉽지 않았다. 낡은 주택에 살면서 자식 하나 키우기도 빠듯한 형편인데 가장 역할을 하지 않는 남편 때문에 생계에 위협을 받고 빚도 많이 지고 삶을 포기하고 싶을 정도로 어렵게 살아가던 분이었으니 말이다.

이분을 가까이서 지켜보면서, '순수한 마음으로 복을 짓는 일'이 얼마나 위대한 일인지를 많이 느끼게 되었다. 이론적으로는 '복 지으면 좋은 일이 생긴다'라고 다들 알겠지만, 나와 같은 일을 하다 보면 정말 이런 사례를 수도 없이 접한다.

2020년에 방영된 웹툰 원작의 '쌍갑포차'라는 드라마가 있었다. 드라마에서는 '저승 시청'이라는 곳이 있었는데, 거기서 공덕보유자를 조회하면 망자들의 '공덕 레벨'을 열람할 수 있다. 인연 있는 망자 중에 가장 공덕 레벨이 높은 분의 공덕을 빌려와서 죽을 사람을 살리는 장면이 있었다. 염라대왕의 발끝까지 닿을 만큼 높은 공덕주머니는 죽을 사람도 살릴 수 있는 것이라고 하는데, 물론 믿거나 말거나 한 이야기라고 생각하고 재밌게 보면 되겠지만, 난 그렇게 믿는, '그렇다고 치자'의 사고방식을 좋아하는 사람이기 때문에 의미가 남달랐다.

공덕(功德)이라는 것이 살아서는 무형이지만, 죽어서 보면 다 기록되어 있고 그것이 살아 있는 후손들에게 유용하게 쓰일 수 있다는 발상이 나는 참으로 유쾌했다. 저승에서는 그 어떤 금은보화보다도 훔쳐서라도 가지고 싶은 것이 공덕이라서, 살아서 공덕을 쌓지 못했음을 죽어서 후회한다고 했다. 이 높은 공덕은 사람을 살릴 수도 있고, 다음 생에 환생할 때 사우디아라비아의 왕세자로 태어날 수도 있는 자산이 된다. 우리가 흔히 말하는 "전생에 나라를 구했구나."를 생각해보게 되는데, 이렇게 무형의 공덕이라는 것을 저렇게 실시간 수치로 나타낼 수만 있다면, 사람들은 주식계좌를 늘리듯 너도 나도 공덕 쌓기를 늘려가지 않을까?

이런 것을 믿지 않는 사람들조차도 내가 가진 것을 조금씩 나누는 일, 그 작은 시작이 공덕이 되어 복을 만들어낸다는 것을 은연중에 다 알고 있다. 하지만 생각보다 실천이 참 어렵다. 아프리카 아이들을 도와주고 싶지만 돈이 넉넉하지 않고, 몸으로라도 봉사활동에 참여하고 싶지만 시간이 빠듯하다. 그러면 과연 어떻게 복을 지을 것인가?

종교와 관련 없이 '보시(布施)'라는 단어를 잘 알 것이다. 일반적으로 '베푸는 일'을 말하는데, 원래는 대승불교의 수행법 중 하나로, 법시(法施), 재시(財施), 무외시(無畏施)의 세 가지로 나뉜다.

법시(法施)는 기독교에서 하나님의 말씀을 알리는 선교활동처럼, 부처님 가르침의 진리를 알려주어 깨달음의 씨앗을 심어주는 것처럼, 앎에 능력이 있는 사람이 진리를 알리는 일을 하는 것을 말한다. 재시(財施)는 조건 없이 재물을 베풀어 도움을 주는 것(남의 재물을 침해하지 않는 것도 포함), 무외시(無畏施)는 남의 두려움이나 어려움을 없애 그 마음을 편안하게 해주는 것을 말한다. 본인이 가지고 있는 것이, 진리에 대한 이해가 높은 능력이라면 법시를 베풀고, 재물의 여유가 많다면 재시를 행하고, 다른 사람의 공포심을 없애줄 수 있는 직업을 가졌거나 능력이 있는 사람이라면 무외시를 행할 수 있을 것이다.

그런데 만약 이 세 가지조차 없는, 그냥 특별할 것이 없는 우리 같은 일반인은 어찌해야 하는가? 다행히도 '무재칠시(無財七

施)'라는 것이 있다. 어떠한 사주팔자를 타고난 사람이라도, 소위 흙수저이든 금수저이든, 수저조차도 없이 태어난 사람이든, 누구나 평등하게 할 수 있는 일곱 가지의 보시를 실천하는 것인데, 처음 이것을 알게 되었을 때 얼마나 기뻤는지 모른다.

'무재칠시'를 알고 나서 가장 먼저 실천한 일이, 버스 탈 때 "안녕하세요?" 하고 인사를 한 것이었다. 기사분이 대꾸를 해주든 무뚝뚝하든 중요하지 않았다. 내가 밝은 소리로 인사하는 것이 내 기분을 좋게 했다. 즉각적으로 복을 받는 기분이었다.

물론 살다 보면 늘 기분이 좋을 수는 없고, 마음이 힘들고 괴로운데 실없이 웃어야 하나? 내가 지금 뭐하는 짓이지? 싶을 때도 있다. 하지만 무재칠시를 알게 된 이후, 나는 내 표정과 내 마음과 내 말투를 좀 더 살피게 되었고, 그것만으로도 나는 만족스럽다. 화가 나고 짜증이 날 때도 이런 생각을 하면서 좀 더 빨리 털어낼 수 있게 되었고, 힘이 났다. 오래 기다릴 것도 없이 바로 내 마음을 변화시켜주는 큰 복을 주는 행위가 바로 무재칠시였다.

내 마음을 내가 어찌할지 몰라 괴로운 나날을 보내고 있지 않은가? 지금부터 소개하는 무재칠시를 행하자. 마음이 즉시 행복해지는 복을 받는다고 보장할 수 있다. 더욱이 복을 짓는, 공덕 레벨을 높여가는 삶을 사는 방법이기도 하니 얼마나 좋은가!

·무재칠시(無財七施)·

《잡보장경(雜寶藏經)》에 나오는 무재칠시에 관한 이야기이다.

어떤 사람이 하는 일마다 풀리지 않아 석가모니를 찾아가 호소했다.

"부처님 저는 하는 일마다 제대로 되는 일이 없으니 이 무슨 까닭입니까?"

"그것은 네가 남에게 베풀지 않았기 때문이다."

"저는 아무것도 가진 게 없는 빈털털이입니다. 남에게 줄 것이 있어야 주지, 도대체 무얼 준단 말씀입니까?"

"그렇지 않다. 아무 재물(財物)이 없더라도 베풀(施)수 있는 일곱 가지는 있는 것이다."

1. 화안시(和顔施) = 온화한 얼굴

얼굴에 밝은 미소를 띠고 부드럽고 정답게 대하는 것이다. 얼굴에 환하고 기쁨 가득 찬 미소를 머금은 표정은 그 자체로도 주위 많은 사람들에게 편안함을 주는 소중한 보시가 되는 것이다.

2. 언사시(言辭施), 언시(言施) = 말

공손하고 아름다운 말로 대하는 것이니, 사랑의 말, 칭찬의 말, 격려의 말, 양보의 말, 부드러운 말 등이다.

3. 심시(心施) = 마음

착하고 어진 마음을 가지고 사람을 대하는 것이다. 이것은 우리의 자비심으로 이웃들에게 베푸는 보시행으로, 우리가 늘 따뜻하고 자비로

木 火 土 金 水

운 마음으로 사람을 대하는 것도 소중한 보시다.

4. 안시(眼施) = 눈

호의를 담아 부드럽고 편안한 눈빛으로 대하는 것을 말한다. 부드럽고 안온한 눈빛 하나로도 충분한 보시가 된다.

5. 신시(身施) = 몸

몸으로 베푸는 것으로, 남의 짐을 들어준다거나 예의 바르고 친절하게 남의 일을 돕는 것이다. 사람을 만나면 공손하고 반갑게 인사하고, 어른을 만나면 머리 숙여 인사할 줄 알고, 공손하고 예의 바른 몸가짐으로 사람들에게 훈훈한 마음을 안겨주는 보시행이다.

6. 상좌시(床座施), 좌시(座施) = 자리

다른 사람에게 자리를 내주어 양보하는 것이고, 다른 사람을 위해 자리를 비워주는 것을 말한다. 지치고 힘든 이에게 편안한 자리를 내어주는 것도 소중한 보시행인 것을 잊지 말아야 한다.

7. 방사시(房舍施) = 쉴 곳 제공

사람으로 하여금 편안하게 쉴 수 있는 공간을 제공해주는 것이다.

또는 찰시(察施) = 속을 헤아려줌

굳이 묻지 않고 상대의 속을 헤아려서 도와주는 것이다.

"네가 이 일곱 가지를 행하여 습관이 붙으면, 너에게 행운이 따를 것이다."

다시는 되돌아가지 않으려면

_ 팔자 관성 깨기

연말이면 어김없이 내 눈을 현혹하는 것이 있다. '다이어리'다.

예쁜 다이어리를 위해 12월이 다가오면 쓰디 쓴 커피를 연달아 마시기도 하고, 올해는 반드시 끝까지 다 써보리라는 각오로 다이어리를 꼭 사고야 만다. 모든 것이 스마트해진 이 시대에도 손으로 적어가면서 말이다. 하지만 안타깝게도 얼마 지나지 않아 이 다이어리는 가방을 무겁게 만드는 계륵 같은 존재로 전락한다. 그러면, 사람이 정말로 참 안 변하는구나를 실감하면서, 이렇게 변하지 않고 '한결같은', '일관성'을 지닌 좋은 사람이라고 나 자신을 토닥토닥 위로해보기도 한다.

이렇게 한결같은 일관된 사람의 성품. 참 바뀌지 않는 '나'라는 존재. 이것이 '나'라는 사람의 '사주팔자'이다. 좀 크게 확장해서 보면 '업, 카르마(karma)'로 생각해볼 수도 있다. 물론 카르마는 모든 것을 포함하기 때문에 나의 탄생을 둘러싼 내부적·외부적 환경 일체에 해당되는 것이고, 사주팔자는 나의 생년월일시에 국한된 것이니 조금 범위가 다르다고 볼 수 있지만, 벗어날 수 없는 어떤 시스템에 의해 삶이 움직이게 된다는 맥락은 같다고 볼 수 있다.

그런데 '이런 것이 정해져 있다, 내 의지와는 상관없이 그렇게 될 수밖에 없도록 다 만들어져 있다.'라고 생각하면, 내 삶이 마치 남의 손에 넘어가 있어서 내 것이라는 생각이 안 들 수도 있겠다. 하지만 앞서 3장에서 이야기한 팔자 관성으로 생각하면, 내가 나도 모르는 사이에 자꾸 원래 하던 대로, 습관대로, 팔자대로, 업보대로 그렇게 행동한다는 것이 더 주체적이고 정확한 표현이 될 것이다.

물론 그렇게 나도 모르는 사이에 그렇게 생각하고 행동할 수밖에 없게 하는 알 수 없는 그 무엇 역시도 팔자이고 업보이겠지만, 삶의 주체를 나에게 두고 생각해보면 해결책을 찾을 수도 있을 것이다.

우리는 태어날 때 유전자 정보에 의해서 검은 눈동자, 흰 피부, 곱슬머리 같은 신체적 특징이 결정된다는 것을 알고 있다. 그 외에 건강적인 부분 등, 많은 것들이 나의 DNA에 이미 다 들어 있어서 나의 의지와 무관하게 그런 특징들이 발현되는데, 태어나는 생년월일시의 네 기둥 여덟 글자, 즉 팔자(八字)를 통해 나만의 특징들이 이미 결정되어 있다는 것이다.

"독안에 숨어도 팔자는 못 피한다.", "뒤로 오는 호랑이는 속여도 앞으로 오는 팔자는 못 속인다." 같은 운명론적 표현도 있고, "사람 팔자 시간 문제", "팔자는 길들이기로 간다." 등 팔자의 변화에 대한 속담도 있는데, 대부분 팔자는 바뀌기 어렵다는 믿음이 더 많기는 하다. 이는 바꿀 수는 있지만 그만큼 어려운 일이므로 웬만하면 다 정해진 팔자대로 살더라는 것이다.

하지만 우리는 지금 그 어려운 일을 하고자 하는 것이다. 물론, 지금 본인의 팔자가 좋다면 그 팔자를 잘 유지하기 위한 일을 하면 되고, 내 팔자가 현재 마음에 들지 않는다면 심사숙고하여 원하는 팔자를 향해 그 어려운 일을 행하면 되는 것이다. 그렇게 팔자를 고치기로 결심하고, 내 팔자를 잘 연구해서 어디를 어떻게 고칠지도 다 알아냈는데, 못다 쓴 다이어리처럼 어느 날 보니 나는 또 원래 팔자대로 살고 있다면, 이 관성의 법칙을 뛰어넘을 수 있는 방법은 없을까?

원인도 알았고, 해결 방법도 알았고, 결심도 했고, 실천도 하고 있는데, 이 팔자라는 놈이 무서운 것이 자꾸 처음으로 돌아가려고 한다. 그 이유는 앞에서도 이야기했듯이, 그것이 안정감을 주기 때문이다. 이미 그렇게 세팅되어 태어났기 때문에, 팔자대로 살아가는 것이 심리적 안정감을 주는 묘한 것이기에, 바꾸려고 하면 굉장한 저항감과 불편함이 일어난다.

사람은 누구나 익숙한 것에서 편안함을 느끼는데, 이미 뇌는 길들여진 삶에 맞춰 회로가 다 짜여 있어서 변화에 대한 거부감이 부정적인 느낌이나 불안으로 나타날 수 있다. 좋은 습관 나쁜 습관이 중요한 것이 아니라, 이미 길들여진 것을 바꾸려는 것 자체를 뇌는 불안으로 느끼게 되는 것이기에, 나쁜 것을 좋게 고치려고 좋은 일을 하는데도 자꾸 불편한 마음이 들어 거부하고 싶어지는 것이다.

그렇다면 이러한 불편한 감정을 극복하고 변화가 잘 유지되도록 도와주는 방법은 없을까? 뇌의 지시에 끌려 다니지 않는 법, 카르마대로 끌려가지 않는 법, 내 운명을 원하는 방향으로 바꿀 수 있는 것, 그 열쇠는 바로 '지혜(智慧, wisdom)'이다.

우리가 습관을 고치지 못하고 운명에 이끌려 사는 것은, 의지가 박약하거나 게을러서가 아니라 어리석기 때문이다. 이 어리석음을 벗어나는 것이 '지혜'를 갖추는 것인데, 지혜라는 것은 책을 보고 노력한다고 생겨나고 유지되는 것이 아니라 '선정(禪定)' 속에서 발현되게 된다. 선정은 고요함을 의미하는데, 우리의 마음은 한시도 가만히 있지 않기 때문에 이 원숭이 같은 마음을 선정을 통해 고요히 하여 '마음의 빛'이 드러나면, 그것을 '지혜'라고 할 수 있다. 매우 심오한 불교철학을 이야기하고자 하는 것이 아니라, 우리가 운명을 벗어나서 내 인생 영화의 감독

겸 주인공이 되기 위해 우리 수준에서 활용해보는 것이니 이해를 바란다.

앞에서 아침 점(?)을 치며 하루를 시작하자는 부분에서 명상을 얘기했었는데, 운동이 몸의 근육을 키워 신체를 단단하게 해준다면, 명상은 마음의 힘을 키워준다고 생각하면 좋겠다.

공부하고 배워서 모든 것을 다 아는 것은, '이해'의 단계이다. 사주팔자를 듣거나 공부해서 알고, 내가 살아온 내 삶을 복기해보면서 나라는 사람이 어떤 패턴의 사고와 행동을 하는지 파악했다면, 이것이 이해의 단계이다.

바른 이해를 통해 앞으로의 나아갈 방향을 정했다면, 실천하면 된다. 하지만 뭔가 자꾸 타고난 흐름대로 돌아가려고 한다. 이것을 벗어나서 자유롭게 내 삶을 경영하려면 '지혜'가 필요하고, 지혜는 '선정(명상)'과 관련 있는 것이다. 명상을 통해 지혜를 기르다 보면, 본래의 어리석음으로 유턴하려고 하는 순간, 우리 마음속에 밝은 빛이 나타나 다시 또 나아가도록 도와줄 것이다.

우리 모두의 마음속에는 '빛'이 있다. 하지만 삶의 여러 굴곡 속에서 우리는 그 빛을 켜는 스위치를 아마도 잃어버렸을 것이다. 너무 오래 스위치를 잊고 살다 보니, 빛이라는 것이 존재했는지조차 까마득한 사람도 있을 것이고, 최근까지 빛이 있었던 것 같은데 언젠가부터 어두워진 사람도 있을 것이다. 이 스위치를 찾을 수만 있다면 그냥 'ON'으로 켜기만 하면 될 텐데 말이다.

쉼 없이 돌아가는 산만한 일상 속에서 잠시라도 고요한 나와 마주하는 행동(선정)은, 바로 내 마음의 스위치를 찾을 수 있도록 안내해준다. 24시간의 하루 중에 단 5분, 10분, 얼마간이라도 내 마음의 불을 켜기 위한 작업을 해보자. 어렵게 생각하지 말고, 꼭 아침이 아니어도 되고, 버스 안, 사무실 책상 앞, 길거리 등, 내가 있는 어디서든 스위치를 찾는다면, 머지않아 '내 마음의 불을 켜는 것이 이렇게도 쉬운 일이었구나', '내 마음이 이렇게도 밝았구나', '나에게 이렇게 환한 마음의 빛이 있었구나'를 금방 알게 될 것이다.

이렇게 다시 환해진 나를 만나면, 무척 반갑고 감격스럽다. 그러니 다시는 이 빛을 잃어버리지 않고, 이 빛이 점점 어두워지지 않고, 더 밝아질 수 있도록 꾸준히 스위치를 기억하고 점검하자. 그러다 어느 날 갑자기, 내 스위치를 OFF로 돌려놓는 사건이 생길지도 모른다. 때로는 나 스스로 홧김에 충동적으로 꺼버릴 수도 있고, 다른 누군가가 실수로 그럴지도 모른다. 이렇듯 다양한 이유로 갑자기 캄캄해지고 아무것도 보이지 않을 때, 어디로 가야 할지 알 수 없을 때, 그동안의 반복된 기억을 통해 익숙하게 내 마음의 스위치를 다시 켜보자. 꺼지면 또 켜고, 또 꺼지면 또 켜고……. 나에게는 스위치가 있고, 언제든 내가 켤 수 있다는 믿음이 쌓이고 쌓이면, 빛은 영원히 꺼지지 않게 될 것이다.

팔자 관성은 지혜에 의해 깨질 수 있음을 꼭 기억하자.

부산진역 교회 창문

_ 기도했으면 행동하라

사람들을 많이 만나다 보면 정말로 귀한 가르침을 많이 얻게 된다. 어려운 일들로 상담실의 문을 두드리기는 하지만, 하나씩 이야기를 풀어나가다 보면 배울 점이 많은 훌륭한 분들이 많다. 이런 분들을 가까이에서 만나고, 깊은 이야기를 나눌 수 있는 것, 이 또한 내가 가진 큰 복이라는 생각이 들어 해를 거듭할수록 감사한 마음이다. 그분들 중에서 '이분은 정말 못할 것이 없겠구나.'라고 생각하게 만든 분이 있었다.

이분은 사업을 했는데, 정기적으로 상담실을 찾아 필요한 도움을 적절히 잘 활용하는 분이었다. 역술가의 말을 수동적으로 받아들이는 것이 아니라, 본인이 적극적이고 능동적으로 재해석해 어떠한 점괘에서도 긍정의 실마리를 찾는 분이었다. 그래서인지 현재 성공한 삶을 살고 있는 것은 당연하다.

그분은, "이번 달 매출이 100개입니다."라고 점괘가 나오면 '이번 달 운이 100개까지 가능하단 말이지? 그렇다면 이렇게 요렇게 저렇게 해야겠군.' 하는 이치를 아는 분이었다. 그래서 점괘에 본인의 삶을 맞춤으로써 좋은 결과를 현실화시키려는 노력파이자 전략가였다.

만약 "이번 달은 마이너스 100개가 되겠습니다." 이런 점괘를 얻으면, 이분은 "내 것을 좀 내어놓아야 한다는 말이군." 하면서 지불할 대금은 당겨서 선납한다거나, 기부금을 내거나, 주변에 어려운 사람들에게 평소보다 더 베푼다. 그래서 이분에게는 길한 점괘, 흉한 점괘는 아무런 상관이 없고, 어떤 점괘가 나오든 본인이 행동할 바를 지혜롭게 설정해서 움직이는 분이기에, 감나무에서 감이 떨어진다는 좋은 점괘를 믿고 가만히 기다리기만 하는 사람들을 안타깝게 여기시기도 한다.

나 역시도 사실 실행력이 부족한 편이라 대체로 소극적인 삶을 추구하는데, 하루는 나의 머리에 경종을 울린 한 문구를 보게 되었다.

부산에는 부산진역이라는 오래된 역이 있는데, 버스를 타고 부산진역 앞을 지나다가 역 옆에 있는 오래된 상가 건물 하나가 보였다. 버스 차창 밖으로 보이는 오래된 상가 3층의 한 허름한 교회 창문에 붙어 있는 붓글씨가 눈에 확 들어왔다.

'기도했으면 행동하라.'

나는 그때 당시 나름대로 '기도를 참 열심히 하는 사람'이라고 생각하고 살았다. 그것도 어쩌면 일종의 우쭐함이었을 것이다. '기도는 열심히 했는데 그 이후에 나는 무엇을 했지?' 하는 생각이 버스 속도만큼 휘리릭~ 하고 지나갔다. 버스는 그렇게 그 교회 창문을 스쳐지나갔고, 이 한 문장은 나에게 많은 물음표를 던져주었음과 동시에 답을 제시해주었다.

나는 기도한 만큼 행동은 하지 않았고, 기도라는 것에 더 큰 비중을 두고 자기 만족 속에서 살았다는 것을 깨달았다.

그래서 지금은 잘 안다. 사람이 운명을 바꾸고 인생을 바꾸고 성공하는 삶을 살기 위해 가장 중요하고 반드시 필요한 능력이 바로 '실행력'이라는 것을! 나의 고객처럼 실행력이 타고나면서부터 뛰어난 분도 있고, 나처럼 조금 모자란 사람도 있고, 나보다 더 실행력이 부족한 사람들도 물론 존재한다. 이렇게 다양한 사람들이 있는 것이 당연하고 다 그렇게 각자의 삶을 살아가는 것이지만, 지금과 다른 삶을 생각한다면, 없는 실행력도 지금부터는 만들어야 하는 것이 아닐까?

세상은 갈수록 정보가 넘쳐나고 사람들은 갈수록 아는 것이 많아지는 것 같다. 머리로는 이제 모를 것이 없다. 단어만 입력하면 컴퓨터가 모든 정보를 다 찾아주고, 경제적 여유가 많은 사람들은 사소한 집안일부터 다양한 일을 다른 사람에게 대신하게 할 수도 있다.

하지만 내 인생을 바꾸고 내가 원하는 각본으로 내 인생 영화를 제작하고 싶다면, 그 누구도 대신할 수 없는 것이 바로 '행동'이다. 각본을 잘 쓰기 위해 내 인생 사주팔자도 분석해보고, MBTI도 검사해보고, 지능도 검사하고, 살아온 삶을 복기도 해보고, 주변인들에게 나에 대해 의견도 구했고, 또 바르게 살기 위한 지침도 냉장고에 붙여두었고, 복을 짓기 위한 마음도 먹었고, 버스기사님께 인사도 잘한다. 그래, 모든 준비를 다 마쳤다. 완벽하게 수정된, 마음에 쏙 드는 각본, 최고의 실력을 자랑하는 스태프 등, 모든 것이 다 갖춰져 이제 영화를 찍기만 하면 된다. 돗자리 하나를 펴고 웃는 얼굴의 돼지머리도 잘 구해서 고사상도 차렸다고 하자.

"레디~, 액션!"

이제 연기를 해야 하는 사람은 누구인가? 내가 주인공으로 연기해야 내 인생이다. 내 인생의 주도권을, 내 영화의 주인공 역할을 역술가의 사주 풀이, 도인의 미래 예언, MBTI의 분석 결과에 쥐버리기를 원하는가?

물론 수저 탓을 하며 아무것도 행동하지 못하는 경우도 있다. 눈을 떠 보니 이미 수저도 물지 못하는 집안에서 태어났다고 치자. 여기까지는 각본을 바꿀 수가 없다. 탄생 이후의 일들만 수정이 가능하므로 탄생 이전의 대본은 수정이 불가능하다. 그렇다고 해서 "이번 생은 망했노라!" 하면서 그냥 되는 대로 살 수는 없지 않은가! 지금 이 시간부터 각본을 고쳐나가야 하지 않을까?

내 인생을 한 편의 영화라고 생각하고 한 발자국만 뒤에서 인생 전체를 펼쳐놓고, 앞으로의 등장인물과 사건의 전개를 어떻게 해나갈지 결정하자. 나에게는 그럴 권한이 있다. 그러려면 우리는 '행동'해야 한다. 타고난 실행력이 부족하다면 작게 시작하자. 이불을 정리하면서 하루를 시작하는 것처럼, 사소한 일부터 해보자. 우리가 꿈을 펼치고 하루하루 살아야 하는 세계는 물질 세계, 보이는 세계이다. 이 세계는 행동이 일어나야 하는 세계라는 것을 이해하고 행동하자.

그렇다고 무턱대고 행동하면 효율성이 떨어지는 것은 당연하다. 봄에 씨앗을 뿌리고 가을에 열매를 따먹는 것이 훨씬 그 흐름에 합당한데, 지금이 봄인지 여름인지 가을인지 겨울인지 그런 것도 파악하지 않고 무조건 '실행'을 외치는 것은 무모할 뿐만 아니라 귀한 시간이 아깝게 쓰일 수도 있다. 시행착오를 덜 겪을 수만 있다면 그러는 것이 좋지 않을까? 그래서 우리는 운명을 미리 들여다보는 것이다.

비가 올지 안 올지 미리 알면, 우산을 가져갈지 말지, 운동회 날짜를 미룰지 말지 결정할 수 있으니 좋지 않은가? 일기예보가 맞지 않는 경우도 있지만, 대부분 맞는 경우가 더 많기에 우리는 매일 일기예보에 귀 기울이며 살지 않는가 말이다. 그런 마음가짐으로 나의 삶을, 나의 앞날을 열어보는 것에 대해 미신이니 아니니 하며 배척할 이유는 그다지 없어 보이지 않는가?

우선 큰 틀을 정해보자. 내 인생, 내 영화의 장르는 무엇으로 하고 싶은가? 멜로, 액션, 스릴러, 가족, 성장, 코믹 등등. 다양한 장르 중에 무엇으로 하고 싶은가 잘 생각해보자. 그리고 나에게 가장 유리한 장르가 무엇인지, 나를 분석한 다양한 자료들을 참고해서 정해보자. 그러고 난 후 그 장르의 스토리를 구상하고 주인공이 어떠한 삶을 살게 하고 싶은지를 정해서 그 배역의 연기를 잘 훈련하자. 다른 사람 영화에 들러리 서는 조연 역할보다, 내 영화에 더 많은 정성을 쏟는 것이 당연하니 대본도 외우고 열심히 연습하자. 남의 인생을 고민하고 살아주느라 열정을 다 불태우지 말자.

가령 영화 장르를 멜로로 정해서 '나'라는 주인공은 멋진 남자를 만나서 알콩달콩 깨를 볶다가 행복하게 죽는 것으로 정했다고 하자. 그런 주인공의 직업은 대한민국 최고의 명문대를 나온 변호사라고 하자. 그럼 우선 나는 대한민국 최고의 명문대를 먼저 입학해야 한다. 그러려면 공부를 매우 잘해야 하는데, 지금부터 전교 1등의 연기에 들어가야 한다. 자, 그러면 우리의 전교 1등 주인공은 하루를 어떻게 살아야 할까? 늦잠 자고 종일 게임하고, 수업시간에 졸고, 학원 숙제 안 하고, …. 이렇게 생활한다면 촬영장 스태프들이 '오케이' 사인을 보낼 수 있을까? 또 전교 1등의 내 모습을 생생히 꿈꾸고 상상만 한다고 '오케이'를 할까?

한편 지금 내 나이가 중고등학생이 아니라, 마흔 살이라면 이 대본을 그대로 가져갈 것인지를 또 생각해봐야 한다. 현실적으로 무리라면, 현실에 기반해서 내 각본을 수정하고 캐릭터를 바꿔서 그에 맞게 연기를 해나가면 내 인생을 내가 만들어가게 되고, 중간에 닥칠 위험도 미리 체크하고 대략 대비할 수 있게 준비해둔다면, 삶이 지금보다는 훨씬 더 재미있어지지 않을까?

실행, 행동한다는 것의 의미를 다시 생각하면서, 오늘부터 '기도했으면 행동하는 삶'을 살아보자.

운을 바꾸는 최종 단계 : 용서하고, 기도하고, 사랑하자

보이지 않으면 믿을 수 없을까?

_효용론자가 되자

우리는 보통 보이는 것을 믿는다. 사랑은 눈으로 볼 수는 없지만, 사랑하는 사람의 표현은 보고 느낄 수 있으니 믿을 수 있다. 공기 중에 있는 산소는 볼 수도 없고 냄새도 맡을 수 없지만 지구상 생명체들이 숨 쉬고 있고, 또 실험실에서는 산소의 존재를 확인해볼 수도 있기에 그 존재를 믿는다. 이런 것들은 누구나 다 인정하는 믿음이기에 견해 차이가 거의 없다.

하지만 하나님, 부처님, 조상님, 영혼, 전생, 사후세계, 그리고 운명. 이런 것들은 개인적 경험이므로 본인이 경험했다고 믿는 사람들에게는 존재하는 것이고, 경험하지 못한 사람들에게는 존재하지 않는 것이다. 이것은 존재의 문제가 아니라 믿음의 영역이기 때문이다. 앞서 이야기했듯이, 나는 내가 현재까지는 운명론자라기보다는 효용론자에 가깝다고 생각한다. 믿는 것이 나의 삶과 다른 사람의 삶에 유익함이 있다면 믿기로, 그렇지 않다면 믿지 않기로 했기 때문이다.

살다 보면 정말로 이해되지 않는, 납득할 수 없는 사건들을 마주하게 된다. '왜?', '왜 나에게?' 아무리 생각하고 생각해봐도 이런 일이 나에게 일어나야 할 아무런 인과관계가 없어 보이는 일들이 일어난다.

지금까지 아주 힘들었던 상담이 여러 건 있었는데, 그중에 가장 힘든 상담은 '죽음, 자살'에 관한 상담이다.

부모뿐 아니라 배우자나 자녀의 죽음, 특히 자녀가 이 세상을 먼저 떠나는 일은 부모에게는 숨을 쉴 수 없는 고통일 것이다. 이런 일을 겪으신 분들은 어느 정도 시간이 지난 후, 나와 같은 사람을 찾아와서 왜 이런 일이 있어났는지를 궁금해한다.

죽음의 문제는 보통 무속인을 많이 찾는데, 영혼과 소통한다고 믿기에 죽은 자녀의 영혼이 안녕한지도 알고 싶고, 가능하다면 죽은 자녀의 속마음도 듣고 싶어서 그럴 것이다. 그것이 가능한지는 확인할 수 없지만 너무도 간절한 마음은 충분히 이해된다.

그런데 무속인이 아닌 철학관을 찾아와서 사주팔자를 보는 분들의 궁금증은 모두 같았다. "이 아이가 이때 죽을 팔자였나요?" '이미 지난 일인데 이런 것이 왜 궁금하실까?' 해결책이 생기는 것도 아닌데 왜 물어보는지 처음에는 이해가 잘 되지 않았다. 그때는 내가 많이 어렸기 때문이었다.

처음 이런 상담을 했던 것은 내가 20대 후반 정도였을 때인데, 중년의 부부가 함께 방문했다. 아들에 대해 상담하고 싶다면서 아들의 이름과 생년월일시를 불러주셨다. 나는 재빠르게 사주를 찾아서 사주팔자명식을 적어놓고, 성격은 어떠하고, 직장은 어떻고, 재물은 어떻고, 하며 하나씩 설명해나가기 시작했다. 그런데 이 부부가 전혀 반응이 없는 것이었다. 보통은 "네, 그렇군요."라든가 "그래요?" 정도의 일반적인 반응이라도 있는데 너무 말씀이 없어서, '내가 뭘 잘못하고 있나?' 싶어 설명하던 것을 멈추고, "그런데 이 아드님이 올해 운세가 별로 좋지가 않습니다." 라고 화제를 전환했다. 그랬더니 그제야 "아. 올해 운이 안 좋은가요?"라고 되물으시고는 혹시 죽을 정도로 안 좋으냐고 덧붙여서 순간 많이 당황했었다. 나는 일단 두 분을 안심시켜드리고 싶은 마음에 "아직 젊은 스물한 살인데 무슨 그런 걱정을 하시나요. 그냥 좀 안 좋은 운이니 조심하면 되지요."라는 일반적인 답변을 드렸다. 그런데 두 분에게서 돌아온 대답은 너무 무거운 말이었다. "그런데 우리 아들이 올해 초에 죽었습니다."

이때의 마음은 지금도 생생하다. 나보다 젊은 나이의 대학생이 죽었다는 말이 너무 무겁게 다가왔고, 나의 어쭙잖은 안심의 말이 너무 죄송스러웠다. 두 분의 아픔에 깊은 위로의 말씀을 드렸고, 그간의 일을 듣게 되었다.

아들은 대학을 다니다 군대를 갔고, 군대에서 사고가 생겨 아들이 사망했는데 그 문제로 지금 군부대와 여러 가지 송사를 진행하고 있는 중이라고 했다. 훈련 중에 사고가 있었는데, 군대에서는 개인의 실수라 보는 것이고, 부모님이 보기에는 동기와의 사고였던 것이다. 아들의 사주를 놓고 '이미 죽은 사람'이라는 것을 나는 전혀 맞히지 못했다. 못 맞힌 것에 대한 민망함과 당황스러움, 그리고 너무도 고통스러운 일에 대한 슬픔. 그런 부모님을 앞에 두고 아들의 적성이 어떻고 직업이 어떻고 재물이 어떻고를 말했던 내 모습이 스치면서 복잡한 마음이었다. 그러고 난 후 나중에 그 사주를 얼마나 분석해보았는지 모른다.

또 세 살 된 둘째 아이를 질병으로 먼저 보내고 극심한 우울에 빠져 남편과도 완전 사이가 틀어지고, 큰 아이를 심하게 방치하며 오히려 큰 아이에게 화풀이하던 젊은 엄마가 찾아와 본인의 상태를 어찌해야 할지 모르겠다면서 펑펑 울고 간 적도 있었다.

이분들은 모두 처음에는 사망했다는 얘기를 안 하고 그냥 사주를 본다. 그분들이 나의 실력을 테스트하려는 의도라기보다는, 만약 이 아이가 지금 죽을 팔자였다라는 이야기를 듣는다면, 오히려 받아들이기가 쉬울 것 같아서 그러는 것이었다. 자식을 잃은 부모가 뭐하러 역술가의 실력을 테스트하려고 일부러 그러겠는가. 그냥 이 사실을 납득하고 본인들의 삶을 정상화시키고 싶은 마음인 줄 알기에, 알아맞히지 못하는 나의 실력이 죄송할

따름이었다.

부모는 일평생을 자식 앞에서는 항상 미안하고 또 미안한 존재인 것 같다. "아이고, 좀 더 부잣집에 태어났으면 더 잘되었을 텐데……." "그때 그렇게 하지 않았더라면 저 흉터가 저렇게 남아 있지 않았을 텐데……." "부모가 능력이 있었으면 재능을 좀 더 키워줄 수 있었을 텐데……." 대부분의 부모님들은 특별한 문제없이 잘 자란 자녀를 보면서도 늘 부족했던 것이 없었는지를 생각한다. 인간의 본능일 것이다.

그런 부모가 자식을 먼저 떠나보내면 모든 것이 다 본인들 잘못처럼 느껴진다. '그때 군대를 보내지 말 걸…….' '임신했을 때 일을 그만두고 내 몸 관리 더 잘해서 건강한 아이를 출산했어야 했는데…….' '이럴 줄 알았으면 그때 안 그랬을 텐데. 안 그랬다면 이 아이가 아직 살아 있었을 텐데…….'

자녀의 죽음은 부모를 지옥 속에서 살게 한다. 고통의 시간이 오래되면 이제 그만 지옥문을 닫고 일상으로 돌아와야 한다는 사실을 잘 알지만, 그게 너무 어렵기 때문에 뭔가 환기가 필요하게 된다. 그럴 때 본능적으로 떠난 자녀의 운명을 열어보게 되는데, 그것이 만약 그 아이의 타고난 운명, 어쩔 수 없고 바꿀 수 없는 숙명이었다면, 바로 그렇게 될, 반드시 그렇게 될 일이었다면, 이제는 그만 내려놓을 수 있기 때문일 것이다.

군대에서 자녀를 잃으신 부모님이 다녀간 이후, 나는 또 죽음에 대해 공부하기 시작했다. 내가 뭐라도 조금이라도 더 알아야 다음에 이런 분들이 오셨을 때 뭐라도 한 마디 더 해드릴 수 있고, 이미 이 세상 사람이 아닌 영혼의 재물운, 결혼운을 논하는 어리석음을 저지르지 않고 이분들이 일상을 회복하는 데 물 한 방울이라도 보태고 싶었기 때문이었다.

이런 분들에게는 보이지 않는 세상의 이야기들이 큰 도움이 될 수도 있다. 영혼의 세계에서 잘 지내고 있다거나, 이번 세상에서 3년만 머물다가 하늘나라로 돌아가게 된 이유라거나 하는 것들 말이다. 확인할 근거가 없는 신비한 세계의 이야기들이 도움될 수 있는 것이다.

물론 역술가나 무속인들 중에는 돈을 목적으로, 영혼결혼식을 해주지 않아서 구천을 떠돌며 울고 있다거나, 배가 고파서 울고 있으니 굿을 해서 밥을 차려줘야 한다는 식의 이야기를 하는 이들도 있다. 정말 드물지만 자식을 잡아먹는 팔자, 남편을 잡아먹을 팔자라는 식의 이야기는 정말 최악이다. 혹시 이런 말을 하는 사람을 만난다면, 믿지도 말고 다시는 인연을 맺지도 말아야 한다.

무속인들 중에는 진심으로 얼음장 같은 칼바람을 맞으며 산꼭대기에 앉아 밤을 새워 기도드리는 분들도 정말 많다. 돈보다 사람이 먼저라고 생각하고, 최선을 다해 기도하는 참된 분들이 많다. 그런데 꼭 바르지 못한 몇몇 사람들이 큰 문제를 일으키고 막대한 피해를 입히기 때문에, 만약 그런 나쁜 사람을 만났다면 귀를 씻고 잊기를 바란다. 내가 장담하건대, 누가 누구를 잡아먹거나 그런 팔자는 없으니 말이다.

사람의 운명을 이야기하고 살펴보다 보면, 눈으로 볼 수 없어 증명해낼 수는 없지만 믿음이 생기는 부분이 있고, 말로는 다 설명할 수 없는 부분들도 분명히 있으며, 또 내가 다 알 수 없는 것들이 반드시 있다. 아무리 공부를 해도, 아무리 폭포수 아래에서 도를 닦아도, 모르는 부분이 분명히 있기에, "보이는 것만 믿고 살기에도 복잡해 죽겠는데, 보이지도 않는 세계를 가지고 있니 없니, 믿니 마니 하라는 것이냐!"라고 단정적으로 말하기보다는, 우리의 삶에는 보이지 않는 요소들도 가끔씩 필요하다고 생각해보자. 너무 마음의 문을 닫고 살지 말고, 조금은 열어두고 살아보자는 것이다.

과학자들은 지금도 보이지 않는 세계를 증명하려고 끊임없이 연구하고 있다. 중력이 처음 발견되었을 때 얼마나 신기했을까? 내 몸무게가 달나라에 가면 6분의 1밖에 되지 않는다는 사실을 알게 되었을 때 얼마나 신기했을까? 과학은 계속 보이지 않는 세계를 이해할 수 있는 사실로 밝혀내려고 나아가고 있다. 지금은 믿지 못할 일도 언젠가는 보편적 상식이 되어 있을지도 모른다.

그러니, '미신'이라는 것에 너무 얽매이고 맹신할 필요는 없겠지만, 조금은 유연하게 마음의 문을 반 정도는 열어놓고 살아보면 어떨까? 내 삶에 유익하다면, 나의 18번인 '그렇다고 치자'를 외쳐보자.

내 운명을 남에게 맡기지 마라

_이번 생은 내가 선택한 것

"정말 한 편의 영화 같은 삶이네요!"

사람들은 이런 말을 자주 한다. 하지만 삶은, 영화 같은 것이 아니라 그냥 영화이다.

힘들었던 시절에 읽은 책들 중에서 기억나는 몇 권의 책은 맥락이 비슷했다. 어떤 책은, 죽어서 하늘나라에 가서 보니 '나의 창고' 같은 것이 있었는데, 그곳에는 수많은 사진, 자료 등이 가득 채워져 있었고, 이것이 다 무엇이냐고 천사에게 물어보니 "그 많은 것들은 모두 당신에게 주어진 것들이었데, 당신이 택하지 않아서 그대로 하늘나라에 남아 있는 것입니다."라고 대답했다는 내용이 있었다.

또 어떤 책에서는, 힘겹게 사는 주인공이 하느님께 울분을 토하면서 "내 인생은 왜 이 모양이요!"라고 따졌는데, 하느님이 "이 수많은 인생들 중에 네가 그 인생을 선택한 것이다."라는 식의 답변을 했던 것 같다.

예전에 오락실에 가면 할 수 있었던 것 중에, 음악에 맞춰 화면에 나오는 화살표를 발로 누르는 DDR이라는 게임이 있었다. 그 뒤로는 피아노 건반을 음악에 맞춰 화면을 보고 누르는 리듬게임이 또 있었던 것 같다. 그 게임을 시작하려고 하면 게임의 난이도를 선택할 수 있는데, 쉬움(easy), 보통(normal), 어려움(hard), 뭐 이런 식으로 나뉘어 있거나, 극강의 난이도(최상, extreme)를 포함한 것도 있었다. 그런 게임을 할 때 난이도는 본인이 선택한다. 물론 가끔 주변에서 나를 잘 아는 친구가 "너는 그냥 이지모드 해." 혹은 "야야! 그냥 최고난이도 가자! 별거 있냐?"라며 선택 버튼을 친구 마음대로 눌러버리기도 했지만.

여튼 내가 읽은 책에는 이것을 인생에 대입해서 내 인생의 난이도는 그 누구도 아닌 '나 자신이 선택'한 것이라는 발상이 담겨 있었다. 지금은 이런 생각에 익숙해져서 그다지 충격적이지 않은데, 처음에 이런 내용을 읽었을 때는 너무 충격적이었다. '뭐라고? 이런 말도 안 되는 삶을 내가 선택했다고?' 정말 어처구니가 없었다.

그런데 게임을 하다 보면 이지모드는 너무 쉬워서 재미가 없다. 그래서 그 판을 못 깰 수도 있다는 위험을 알지만 일부러 하드모드를 택하는 경우가 분명히 있다. 어렵지만 그것을 극복했을 때의 짜릿함은 아주 큰 즐거움을 주기 때문이다. '그런 짜릿함을 맛보기 위해 무슨 최고 난이도 버전 같은 인생을 선택했다고? 내가?' 뒤통수를 한 대 얻어맞은 느낌이었다.

잠시 흥분을 가라앉히고 나서, '그래. 그렇다고 치자. 그러면 뭐 지금부터라도 다시 선택하면 되지.' 하며, 지금부터가 바로 내 인생, 내가 주인이 되는 인생이 시작되는 것이라고 다짐했다.

인생은 영화 같지도 게임 같지도 않다. 그냥 인생 자체가 영화이고 게임이다. 그런데 정말로 멋진 사실은 그것들의 설계자가 바로 '나'라는 것이다.

우리는 은연중에 운명이라는 단어 속에 갇혀 산다. "이렇게 태어났는데 어쩌란 말이에요." "이렇게 태어난 것이 내 잘못은 아니잖아요." "누가 낳아달라고 했어요?" 등, 나의 삶을 부정하고 어쩔 수 없는 것으로 단정짓는 생각들이 마음속 깊이 박혀 있다. 탄생이라는 순간에 내가 개입할 수 있었던 것이 아무것도 없다고 믿고, 또 아무것도 기억하지 못하고 그 누구도 알 수 없기 때문에, 우리는 생의 시작과 동시에 운명이라는 사고에 본능적으로 갇힌다. 그런데 '내 인생은 내가 선택했다. 비록 선택의 순간에 약간 제정신이 아니어서 '최고 난이도'를 선택했지만.'이라고 생각하고 나니 삶이 약간 흥미롭게 여겨졌다.

사주를 공부한 사람이라면 다 알 것인데, 내 삶이 왜 최고난이도인가 하면, 내 일주(日柱)는 '임술(壬戌)일주'이다. 죽을 고비를 넘기고 나면 큰 것을 갖는다는 바로 그 일주 말이다.

처음에 사주를 공부하고 내 사주를 보고 나서 내가 '임술일주'라는 것이 매우 마음이 들지 않았다. 책에는 별로 좋은 말들도 없고, 억울함의 대명사여서 각종 시련과 고난을 이겨내고 꽃을 피우는 운명이라느니, 본인이 가장을 해야 한다느니, 좋은 일 하고도 욕먹는다느니, 특히나 여자 임술일주는 매우 흉하다는 식의 내용만 보여서 참으로 실망감이 들었다. 물론 어려움을 잘만 극복하면 큰 부자가 되고, 카리스마가 있다는 식의 좋은 이야기도 있지만, '무언가를 반드시 극복(!)해야 한다'는 전제조건이 있었다.

그러다 '그래, 어차피 태어난 것, 팔자 원망하고 부모 원망하고 기타 등등을 원망하기보다는 내가 골랐다고 생각하자.' 하니 차라리 마음이 편했다. 그런데 막상 살아보니 조금 버겁기는 해서 중간쯤 와서 약간 수정이 좀 필요하겠다는 생각이 들었다. 그래서 이번 게임은 그냥 장렬히 전사하고 조금 쉬운 모드로 다시 시작해야겠다고 결심했다. 죽고 다시 태어나겠다는 것이 아니다. 죽으면 다시 이 게임 속에 태어나지 못할 수도 있고 새롭게 시작하는 것이 아니라 아주 다른 차원으로 가는지 뭔지 알지 못하기에 죽어서 해결하는 것은 이치에 맞지 않고, 지금 이 삶에서 내 선택만 바꾸면 된다는 것을 깨닫게 되었다.

내가 뽑은 천간(天干)과 지지(地支)의 8글자는 바뀌지 않지만, 이 글자들이 발현되는 상황들과 그 상황에 대처하는 나의 선택을 이제부터는 쉬운 방향으로 바꿔나갈 수 있음이다.

마음에 들지 않았던 나의 탄생 스토리와 나에게 주어진 환경도 결국 내가 선택한 것이고, 그것을 더 쉽게, 혹은 더 어렵게 바꾸는 것도 내가 할 수 있는 선택이므로, 결국 내 삶은 처음부터 '나의 것, 내가 주인'이었던 것이다. 그런데 우리는 내가 원해서 태어난 것이 아니니 내가 주인이 아니고, 다른 주인에게 내 삶을 자꾸 맡기려 든다. 내가 내 삶을 선택했다는 이야기가 다 사실이라는 것이 아니고, 사실인지 아닌지 입증할 수도 없다. 그냥 이렇게 믿기 시작하니 마음이 달라지고 살아가는 데 도움이 되기 때문에 그렇게 믿기로 한 것이다. 믿는 것이 아니라 '믿기로 결정'한 것이다.

이렇게 새롭게 마음가짐을 바꾸지 않으면 삶은 좋은 방향으로 나아갈 수가 없다. 내가 주인인데 누구를 원망할 수 있을까? 원망을 마음에 품으면 마음은 끝내 쉴 수가 없고, 쉬지 못하는 마음은 빛을 잃는다. 빛을 잃은 마음으로 앞길을 밝힐 수는 없지 않은가! 내가 낳아 달라고 하지 않았다고 생각하지 말고 내가 원해서 태어났다고 믿고, 그 생각 위에서 앞날을 계획해보자. 그다지 손해볼 것 없는 생각 아닌가? 탄생도 남의 의지, 환경도 남의 의지라고 계속 믿고 있으면, 일평생 나는 주인을 원망하는 하인으로 삶을 마감해야 할지도 모르니 말이다.

만약 지금 절대자가 나타나서 "지금부터 너에게 새로운 인생을 살 수 있는 기회를 주겠다. 네가 원하는 삶을 줄 수 있다. 단 전제조건이 있는데, 그 새로운 삶은 지금 이 상황과 이 조건과 같은 모습에서 출발하게 될 것이다. 시작은 이 상태이지만, 반드시 결과는 원하는 것으로 나타난다."라고 말한다면, 당신은 어떤 선택을 하고 싶은가? 지금 내게 빚이 있고, 배움도 부족하고 건강도 안 좋은데, 이 상태에서 새롭게 출발할 기회를 주되 당장 바꿔주는 것은 아니고, 언젠가 소원이 이루어진다는 확실한 결과만 보장해준다면 시작해볼 마음이 있는가? "부모도 바꿔주고, 통장 잔고도 바꿔주고, 내 얼굴, 내 몸매, 내 아이큐, 내 남편, 내 아내 몽땅 다 원하는 것으로 바꿔주면 몰라도, 이 상태에서 시작한다면 나 안 할래!"라고 할 수도 있겠다. 하지만 이 책은 이 상태에서 출발하더라도 확실한 결과만 있다면 한번 해보겠노라고 생각하는 사람을 위한 책일지도 모른다. 왜냐하면 도사가 아닌 나는 부모, 통장 잔고, 외모, 배우자 등을 바꿀 수 있는 묘책을 모르기 때문이다.

운명이라는 말은 뭔가 속박 같은 느낌을 준다. 뭔가 정해진 것만 같고 바꿀 수 없을 것만 같고. 그래서 이번 생은 틀렸다는 생각을 하게 만든다. 하지만 이 운명을 처음부터 내가 설계했다는 생각은 묘하게도 자유를 준다. 모순되는 말 같지만, '운명적 자유'를 이제부터 누릴 수 있게 되는 것이다. 태어나기 이전의 '내'가 어리석어, 이번 삶을 너무 스펙터클하고 익스트림한 힘든 것으로 선택했다면 나의 머리를 가볍게 한 대 콩! 쥐어박고는 새로 시작하자. 출발점을 바꿔줄 수는 없지만, 각본을 새로 쓰면 반드시 다른 결말의 영화를 찍을 수 있다. 선택을 달리 한다면 지금부터라도 보통이거나 쉬운 게임을 아주 재미있게 할 수도 있다. 게다가 나는 현재까지 어려운 레벨에서 쌓아온 경험치가 있지 않은가.

이 역시 임술일주다운 발상이었을까? 아니다. 내가 만난 수많은 사람들 중에 스스로의 삶을 잘 바꿔나가고 있는 분들이 많고, 그분들과 20여 년을 함께하면서 서서히 드러나는 결말을 보았기 때문에, 이렇게 책도 쓰고 자신 있게 이야기를 건넬 수 있는 것이다.

"다시 돌아가서 시작을 바꿀 수는 없지만,
현재에서 시작하여 결말을 바꿀 수는 있다."
-C. S. 루이스-

운명의 영향 범위를 알자
_ 어리석음으로 회귀하지 않는 법

나는 늘 내가 도사가 아닌 것이 못내 아쉽다.

영화 '전우치'에 나오는 강동원 배우가 말하는 도사는 이렇다. "도사는 무엇이냐. 도사는 바람을 다스리고, 마른하늘에 비를 내리고, 땅을 접어 달리며, 날카로운 검을 바람처럼 휘둘러 천하를 가르고, 그 검을 꽃처럼 다룰 줄 아니, 가련한 사람을 돕는 게 바로 도사의 일이다."

나는 실로 이 '도사'가 되고 싶다.

도사가 되어, 도깨비방망이를 들고 "금 나와라 뚝딱! 은 나와라 뚝딱!"을 외치며 나를 찾는 모든 이의 소원을 다 들어주고 싶다. 이 정도까지는 못하더라도 천리안이나 투시력 같은 신통력이라도 좀 있어서 정말 답답해하는 사람들에게 도움을 줄 수 있다면 얼마나 좋을까? 책에서는 예전에 유명했던 명리가 선생님들 중 정말 신의 경지에 다다른 분들도 있었다 하고, 그분들의 일화도 적혀 있는데, 그런 내용을 보면 너무 부럽고 존경스럽다.

나의 이런 넘치는 욕심(?)은 다소간의 '부작용'을 일으키기도 하는데, 안 될 일에 너무 힘을 쓰는 것 말이다. 이제는 많이 내려놓아서 안 되는 일은 받아들이도록 노력하고 있지만, 예전에는 손님과 함께 안 되는 일을 되게 해보려고 무진장 애를 썼었다. 욕망을 줄이기보다 욕망을 이루는 일을 해내고자 했던 것 같다. 젊은 날의 패기였을 수도 있고, 초심자의 넘치는 의욕 때문이었을 수도 있다. 그리고 어쩌면 나의 무의식의 깊은 내면에, 불가능을 가능하게 해서 유명한 도사로 이름을 알리고 싶었는지도 모르겠다.

그렇게 초창기 수년간의 각종 시행착오를 거친 후, 지금은 안 되는 일에 대해 너무 힘을 빼지 않고, 나도 손님도 더 큰 다음을 이루는 방향으로 준비한다. 신묘한 힘을 빌려 목표를 달성하게 하려고 애쓰기보다는 불가능해 보이는 목표를 가능한 수준으로 수정한다거나 좀 더 합리적인 방법으로 해결책을 찾는 일에 집중한다. 즉, 소망을 갖고 기도하되, 실행 가능한 방법과 수준을 찾아서 행동하게 하는 것이다.

우리는 정해진 운명이라는 것이 우리의 삶에 어떤 부분까지 영향을 미치는지를 잘 생각해볼 필요가 있다. 어떤 사람이 올해 시험 합격운이 무척 좋다고 해보자. 완전 100퍼센트 합격의 기운이 들어와 있는 것이다. 사주명리에서 말하는 좋은 운, 문서운, 관운이 다 들어와서 시험을 봤다 하면 반드시 합격인 운이 왔다고 치자. 그렇다고 이 사람이 무조건 다 합격하느냐? 그건 아니다.

자녀가 있는 손님들은 "올해 OO이가 시험 합격운이 있습니까?"를 가장 많이 묻는데, 그럼 나는 "네, 운이 있습니다. 하지만 아무리 운이 있다고 해도 전교 꼴찌 하던 학생이 6개월 만에 서울대학교에 합격할 수는 없지 않겠습니까?"라고 답한다. 아무리 강력한 운도, 기본 바탕 위에서 플러스 알파를 발휘하는 것이기 때문에, 운을 알아보기 이전에 현재의 본인 상태에 대한 점검이 여실히 필요한 대목이다.

내년에 연애운이 있다는 희소식을 들은 은둔형 외톨이 모태솔로가 있다고 하자. 연애운이 아무리 강력하게 들어온다고 해도, 낯선 남자(혹은 여자)가 어느 날 갑자기 방문을 열고 들어와서 꽃다발을 안겨 줄 수는 없는 것이다. 운이라는 것은 남자를 내 눈앞에 데려다놓는 것이 아니라, 합격증을 내 눈앞에 갖다주는 것이 아니라, 연애가 가능하도록 움직이게 하고, 합격이 가능하도록 공부하게 하는 그 어떠한 마음가짐과 환경이 조정되기 쉽다는 것이다. 하지만 이것도 '내'가 반응을 해야, 행동을 해야만 가능한 것이다. 엄마가 밥상을 책상까지 갖다줘도 내가 떠먹어야 되는 것이지, 엄마가 내 입을 벌려서 밥을 넣어주기를 기대해서는 안 되는 것이다.

하지만 운이라고 하면, 내 입을 열어 밥을 먹여주는 것까지를 기대하는 경우가 많은데, '운명론적인 생각'이 너무 깊은 경우가 이렇다. 특정한 운은 특정한 기운을 만들어내서 내 마음을 움직이고, 내 주변의 환경을 움직인다. 하지만 반드시 내가 그것들을 적극적으로 수용할 준비를 해야 하는 것이다. 그래서 운을 미리 알면 좀 더 효율적일 수 있다.

공부가 갑자기 하고 싶고 평소보다 공부가 잘되던 어떤 사람에게 올해 공부운이 있다는 사실을 알려주면, '아, 그래서 그렇게 공부가 갑자기 하고 싶었구나.' 하며 계속 열심히 할 것이다. 그런데 공부가 잘되지 않던 그 전에 "내년부터 공부가 잘되고, 하고 싶을 거니까 잘 준비해보세요."라는 말을 미리 들었다면, 훨씬 더 적극적인 마음으로 공부해 더 많은 성과를 낼 수도 있을 것이다.

운(運)은 '움직이다, 돌다'라는 의미이다. 말 그대로 늘 움직이고 돌아다닌다는 뜻이다. 그런 운이 돌다가 우리집 문 앞에서 초인종을 누른다고 생각해보자. 당신은 언제든지 이 운을 기쁘게 맞이할 준비가 되어 있는가? 집에 손님이 오려면 기본적으로 청소를 해놔야 하듯이, 운을 맞이하려면 그 역시 손님맞이 준비가 필요한데, 그것은 건강한 몸과 마음이면 된다. 운을 받아들이려는 마음이 그 준비이다.

예뻐지려는 운이 와서 나도 모르게 뷰티숍을 찾고 관심을 갖게 되는 자신을 발견한 후, "미쳤나 봐! 안 하던 짓을 하다니." 라고 생각하지 말고, '아, 이런 운이 오나 보다, 어서오세요.'라고 맞이하자. 재물운이 들어와서 주식 방송에 관심도 가고, 은행 건물 벽에 붙은 예·적금 이자 5퍼센트라는 홍보물에 눈이 가면, '내가 드디어 속물이 되어가는군. 돈돈 하다니!' 하지 말고, '나에게 드디어 재물에 대한 운이 오는가 보다. 열심히 알아가보자.'라고 재물운을 맞이하자. 손님 응대를 잘못하면 서운해서 손님이 일찍 가버릴지도 모르니 잘 준비하고 기꺼이 마주하자.

그런데 만약 나쁜 운이 오면 어떻게 해야 할까? 초인종을 눌렀는데 문구멍으로 조심히 살펴보니, 행색이 몹시 초라한 사람인데 술도 약간 취한 것 같다. 이 손님은 어떻게 해야 하나? "어서오세요." 하고 대문을 활짝 열어주고 한 상 거하게 차려주는 것이 맞나? 내 집에 온 손님이니까? 그러다 너무 잘 대접받고 좋아서 안 나가면 어떡하나 걱정도 된다. 이런 경우는 경찰서에 연락해서 경찰관에게 인계하고, 따뜻한 밥 한 끼를 드실 수 있도록 밥값을 대신 전달하는 정도만 하는 편이 여러모로 안전할 것이다.

재물운이 온다고 해서 자고 일어났더니 머리맡에 돈 봉투가 놓여 있거나, 연애운이 온다고 매일 마주치던 지하철 그 남자가 갑자기 고백을 하지는 않을 것이다. 다만, 나도 모르게 돈을 좀 더 아끼면서 가계부를 쓰게 되거나, 지하철 그 남자 앞에서 웃는 표정으로 나의 매력을 자신 있게 드러내고 있는 본인의 모습을 발견하게 될 것이다. 그럴 때 절대 당황하지 말고, 변화하는 본인을 칭찬해주자.

반면 나쁜 운이 와서 지갑을 잃어버리거나, 차를 수리해야 하거나, 시험에 떨어졌을 때는, 걱정되는 손님이 내 집안까지 들어오지 않고 경찰관과 함께 잘 돌아갔음에 감사하자. 식사비를 드린 것은 잘한 일이니, 몸과 마음, 재물에 조금의 손실이 생겼다 하더라도 감사한 마음을 가져보자.

여기까지가 운과 내가 함께 협력하고 반응하며 살아가야 하는 영역이다. 그렇다면 좀 다른 영역을 한번 생각해보자.

손님 중에 한 분이 첫 아이를 계획하고 있었다. 이 집은 어떠한 이유인지 꼭 아들을 낳아야만 한다고 했다. 그래서 지금 임신을 하면 아들일지 딸일지를 알려 달라고 했다. 그분의 간절한 마음은 알겠지만, 결론은 분명하다. '미리 알 수 없다.' 만약, 100퍼센트 정확하게 아들, 딸을 예측할 수 있는 분이 있다면, 머리 숙여 그 비법을 배우러 가겠다. 하지만 아직까지 단 한 명도 만나지 못했다.

가끔 내가 아이 성별을 맞혔다면서 연락하는 분들이 있다. "아이고 선생님. 그때 우리 며느리 임신하면 아들이라 하더만 어찌 그리 용합니까. 아들이랍니다." 이런 전화를 받을 때마다,

"아이고 축하드립니다. 제가 맞히기는요. 그리 생각해주시니 감사합니다." 하고 어색한 웃음으로 마무리하지만, 나의 경험상 그냥 정말 반반의 확률이다. 가끔 명리이론에서 아들과 딸 이론에 관한 새로운 주장을 하는 분들도 있지만, 명확하게 '이것이다!'로 통일되어 있지도 않다. 게다가 요즘은 임신하고 5개월 정도 되면 성별을 미리 알 수 있기도 하니, 명리학으로 아들, 딸을 맞히는 것에 너무 몰두할 일은 아닌 것 같다.

아무튼 그렇게 아들을 간절히 바랬으나, 나는 원하는 답변을 드리지 못했다. 그리고 얼마 후 그 손님은 임신을 했고, 성별을 알 수 있는 개월수가 될 때까지 모두 긴장하며 기다렸다. 하지만 결과는 딸이었다.

일단 실망감이 컸는지 기운이 없어 보였다. 그런데 그 와중에 어떤 무속인이 굿을 하면 아들을 낳을 수 있다는 말을 했단다. 아니 이미 딸인 것이 분명한데 굿을 해서 어찌 아들이 된다는 말이냐고 하니 그 무속인 말이, 신이 들어서면 뱃속의 딸도 아들로 바꿀 수 있다고 했다는 것이다. 말도 안 된다는 것을 모두가 알고 있었지만, 아들이 간절했던 이분은 약간 마음이 흔들리는 것 같았다. "그래도 정말 혹시 모르니 굿을 해볼까요?" 하는 손님의 물음에, "운명을 공부하는 사람이 꼭 명심할 사항. 운이 미치는 영향 범위에 성별을 바꾸는 것은 없습니다."라고 말했다.

그 다음이 바로 죽음이다. 운의 영향이 죽음을 확정짓지는 못

한다. 몸이 많이 아픈 가족을 둔 분들이 가끔 찾아와서 남은 수명을 궁금해하신다. 나쁜 의도가 아니라 받아들일 일은 받아들이고 여러 가지를 준비하기 위해서이다. 아프지만 오래 살 운명이라면 그에 맞는 준비를, 조만간 돌아가실 운이라면 또 그에 맞는 준비를 하고자 하는 것이다. 하지만 안타깝게도 나는 그것을 알지 못한다. 물론, 사주를 분석해서 병세가 좀 더 심해지거나 호전될 수 있는 시기를 예측해볼 수는 있기에 그 정도 범위에서 말씀을 드리기는 하지만, "의사선생님은 뭐라고 하시던가요?"라는 질문을 드리고, 병원에서 말해준 그 내용을 더욱 중요하게 참고해서 치료하라거나 마음의 준비를 하시라고 말씀드린다.

원래 인류가 최초에 점을 쳤던 가장 큰 이유 중의 하나는 날씨를 알기 위해서였다. 몇 천년 전은 자연을 감당할 아무런 힘이 없었고, 한 해 농사에 흉년이 들면 많은 백성이 굶어 죽고, 온갖 자연재해는 사람의 생존에 절대적인 영향을 끼쳤기 때문에, 날씨를 예측하는 것이 매우 중요하다는 점이 반영되어 주역점 풀이에 보면 날씨가 꼭 있다. 주역점 해설서에는, 64개 중 6개의 효가 모두 양으로만 이루어진 제1번 건위천(䷀)의 점괘를 얻으면, '기후 : 맑음. 만약 여름철이라면 매우 더운 날씨다'라고 나와 있다. 지금처럼 위성사진을 보며 날씨를 예측하는 시대에는 이 방식이 너무 허무맹랑하다고 생각할 수 있겠지만, 그때 당시에는 날씨 문제가 그만큼 중요한 것이어서 점을 치고 기록하고 다시 살펴서 통계의 결과값을 계속 만들어간 것이다.

그다음으로 점을 친 중요한 내용은 병(病)에 관한 것이었다. 언제, 얼마나 아프고, 나을지 죽을지를 묻고, 특히 임금의 건강은 나라의 운명과 직결되었기 때문에 점을 쳐서 물었다. 또 탄생, 즉 아들일지 딸일지에 관한 것도, 왕위를 이어받는 문제가 국가의 존망와 관련된 것이었기에 점의 중요한 목적 중 하나였다.

그런데 이런 사항을 지금 시대에 그대로 적용한다는 것이 과연 효율적인 방식일까? 주역점으로 오늘의 날씨를 알기보다는 일기예보를 보는 것이 정확하고, 병세와 잔여수명은 전문의에게 묻고, 시험에 합격하길 원한다면 공부를 효율적으로 열심히 해야 한다.

가끔 뉴스에서 질병을 치료하기 위해 무속인이 어떤 행위를 하거나 민간요법 같은 것을 잘못 시행해서 큰 문제가 되었다는 소식을 듣기도 하는데, 이제 이러한 영역은 운의 영향 범위를 벗어난 것임을 다시 한 번 짚고 넘어가자. 날 떠난 옛 애인의 마음을 돌리기 위한 비법, 알코올 중독을 고쳐주는 비법, 정신질환을 낫게 해주는 비법. 그런 것에 운이 영향을 줄 수 있다고 생각하는가?

실제로 알코올 중독 증세가 심각한 남편을 둔 아내가 술을 끊게 하기 위해 주기적으로 굿을 하는 것을 본 적이 있다. 안타까운 마음에 이미 남편분은 중독된 상태이니 전문병원에서 치료를 받게 하시라고 아무리 이야기해도, 술귀신이 붙어서 그런 것이라며 도통 말을 듣지 않았다. 그런 말을 하며 어려운 부부에게 계속 굿값을 받아가는 그 사람이 도대체 누구냐고 내가 화를 냈으나 소용없었다. 몇 년간 거듭되는 굿에도 그놈의 술귀신은 떨어져 나가지 않았고, 결국 증상이 더 심해져서 소동을 일으켰고 강제입원을 당한 후에야 조금이나마 현실을 받아들이셨는데, 얼마 지나지 않아 남편분은 돌아가셨다.

또 정신질환이 있는 자녀를 둔 어머니가 아들의 정신질환이 언제 고쳐질지 물은 적이 있었다. 이것저것 그간의 병력을 물어보니 증세가 오래돼서 지금은 격리 병동에 수용중이라고 했다. 그래서 조심스럽게 말씀드렸다. "이미 그런 상황이라면 운이 좋아진다고 해서 병을 앓기 전으로 돌아가는 것은 현실적으로 어려울 것 같습니다. 다만, 운이 조금 좋아지면 약을 더 잘 챙겨 먹고 치료에 좀 더 효과적인 반응이 있을 수 있으니, 적극적으로 의사선생님과 상의하고 치료 잘 해서 호전을 기대해보세요." 어머니는 이내 실망감을 감추지 못했다.

"운이 좋다면서요? 그러면 낫지 않나요?" 물론 어머니도 꼭 그렇다고 생각해서 그런 질문을 하시는 게 아닌 줄 안다. 혹시나 하는 바람이 그런 질문을 하게 만드는 것이다. 하지만 이제는 모든 병이 귀신이 일으키는 것이라고 믿던 시대도 아니고, 의학은 눈부시게 발전했다. 그러니 이제 더 이상 이러한 영역을 알기 위해, 더 나아가 바꾸기 위해서 애쓰지 말자. 그리고 힘든 상황에 있는 사람들, 지푸라기라도 잡고 싶은 사람들의 약해진 마음을 이용해서 비싼 돈을 들여 수명을 연장시켜줄 수 있다거나, 아들을 낳게 해줄 수 있다거나 하는, 나고 죽는 문제를 운으로 해결하려는 시도를 하지도 말고 권하지도 말자.

내 인생의 주인공으로 살기로 했다면, 주인공으로서 내가 가지고 있는 무기가 무엇인지를 분석해 활용방안을 마련하는 일에 사주명리, 운명이 활용되는 것이 마땅하고, 그 이외의 문제는 합리적인 선택을 해야 한다. 모든 준비를 다 마쳤어도 갑자기 마음이 한도 끝도 없이 나약해지는 순간이 있다. 그럴 때 이런 원칙을 명확하게 해두지 않으면, 잘 알고 있으면서도 나도 모르게 어리석음으로 회귀하게 된다.

우리는 인간이기 때문에 누구나 아킬레스건이 있고, 어려움이 발생하면 단단하던 내 마음이 너무나 쉽게 부서져 내리기도 한다. 운명을 바로 알고, 운이 미치는 영향의 범위를 바로 알아서, 어떠한 순간에도 어리석음으로 돌아가지 않도록 내 마음을 잘 다져나가자.

누구에게나 세 번(가지)의 대운은 반드시 있다

_ 진인사대천명

우리는 삼세 번이라는 말을 참 즐겨 하고 좋아한다. 뭔지는 모르겠으나 한 번은 부족하고 두 번은 어중간하고 세 번이 안정감을 주는 듯하다. 그도 그럴 것이 3이라는 숫자는 처음의 완성이다. 1은 점(•)이고 2는 선(•—•)이다. 그리고 3은 면(△)이다. 최초의 면, 삼각형을 이루는 숫자다. 숫자에 대해서도 참 할 이야기는 많지만 일단 이 정도로 해두고, 어쨌든 3이라는 숫자는 참 좋은 것이다. 절에서도 불(佛), 법(法), 승(僧), 삼보(三寶)에 귀의하여 삼배(三拜)를 하고, 성당에서는 성부(聖父)와 성자(聖子)와 성신(聖神)을 부르며 십자가 성호를 긋는다. 가위바위보도 세 개이고, 게임도 웬만하면 삼세 판이다.

아침, 점심, 저녁 하루도 세 개로 나뉘고 밥도 세 번 먹는다.

아빠, 엄마, 아이 / 초, 중, 고 / 대, 중, 소. 세상은 온통 3으로 존재하는 것 같다. 그렇다면 우리의 인생에도 기회가 최소한 세 번은 있어야 하지 않을까?

농담처럼 가볍게 시작했지만, 실로 참으로 오묘하고 진지한 숫자가 3이다. 이것이 우리의 운명과 만나면 그것은 우리에게 적어도 세 번의 큰 운을 만들어주게 된다. 혹시라도 벌써 세 번의 기회가 지나간 것 같은데 그 기회를 살리지 못했다고 생각하는 분들이 있다면 실망할 필요가 없다. 세 번의 기회가 어떤 것인지를 안다면 아직 끝난 것이 아니기 때문이다.

우선은 사주명리로 돌아가서 이 세 번의 대운을 찾아보자.

사주명리에는, 원국이라 부르는 사주팔자가 있고, 대운(大運)이라고 부르는 10년을 단위로 움직이는 운이 있다. 이러한 대운 10년은 3개씩 그룹을 지어 계절을 부여하는데, 봄, 여름, 가을, 겨울 같은 것을 말한다. 10년이라는 한 개의 대운 속에도 매년마다 계절이 순환하니, 언제든 사계절을 한 번 이상은 꼭 만난다.

2023년은 계묘년으로, 계절로는 봄이다. 이렇게 시작된 계절은 3년씩 이어지는데, 2022년부터 봄이었기에, 2024년까지는 봄이고, 2025년부터 여름이다. 이렇게 3년씩 그룹 지어 4계절이 또 순환한다. 그러니 누구나 4계절을 어떻게든 만난다.

사주팔자를 매우 단순하게 생각해서 보면, 어떤 사주이든 우리가 사는 환경의 영향을 받는다. 이것을 사주에서는 '계절'이라고 한다. 즉 어떤 사주는 봄이 좋은 사주가 있고, 겨울이 좋은 사주가 있으며, 봄과 여름이 모두 다 좋은 사주도 있고, 가을이 좋은 사주도 있다. 좋다는 것은 내가 가지고 있는 능력을 효과적으로 발휘하기에 유리한 시기라는 것을 의미한다고 보면 된다.

만약 봄이라는 계절이 의미하는 글자들이 좋은 역할을 하는 사주가 있다면, 이 봄이라는 계절은 대운에서는 기본적으로 최소 10년에서 최대 30년을 관장할 수 있다. 상황에 따라서는 그 이상도 가능하다. 그렇기 때문에 누구나 본인의 삶에서 운이 오지 않는 경우는 없는 것이다. 그리고 이해하기 쉽게 계절이라고 표현했지만, 그것 말고도 다른 글자들이 나에게 좋은 영향을 끼치는 운이 순환하면서 작용하기 때문에 평균수명을 살아가는 사람이라면 적어도 최소한 3번의 대운, 10년짜리 대운이 3번 정도는, 강도는 조금 다를 수 있어도, '중(中)'이나 '상(上)' 정도의 기회는 반드시 올 수밖에 없다. 그러니 좋은 운이 오지 않는 사주는 없는 것이다.

또 다른 의미로 세 번의 대운, 이때의 의미는 크게 좋은 운이나 기회라는 의미로 말할 수 있는데, 첫째는 부모, 둘째는 배우자, 셋째는 자녀라는 세 가지의 큰 운이다. 이 세 관계가 정말로 모두 다 복이 많은 사람들도 있고, 반은 좋고 반은 나쁜 사람도 있을 것이다. 물론 세 인연이 모두 최악인 경우도 있고, 자발적인 미혼으로 배우자와 자녀의 운을 알 수 없는 사람도 있다. 어떠한 상황에 처해 있든지, 삶에서 이 세 인연은 분명 큰 기회임을 부정할 수는 없다.

이 책을 읽는 분들 중에 만약 지금 내 나이가 50대 중반인데, 세 번의 대운도 별 소득 없이 다 지나가버린 것 같고, 부모도 배우자도 자녀도 나에게는 큰 기회의 인연이 아닌 것 같다고 여겨지는 분들이 있다면, 너무 낙담하지 않아도 된다. 다른 세 번의 대운이 남아 있기 때문이다. 어쩌면 가장 중요하고 가장 확실한 것일지도 모르겠다. 그것은 바로 '하늘, 땅, 사람'의 세 가지의 대운이다.

하늘이 주신 대운, 이것이 바로 운명(運命)이고, 천명(天命)이다. 사주팔자라고 말해도 무방하겠다. 하늘이 이 땅에 나를 내려 보내실 때, 나에게 생년월일시를 점지해서 내가 이 땅에서 살아갈 수 있도록 해놓으신 것이다. (물론, 나를 내려 보내고 나에게 사주팔자를 점지한 그 하늘이, 곧 나 자신이라는 것도 잊지 말자!) 내가 태어난 날, 내 사주팔자가 하늘이 내게 주신 큰 운이다.

"내 사주는 안 좋다고 들었는데, 어떻게 내 사주가 큰 운이 될 수 있단 말이오?"라고 한다면, 그것은 사주를 잘못 본 것이다. 사주는 좋고 나쁨이 없다. 그냥 이해하기 쉽게 말하다 보니 그런 것이지, 절대 좋은 사주, 나쁜 사주는 존재하지 않는다. 그냥 그러한 사주가 있는 것이다.

물론 시대에 따라 조금 더 유리한 사주가 있을 수는 있지만,

어떤 사주라도 활용법만 잘 찾아낸다면 모두 다 그 쓰임을 다하여 원하는 바를 성취할 수 있다. 대들보로 이를 쑤실 수는 없다. 이를 청소하려면 이쑤시개가 안성맞춤이다. 쓰임에 따라서는 대들보가 좋은 것일 수도 있고, 이쑤시개가 좋은 것일 수도 있기에 우리는 사주 분석을 통해서 이것을 정확히 알아야 하는 것이다. 그래서 운의 크기보다 용도를 아는 것이 중요한 것이다.

배고파서 숨이 곧 넘어갈 것 같은 사람에게 금덩어리는 아무 소용이 없다. 흰죽 한 사발이 비싼 다이아몬드보다도 더 귀한 것이 되는 것이다. 본인의 천명을 알고 잘 활용한다면 대들보든 이쑤시개든 아무 상관이 없다. 누구든 최고가 될 수 있는 것이 우리가 부여받은 천명이고 운명인 것이다.

직장을 갖는 것이 소원인 주부가 나를 찾아온 적이 있다. 20대 중반에 결혼해서 애 셋을 낳고 키우다 보니 어느덧 30대 중반이 되었는데, 친구들은 직장에서 팀장도 되고 다 잘나가는데 본인만 아줌마가 돼서 너무 보잘것없다고 여겨진다는 것이었다. 그래서 무엇을 해야 되겠는지 본인의 진로를 찾기 위해 왔노라고 했다. 이래저래 사주도 살펴보고 이야기를 들어보니 남편의 벌이가 나쁘지 않아 생계를 유지하는 데에는 크게 지장이 없고, 아이들도 건강하고 총명하여 키우는 보람이 있다고 했다. 지금의 가정이 너무 좋고 만족스럽지만 친구들이랑 연락하면 본인이 너무 초라해 보이는 것 같아서 뭔가 폼 나는 일을 하고 싶은데 공무원시험을 볼까, 장사를 할까, 직장에 들어갈까, 무엇을 해야 하나 이것이 가장 고민이라고 했다. 아무리 살펴봐도 이 사주는 주부의 자리를 당분간 더 지켜주는 게 낫겠다는 것이 분명했다.

사주를 꼼꼼히 설명한 후, 아직 젊으니 남들과 비교하지 말고 10년간만 더 가정에 충실해보기를 권했다. 그렇게 긴 시간 의혹이 없을 만큼 충분히 타고난 명을 이해시키고 또 이해한 후, 본인의 직업인 '주부'에 올인했고, 그 결과 이 가정은 나날이 성장해 큰 부를 이루었고, 아이들은 부러움을 한몸에 받는 엄친아(엄마친구아들)가 되어 있다. 내가 지금 어떤 역할로 살아가야 하는지 그 명을 잘 알고 받아들이면, 그 즉시 복이 넘치는 운을 불러들일 수 있는 것이다. 이것이 첫 번째 운이다.

그다음이 땅의 운이다. 하늘의 운은 알겠는데 땅의 운은 또 무엇인가? 우리가 살고 있는 시대, 지역, 즉 우리의 천명이 구현되는 현실 세계를 말한다. 내가 아무리 크게 쓰일 천명을 가지고 태어났다고 하더라도, 지금이 만약 조선시대라면 어떻게 될까? 게다가 하필 노비로 태어났다면 나는 내 천명을 다 펼쳐낼 수 있을까? 또 현대 사회에 태어나기는 했는데, 너무나도 가난한 나라에서 태어났다면 과연 나는 내 천명을 다할 수 있을까? 이 책을 읽는 사람은 대부분 대한민국에서 살고 있는 사람들일 것이다. 이런 국가, 이런 시절에 태어나 책을 읽을 수 있다는 것은, 땅이 나에게 주는 두 번째 기회이다.

금수저, 흙수저라는 절망감이 큰 '부익부 빈익빈'의 힘 빠지는 사회인데 무슨 소리냐 할 수도 있겠으나, 사실 금수저는 몇 백년 전에도 있었고 몇 천년 전에도 있었다. 그렇기에 조금만 다르게 생각해보면, 다른 시대에 비해 대다수의 평범한 사람들에게 더 많은 기회가 있는 것이 사실이며, 사농공상(士農工商)의 제한적인 직업군의 시대에 비해 수만 가지의 다양한 직업이 존재하는 세상이니 누구나 무엇이 될 수 있는 가능성을 가지고 있다. 더욱이 SNS나 개인 방송은 전 세계의 경계를 허물었고, '나'라는 존재를 온 세상에 알릴 수도 있는 시대에 우리는 살고 있는 것이다.

역사 이래 지금처럼 온 지구를 손바닥만 한 휴대폰 안에서 다 만날 수 있는 시대가 있었던가? 신분과 계급을 초월해서, 학력과 재력을 뛰어넘어, 누구나 꿈꿔볼 수 있는 시대가 있었나? 방탄소년단 멤버들이 조선시대에 태어났다면 지금의 영광을 다 가질 수 있었을까? 그토록 뛰어난 재능을 다 발휘하지 못하고 그렇게 조선의 땅 안에서 이름을 조금 알렸을 뿐 전 세계적인 위상을 떨치기는 불가능했을 것이다. 바로 내가 태어난 이 곳, 이 시대가 바로 기회라는 사실을 잊지 말아야 한다.

끝으로 세 번째 대운이 바로 '사람'이다. 세 가지의 대운 중에 가장 유동적이고 가장 현실적이며, 생을 마감하는 순간까지 시시각각, 수시로 등장하는 기회의 운이다.

운이라는 것은 눈에 보이지 않기에 우리처럼 바쁘게 하루하루 살아가는 사람들은, 지금 내 집 대문 앞에 운이 와서 초인종을 누르고 있는지, 누르다가 갔는지도 모를 정도로 여유가 없다. 그렇게 우리가 운을 알아차리지 못하기에 가끔 운은 '사람'의 모습으로 우리 앞에 나타난다. 우리가 잘 알아볼 수 있게 말이다.

지나가다가 어떤 가게의 출입문에 적힌 글을 읽은 적이 있는데, 대략의 내용은 '오늘 우리 가게에 오시는 손님은, 손님을 가장한 신이다.' 뭐 그런 내용이었다. 우리가 오늘 만나는 사람들 중에는 분명히 사람을 가장한 '행운'이 숨어 있을지도 모른다. 실제로 우연한 기회에 우연한 사람을 만나서 인생 일대의 반전을 이루는 사람들이 생각보다 많다.

"이 일은 어쩌다 하시게 되셨나요?", "이 집은 어떤 기회로 구입하셨나요?", "이 땅이 개발될 것을 알고 사셨나요?" 이런 질문들에, "그때 어떤 사람이……", "그때 그 친구가……", "그때 교수님이……", "그때 그 아주머니가……", 이런 대답을 하는 분들이 정말로 많다. 이분들이 사람으로 내게 온 '운'이다.

그러면 이런 사람 운을 만나려면, 사람이라는 행운을 만나려면, 어떻게 해야 하는가?

좋은 기운은 좋은 기운끼리 모이고, 안 좋은 기운은 안 좋은 기운끼리 모인다. 그래서 우선 내가 좋은 마음을 지니고, 선한 마음을 가져야 한다. 그런 나의 선한 마음은, 나와 같은 선한 마음을 가지고 있는 사람을 내 곁으로 불러들인다. 이런 선한 마음을 가지고 있는 사람은 남을 이롭게 하는 데 아낌이 없기에, 나도 남을 이롭게 할 수 있지만 그 사람도 나에게 이로운 기회를 제공해준다. 이러한 이로운 기운들은 눈덩이처럼 커지고 커져서, 일생일대의 행운의 인연을 만날 수 있도록 큰 인연들을 엮어준다.

그다음으로는 내가 배우고 싶고 닮고 싶은 삶을 살아가고 있는 사람들을 가까이해야 한다. 사람들은 자주 함께하면, 행동이나 말투 등, 여러 가지 면에서 물들게 되어 있다. '근묵자흑(近墨者黑)', 즉 먹물 옆에 가면 스스로 검게 되듯 서로 닮아가는 것이기에, 지금 현재 내가 바라는 삶을 살고 있는 그런 사람들을 가까이할 수 있도록 노력하는 것이 중요하다.

물론, 어떤 사람들에게는 그런 사람을 현실에서 만나기 거의 불가능하거나 또는 이미 이 세상 사람이 아닌 경우도 있을 것이다. 그것은 아무래도 상관없다. 그 사람들의 언어, 생활, 생각, 습관을 가까이하면 된다. 꼭 실존하는 대상이 아니라 하더라도, 그 사람의 삶을 여러 가지 방법으로 가까이하면 물들 수 있다.

그래서 성공한 사람들이 그토록 '독서'를 강조하는 것이다. 책의 내용이 주는 효과도 있지만, 책을 통해 그 사람을 가까이하게 되기 때문이기도 하다.

그런데 좋은 작용인지 나쁜 작용인지를 떠나서, 삶에서 가장 크고 확실하며 강력한 영향력을 발휘하는 사람들이 있는데, 그들은 가장 가까운 사람, 바로 '가족'이다. 세 번의 대운의 또 다른 형태인 부모, 배우자, 자녀를 포함해서 말이다. '우리 가족은 부자도 아니고 성공한 것도 아니고 배울 점이 하나도 없는데?' '나쁜 영향밖에 없는데?' 이렇게 생각할 수도 있을 것이다.

우리의 인생을 채워나가는 것은 결국 사람이다. 좋은 인연은 도움이 되지만 좋지 못한 인연은 걸림돌이 되는데, 하필이면 가족이 걸림돌인 사람이 참으로 많다. 가족 아닌 남이면 힘들더라도 끊어내면 그만이다. 하지만 가족이 장애물 같은 인연으로 와 있다면 어찌해야 한단 말인가? 그냥 싹 어디론가 사라져서 내가 꿈꾸는 사람들과 친하게 지내면 되지 않을까?

그런데 참으로 인연이라는 것이 그렇지가 않더라는 것이다. 그래서 일단 내 가족이 좋은 인연이라면, 정말 배울 점이 많은 스승과 같은 존재라면, 매일 엎드려 큰절 하는 심정으로 가족들에게 정성을 다하자. 하지만 최악의 가족이라면, 이 숙제를 어떻게든 마무리지어야 한다. 숙제를 한다는 것은, 이 웬수 같은 인연에게서 원망하는 마음을 내려놓는 것이다. 용서하고 화해하고 책임지라는 것이 아니라, 상황에 따라서는 인연을 끊을 수도 있고 헤어질 수도 있지만, 마무리를 증오와 분노와 원망으로 하게 된다면, 그것은 내 마음의 빛을 잃게 만들어 내가 큰 성취를 앞둔 순간에 나를 어둠 속에서 헤매게 할 수도 있다. 그래서 나를 너무 힘들게 하는 부정적이면서 강력한 인연이라면, 잘 마무리 지을 수 있도록 하자.

이도 저도 아닌 그저 평범한 가족을 둔 사람이라면, 서로가 서로에게 좋은 인연이 될 수 있도록 최선을 다해 살아가면 될 것이다. 내가 귀인의 인연이 되어줄 수도 있고, 가족들이 나를 한순간에 출세하도록 만드는 요술봉을 가지고 올지도 모른다.

이렇게 인연을 잘 정리 정돈하고 맺어놓으면, 중요한 순간마다 이 인연들은 나에게 놀라운 기회를 선사할 것이다. 그러한 기회를 선사한 인연이 평생 내 옆에서 화수분처럼 끝없는 운을 보태주면 좋겠지만, 어느 날 문득 보니 저만치 멀어져 있을 수도 있다. 좋은 인연이라고 해서 무조건 끝까지 가야 하는 것은 아니다. 인연이라는 것은 때가 되어 만났다가 때가 되어 멀어질 수 있는 것이기에, 주어진 시간에 최선을 다하고 감사해하며, 편안한 마음으로 오고 감을 받아들인다면, 신이 나에게 준 복 중 최고의 복, 즉 '사람복'을 누리게 될 것이다.

끝으로 이렇게 좋은 운을 만날 수 있는 것도, 만나서 복을 받을 수 있는 것도, 이 모든 것을 가능하게 하는 대 전제는 바로 '진인사(盡人事)'라는 것을 명심하자. 인간이 해야 할 일을 최선을 다해, 기꺼이 다하는 것, 이러한 사람에게 선물처럼 나타나는 것이 '귀인'이고, '사람복'일 것이다. 그것이 바로 기다리고 기다리는 새로운 '제2의 천명(天命)'이 될 것이다.

'진인사대천명(盡人事待天命)!'

인간이 할 도리를 진심으로 다하고, 받아들이는 마음으로 하늘의 명을 기다린다면, 하늘의 대답은 언제나 '오케이'일 것이다.

내일 지구가 멸망해도 사과나무를 심는 삶

_ 시작하기에 늦은 때란 없다

상담을 하다 보면, 평균수명이 정말 많이 길어졌다는 것을 여실히 느끼게 되는데, 60대 어르신들이 직업 상담을 많이 하신다는 것이다. 불과 십 년 전만 해도 60대가 새롭게 일할 준비를 한다는 생각은 잘 안 했던 것 같은데, 몇 년 전부터 나이 드신 분들의 취업에 관한 상담이 늘기 시작해서 최근에 부쩍 많아지고 있음을 느낀다.

대개의 주부가 그렇듯, 젊어서는 아이들 키우고 남편일 조금씩 돕다가 애들 다 키우고 나서는 특별한 전문성은 없지만 주변 가족들의 일을 도와주며 아르바이트처럼 일하던 분이 있었다. 그런데 언젠가부터 남편이 하던 일이 잘 안되기 시작하고, 집을 팔아야 하는 지경에 이르렀다. 아직 노모도 생존해 있는 상황이라 남편만 계속 바라보고 있을 수는 없어서 더 늦기 전에 이제는 본인도 나서야겠다고 결심한 것이 59세였다.

먼저 그 결심만으로도 너무 대단하시다며 응원한 뒤, 현실적이고 구체적으로 남은 삶을 끌고 갈 직업을 함께 찾아보기로 했다. 하지만 이것이 생각보다 쉽지가 않았다. 물리적 나이가 걸림돌이 되는 상황도 많았고, 전문적인 일을 해보지 않아서 무언가를 공부한다는 것도 실제로 좀 부담이 되는 상태였다. 기억력도 예전 같지 않고 공부해본 지 오래되어 뭘 배우기도 어렵고, 도대체 뭘 해야 하는지 결정하지 못한 채로 식당에 서빙을 하러 다녔다. 하지만 62세 이후의 말년운이 분명 좋아 보였고, 늦었지만 운이 반드시 들어올 것이라는 확신이 있었기에, 좌절하지 않고 더 적극적으로 찾아보기로 했다.

그렇게 이분이 현실 가능성을 고려해서 선택한 것은 '요양보호사'였다. 공부 기간이 그렇게 길지 않고 자격증을 취득하면 어떻게든 사용할 수 있을 것 같기는 한데, 또 한편으로는 내가 곧 요양보호를 받을 나이인데 이런 나이 많은 나를 누가 고용해줄까 하는 걱정도 된다고 했다. 하지만 일단 도전해보기로 하고 공부해 61세에 자격증을 취득했다. 현재 이분의 나이 67세인데, 왕성하게 요양보호사로 활동하면서 돈도 잘 벌고 보람도 느끼고 있다.

남들이 보면 그다지 큰 수입이 아닐지는 모르지만, 나이 60이 넘어서 새롭게 시작한 일, 처음으로 본인이 갖게 된 직업, 그리고 나이를 고려하면 어느 정도는 괜찮은 수입이었다. 나이가 점점 들어가면서 언제까지 이 일을 하게 될지는 모르지만, 아마도 이 일이 마지막 직업이 되지 않겠냐며 하루하루 기쁘게 살아가는 모습을 보면 내가 왠지 뿌듯한 마음이 든다.

하루는 경제적으로 여유 있는 68세 어머니가 상담을 신청했다. 이분의 고민은 좀 남다른 것이었는데, 이 나이에 갑자기 중국말이 너무 듣기가 좋다는 것이었다. 중국 드라마를 자주 보는데 너무 재미있고, 그 말소리를 듣는 것이 즐겁다고 했다. 하지만 전혀 중국어를 배워본 적도, 배울 생각도 해본 적 없는 분이었고, 대학 교육을 받지 못한 분이어서 공부에 자신감이 없다고 했다. 그런데 주책맞게도 중국말을 잘해봤으면 하는 생각이 자꾸 드는데 왜 이런지 모르겠다며, 그냥 이런 저런 이야기를 좀 들어보고 싶어서 나를 찾아왔다고 했다. 본인 팔자에 중국이랑 무슨 인연이 있는 건지를 궁금해하셨다.

일반적인 이야기도 나누고, 사주팔자를 분석해서 살아온 이야기도 하며 기본적인 상담을 한 후, 사주 상담과는 별도로 중국말에 대한 이 마음을 어떻게 할 것인지를 다시 의논했다. 배우고 싶기도 하지만, 내 나이가 이제 68세이고 한국말도 이제 어눌해지려고 하는데, 많이 배우지 못한 내가 왜 이런 마음이 들어서 사서 괴로움을 느끼는지 모르겠다며 답답해하셨다. 그런 어머니에게, 그냥 지금부터 한 자 한 자 천천히 배워보시라고, 공부할 여건은 되니 욕심 내지 마시고 인사말이든, 숫자 세기를 익히든, 학원이든 학습지든 선택해 하루에 한 자라도 그냥 배우시라고 말씀드렸다. 그랬더니 "이제 배워서 어디 써먹지도 못하는데 쓸데없는 짓이 아닌가요?"라고 말씀하셨다.

"이번 생에 인사말을 배우고, 다음 생에 중국 땅에 태어나서 나머지를 계속 배우시면 어떨까요?" 했더니 지금의 중국 땅에는 별로 태어나고 싶지 않다고 하셨다. 드라마 속 왕조시대의 중국이 멋진 것이지 지금의 중국은 살고 싶은 곳은 아니라며…….

"그러면 어머니, 다음 생에 우리나라에 태어나서 중국어 통역사를 해보시면 어떠시겠습니까?"라고 물으니, 금세 표정이 밝아지면서 "아! 그건 좀 마음에 드네요."라고 웃으셨다.

다음 생이 있기는 하냐는 어머니의 물음에 "물론 다음 생이 있는지 알 수는 없지만, 다음 생이 있다고 믿는 것이 손해날 것은 없지 않을까요? 그리고 혹시나 정말로 있다면 중국말을 지금 배우다가 이 생을 마치면, 다음 생에 이어서 배우기가 더 쉽지 않을까요?"라고 답했더니, "그것도 그러네. 그럼 그냥 치매 예방 차원에서 중국말을 좀 배워봐야겠다."고 좋아하셨다.

7~8년 전쯤, 지방에 갔다가 찜질방에서 잠을 자야 할 일이 생겼다. 혼자 찜질방에 있으니 딱히 할 일도 없어서 찜질방에 비치해놓은 책이 있어서 아무것이나 집어 들고 그냥 읽었다. 제목도

기억나지 않는 그 책에, "어떤 일을 처음 해보았는데 익숙한 듯이 금방 해내는 일, 똑같이 배워도 남들보다 월등하게 잘하는 일은 전생에 했던 일이어서 그렇다."라는 내용이 있었다.

실제로 내가 고등학교 2학년 때 외국어 연극대회가 있었는데, 대본을 쓰고 연습이 거듭될수록, 발음도 빨리 교정되고 완전히 몰입되어가는 느낌이 들기 시작했다. 그때 내가 "선생님, 저 아무래도 전생에 독일 사람이었던 것 같아요!"라고 말했는데, 정말 그때는 그런 느낌이 들었었다.

찜질방에서 우연히 집어 든 책을 읽는데 갑자기 고등학교 때 있었던 그 일이 기억나면서 '그래, 그냥 전생이 있다고 믿고 다음 생도 있다고 믿자. 그렇다고 치자!'라는 생각을 더 확고히 하게 되었다.

내가 손님들에게 왜 이런 전생이나 다음 생 이야기를 하게 되었냐면, 이번 생이 끝이라고 생각하는 중년 이후의 손님들이 의외로 삶에 열의가 매우 적다는 것을 발견하면서부터였다. 특히 삶이 그냥저냥 평범한 분들, 남들이 보기에는 큰 걱정도 없고 먹고사는 것도 괜찮고 아무 문제가 없는데, 정작 살아가는 이분들은 별다른 재미도 없고, 의욕도 없고, 그런데 뭘 하려고 하니 나이가 이미 쉰이 넘어 어중간히 늙어버린 것 같고, 그래서 뭘 새롭게 시작하기에는 남은 삶이 얼마 남지 않은 것 같고, 아무것도 안 하기에는 삶이 또 무료한 것 같고……. 그러다 보니 하루하루 그냥 흘려보내듯 사는 분들이 많은 것을 보고 난 후였다.

다른 것도 아닌 내 삶, 내 운명을 최고의 것으로 만들어야 할 텐데, 그 최고의 운명이 그다지 행복하지 않고 그다지 가슴 뛰지 않는다면 과연 이 운명을 최고라 말할 수 있을까? 그저 그런, 나쁘지 않은, 괜찮은 운명이라고는 말할 수는 있을지 몰라도, 최고의 운명이라고는 말할 수는 없지 않을까? 그래서 생각해낸 것이 삶이 이번이 끝이 아니라고 생각해보자는 것이었다.

지금 이것이 전부가 아니라 뭔가가 이어지고 다시 시작할 생이 또 있다면, 그러면 하고 싶은 것이 생기지 않을까? 다음 생에 되고 싶은 무언가가 있는 분들은 의외로 많다. 다음 생을 믿지는 않지만, 그래도 혹시나 다음 생이 있다면 변호사, 의사, 선생님, 가수, 배우, 탐험가 등등, 뭐가 되고 싶다는 분들이 많다. 그런 것이 명확하게 있다면 지금부터 연습이라고 생각하고 해보는 것이 어떠한가 말이다.

비록 이번 생에서는 우리집 가수, 혹은 코인노래방의 나홀로 가수이면 어떤가! 다음 생에는 여섯 살에 전국노래자랑 대상을 타고 어린이 트로트 제왕이 될지도 모를 일인데! 그렇게 생각하고 하루를 산다면 지금보다는 훨씬 즐겁지 않을까?

다음 생을 준비해도 될 정도로 지금 생에 약간의 여유가 있다면, 여유 없이 바쁘게 살지만 그래도 마음만은 최고 부자여서 현재도 열심히 살고 다음 생도 멋지게 준비해보고 싶다면, 하루하루 힘없이 보내기보다는 다음 생의 아이돌 가수를 꿈꾸며 현재의 삶을 최고의 운명으로 살아보자. 그리고 내가 꿈꾸며 노력하는 그것이 혹시나 타인에게 도움이 될 여지가 있다면, 복까지 지으니 얼마나 좋은가? 무재칠시에 있듯, 내가 기쁨과 행복을 느끼고 웃으며 사는 것이, 타인에게도 복이 되는 것이니 말이다.

내일 지구가 멸망해도 즐거운 마음으로 오늘 한 그루의 사과나무를 심어보자!

혹시 누가 아는가? 다음 생에 내가 그 사과를 따먹게 될지. 감사하게도 주렁주렁 열매가 많이 열려 다른 사람에게도 그 사과를 나눠주는 큰 복을 지을 수 있을지.

상처가 많은 분들을 위하여

_ 당신은 운디드 힐러가 될 수 있습니다

어느 날, 곱게 나이 드신 중년 부인이 나를 찾아왔다. 성격도 조용하고 단아한 이미지에 조금은 어색해하시는 듯도 했는데, 자꾸 좀 뭔가 머뭇거리시는 것 같았다. 그러면서 이분이 조심스럽게 꺼낸 고민은, 현재 남편이 있는데 새로운 남자와 인연이 닿아서 이 문제를 어떻게 해야 할지였다. 속된 말로 바람이 난 것이었다. 나는 편하게 말씀하시라고 웃으며 답을 하고, 이런 저런 풀이를 해나갔는데 갑자기 이분이 의외의 말씀을 했다.

"선생님은 나이가 젊으신 것 같은데, 이렇게 젊은 나이에는 좋은 것만 보고 좋은 이야기만 해야 할 텐데, 우리 같은 사람들이 와서 남자 문제 같은 안 좋은 이야기나 하고……. 그런 안 좋은 이야기들을 많이 들을 것을 생각하니 미안하네요. 나이 든 사람의 좋은 모습을 많이 보셔야 할 나이인데…….”라고 하시는 것이었다. 아마 그분의 딸이 나와 비슷한 나이가 아니었을까 생각되었다. 본인 딸이 생각나서, 예쁜 딸에게 좋은 것만 보여주고 싶은 그 마음으로 내 걱정을 해주시는 것 같았다.

나는 “아닙니다. 다행히 저도 편안하게만 산 것은 아니고, 이 일을 하게 된 것에는 뭔가 이유가 있지 않겠습니까. 더한 이야기 하셔도 되니 편하게 말씀하시고, 걱정해주셔서 감사합니다. 오히려 제가 많이 배우게 됩니다.” 하고, 서로 덕담을 주고받으며 상담을 마쳤다.

철학관을 찾는 대부분은 걱정, 고민, 비밀 이야기가 있어서이다. 타인의 비밀을 공유하고 사는 삶이 어떤 때는 숨이 막히는 것 같을 때가 있다. “임금님 귀는 당나귀 귀!”를 외치고 싶을 때도 있고, “같이 온 그분 나쁜 사람이니 조심하세요!”라고 알려주고 싶을 때도 있고, 내 앞에 앉아서 나에게 상담비를 주고 의논하는 사람이 사회적으로 도덕적으로 참 문제가 많은 사람일 때도 있지만, 이분들이 다 나에게 가르침을 주는 분이라고 생각하게 된 이후로는 모두가 감사한 인연이다. 그리고 나의 평범하지 않았던 삶이 이분들을 이해하고 함께 이야기 나누는 일에 조금이나마 도움이 된다는 사실을 느낀 후부터 나는 나의 과거가 그리 밉지 않았다.

그러던 중, 칼 융의 ‘운디드 힐러(wounded healer, 상처 입은 치유자)'라는 개념을 알게 되었고, 버리고 싶었던 내 지난 삶에 갑자기 엄청난 가치가 있음을 느끼게 되었다. 너덜너덜 보기 싫은 누더기 같은 나의 삶이 좋게 쓰일 수 있다니 반가운 일이었다. '나 같은 사람은 왜 태어났을까?'라는 생각도 하며 나의 삶을 부정하고 싶었는데, 그런 내 삶에 존재의 이유가 생겨난 것이다. 쓸모없는 돌멩이인 줄 알았는데 알고 보니 다이아몬드였던 것이다. 내가 지금 운디드(상처 입은)는 맞지만, 온전한 힐러(치유자)까지는 아니더라도 언젠가는 그럴 수 있다는 희망만으로도 가치가 생긴 것이니까.

그래서 상담을 하러 와서 많이 힘들어하는 분들에게 가끔은 내 이야기도 해준다. "나도 살고 있는데 당신은 나에 비하면 아무것도 아닌데 뭐 힘들다고 그러냐? 엄살떨지 마라." 이런 의미가 아니라, "소문을 듣고 찾아온, 상담가라고 앉아 있는, 겉으로는 그럴듯해 보이는 '소림'이라는 이 사람도, 그냥 편안하게 여기에 앉게 된 것은 아니니, 힘들겠지만 같이 한번 잘해나가보자. 방법을 찾아보자." 이런 의미이다. 또 너무 힘든 경험으로 상처가 많은 그분들에게, 당신의 그 보기 싫은 흉터 같은 삶이 누군가에게는 반드시 귀한 도움을 줄 수 있을 것이라며, 나도 그랬었다며 '운디드 힐러'에 대해서도 설명해준다.

험난한 삶을 살아온 분들은 다들 스스로를 자책한다. "내 팔자가 더러워서……", "내가 잘못 살아서……", "내가 지금껏 너무 고생을 많이 해서……", 그런 본인의 삶을 부끄러워하고 쓸

모없는 삶이라 생각하기도 한다. 상처 입은 꽃잎은 예쁘지 않다고 생각하며 본인의 삶을 외면하려 하는데, 과거의 내가 그랬기에 그 마음이 너무 잘 이해되어 같이 울기도 한다.

사람이 살다 보면 누구나 실수할 수 있다. 철없이 했던 행동이 지나고 보면 부끄럽고 후회되기도 하고, 그런 내 치부를 들킬까 봐 전전긍긍하며 눈치 보는 삶을 살기도 한다. 하지만, 지나간 과거를 놓아주지 못하면 나는 평생 멀리 갈 수가 없다. 과거에 발이 묶여 어디를 가더라도 결국 다시 제자리로 돌아올 수밖에 없다. 과거의 잘못을 지금도 반복하고 있다면 그 삶은 문제가 있지만, 과거의 실수를 반성하고 현재는 그렇게 하지 않고 있다면, 이제는 앞으로 나아가야 하는 것이 맞지 않을까?

내가 철없던 시절에, 껌 좀 씹고 살았던 과거에, 모질고 독한 말과 행동으로 누군가에게 상처를 입혔다면 진심으로 사과해야 할 것이다. 그런데 그 대상을 지금 만날 수 없다면, 하나님이든 부처님이든 조상님이든 절대적인 누군가에게 대신 참회를 하는 것도 좋다고 생각한다. 그러고 나서 지금부터라도 아름답고 선한 말과 행동으로 살아가는 것이 낫지 않을까?

그런 내 모습을 보고, 과거에 너는 나쁜 말과 행동을 했던 나쁜 아이인데 이제 와서 착한 척을 하느냐며 가증스러워한다면, 그렇게 생각하는 그 사람을 이해해야 할 것이다. 그 사람의 입장에서는 내가 참회를 했는지 새롭게 태어났는지 알지 못하고, 과거의 내 모습만 알고 있기 때문에 그렇게 받아들일 수도 있는 것이다. 새롭게 성실히 사는 본인의 입장에서는 과거의 내 모습만 가지고 나를 평가하는 그 사람이 야속하게 여겨질 수도 있겠지만, 일단 상처를 받은 그 사람을 이해하고, 본인은 그대로 성실하고 바르게 살아가도록 하자. 그렇게 살아가다 보면, 그 사람도 현재의 내 모습을 알아채고 비난을 멈추는 날이 올 것이다. 만약 그러지 못하고 계속 그 사람도 과거에 머물며 나를 응징하고자 한다면, 그 인연은 그만 놓아버려도 되지 않을까 생각이 든다.

상담 온 분 중에 일명 자식을 버린 나쁜 엄마가 있었다. 젊어서 원치 않는 임신으로 어쩔 수 없이 결혼했는데 도저히 함께 살 수 없는 남자였던 것이다. 그래서 실컷 두들겨 맞고 난 어느 날 밤, 술에 취해 잠든 남편을 피해 도망을 쳤다. 어린 아들을 데리고 나올 수가 없어서 혼자 겨우 몸만 빠져나왔다고 했다. '나중에 사정이 좋아지면 아이를 데리고 와야지.' 하고 생각했으나 그게 너무나도 오래 걸렸다. 기댈 곳 하나 없는 형편에, 하도 매를 맞아 성하지도 않은 몸으로 허드렛일을 전전하며 겨우겨우 살아가는 삶은, 아이를 만나러 갈 수 없게 만들었다.

그러다 마음씨가 착한 한 남자를 만났는데, 그 남자에게는 이미 어린 아이가 둘이나 있었단다. 이분은 자기 자식을 키우지 못한 죄책감에 이 남자의 아이를 지극정성으로 키워냈다. 하지만 내 자식은 버리고 나왔으면서 남의 자식에게 정성을 쏟는 자신을 용서할 수가 없어서 더욱 더 괴로움이 깊어갔다. 약간의 스토리를 아는 사람들 일부가 "지 새끼 버리고 남의 새끼 좋다고. 아이고!" 하면서 비난의 험담을 하는 일도 많았다. 결국은 이 남자와도 끝까지 함께하지 못하고 애들만 어느 정도 키워주고는 헤어져 지금까지 혼자 살고 있었다.

그분이 나에게 온 이유는, 이제 와서 친자식을 찾아가면 아이가 어떻게 반응을 할까, 자녀를 찾아보는 것이 좋을까, 그냥 내버려두는 것이 좋을까 하는 것을 묻고자 함이었다. 만약 아이가 많이 힘들어하면 본인은 그냥 이대로 살아도 좋은데, 그래도 아이가 많이 보고 싶다고, 과연 어떻게 해야 아이에게 두 번 상처를 주지 않을 수 있겠냐며, 결코 쉽지 않은 고민을 하고 있었다. 이래저래 대화를 나누다 보니 다행히 현재는 경제적으로는 큰 어려움이 없고 혼자 살기에는 부족하지 않은 상태였고, 자녀에게 큰 도움은 안 되더라도 짐을 지우지 않을 정도는 되어 보였다. 자녀도 이제 많이 커서 스물두 살이나 되었기에 어쩌면 엄마를 이해할 수 있지 않을까 하는 생각도 들었다.

이분 역시도 상담 내내 본인의 더러운 팔자를 부끄러워하면서 아무런 관련이 없는 나에게까지 미안해하며 고개를 잘 들지 못하셨다. 죄책감이 습관이 되어 평생 죄인 같은 마음으로 살다 보니 그리 된 듯했다. 세상에서 가장 나쁜 사람이 본인이라며, 스스로를 매우 몹쓸 사람으로 만들어놓고 있었다. 그런 모습을 보며 내 마음도 너무 아팠다.

"그래도 어머니 덕분에 두 아이는 행복하고 따뜻하게 자라지 않았습니까? 내 아이도 누군가가 그렇게 키워주었다면 얼마나 고맙겠습니까? 큰일 하셨으니 너무 스스로 벌주지 마세요. 그 상황에서는 최선을 다하신 거니까요." 별 도움이 되지 않을 말, 크게 닿지 않을 말인 줄 알지만, 진심으로 그런 생각이 들어서 말씀드렸다. 다행히 여러 우여곡절 끝에 아들과 재회할 수 있었고, 아주 친밀하거나 편안하지는 않지만, 현재까지 가끔 안부를 묻는 정도로 연락하고 지낸단다.

"새출발하는 사람에게 과거는 때론 상처가 된다."는 드라마 대사를 듣고 깊은 공감을 느꼈었다. 그 상처를 건드리지 않는 것이 미덕이고, 응원이고, 복이 될 것인데, 상처를 만들어 나의 새출발을 막는 인연이 있다면 그만둬도 되는 인연이 아닐까? 그런데 나의 과거에 계속 상처를 내서 나의 새출발을 막는 사람이, 다름 아닌 바로 '나 자신'이라면 어떤가? 그 어떤 타인보다 본인 스스로가 자신에게 벌을 가장 많이 주는 존재라는 것을 아는가?

그러니 이제는 멈추자. 자기 체벌을 통해 얻을 수 있는 것은 아무것도 없다. 그 어느 누구도 구제받지 못하는 일이며 그 누구에게도 이득이 없는 일이다. "행복도, 불행도 습관이다."라는 말이 있듯이, 행복할 수 있는 조건이 어느 정도 갖춰져 있음에도 불구하고 지금 혹시 행복하지 않다면, 불행이 습관이 되어버린 것은 아닌지 한번 생각해보면 좋겠다.

행복한 삶을 바라고 있다면, 이제 무거운 과거는 놓아주자. 그동안 그만큼 달고 살았으면 나의 과거에게도 날개를 달아주고 훨훨 날아가게 해주자. 그 과거를 계속 붙잡고 산다고 해서 있던 비난이 없어지는 것도 아니고, 그 과거를 놓아준다고 해서 없던 비난이 생겨나는 것도 아니다. 과거에 잘못을 저지른 사람이라고 해서 계속 불행하고 어렵게 살아야 하는 것은 아니지 않겠는가. 365일 하루도 잊지 않고 비난을 쏟아낸 사람은 그 누구도 아닌 본인 자신임을 꼭 기억한다면, 다른 사람의 비난은 별것 아닌 것이다. 진정으로 참회하고 다시는 그 실수를 반복하지 않고 있다면 이제는 나아가자. 그래야 운이 바뀌니까.

자식을 버린 나쁜 어머니는 세상 모든 사람이 본인보다 나은 사람이라는 생각으로 그 누구의 삶도 비난하거나 판단하지 않고 살았다. 본인이 제일 나쁜 사람이라는 죄책감 때문에 생긴 마음이지만, 타인의 삶을 있는 그대로 바라보고 존중할 수 있다는 것은 상당한 장점임에는 분명하다. 이런 분들이 조금만 더 마음의 힘을 길러 자신을 아끼게 된다면, 바로 '운디드 힐러'가 될 것이다.

이제 아들을 만났으니 스스로를 용서하고, 새로운 삶을 향해 탈바꿈하기를 바라는 마음에서 사주명리 공부를 권해드렸다. "내가 과연 할 수 있을까요?" 하는 겁부터 내셨지만, 그 누구보다도 겸손한 성품을 갖고 있기에 분명히 잘하실 수 있다고, 그 어떤 삶도 비난하지 않기에 분명 좋은 상담가가 되실 거라고 말씀드렸고, 꾸준히 이 공부를 하고 계신다.

상처가 있어야 좋은 상담가가 된다는 말은 아니다. 깊은 상처가 있는 사람도 좋은 상담가가 될 수 있다는 것이고, 잘하면 더 좋은 상담가가 될 수 있다는 뜻이다. 혹시라도 본인의 삶이 남에게 꺼내놓기 부끄럽다고 생각하는 분이 있다면, 그래서 자꾸만 자꾸만 구석으로 숨고자 하는 분이 있다면, 그 상처를 잘 치료해서 좋은 상담가가 되어보는 것은 어떨지 꼭 권해드리고 싶다.

나만의 기도문을 만들자

_ 고요하고 편안한 삶을 위한 북극성

"하나님,

바꿀 수 없는 것들을 받아들이는 평온과

바꿀 수 있는 것들을 바꾸는 용기를,

그리고 그 둘의 차이를 구별하는 지혜를 허락하소서."

- 라인홀드 니부어, 〈평온을 위한 기도〉 중 -

2013년, 처음 이 기도문을 접하고 정말 온몸에 전율이 느껴질 만큼 감동을 받아서 내 명함 뒷면에 이 글을 함께 인쇄했었다. 명함을 받는 분들 중 한 명이라도 나와 같은 감동을 느끼고, 이런 지혜를 갖고 삶을 살아갈 수 있기를 바라는 마음에서였다.

기도문을 쓴 분은 1892년부터 1971년까지 살았던 신학자라고 하는데, 종교적인 것을 떠나 이런 기도문을 평생 지니고 사는 사람의 삶은 어떨까를 생각해보니 너무 부러웠다. 이 기도문은 〈평온을 위한 기도〉의 일부분이고, 전문은 뒤에 실어두기로 하겠다.

아무튼 어떻게 저런 생각을 할 수 있었을까? 운명을 대하는 올바른 태도에 관해 내가 생각해오던 바가 바로 저 기도문의 핵심과 같았기 때문에 더욱 더 감동적이었다. 운명이라는 것은 정해진 것이 아니라, 살펴봐서 바꿀 수 있는 영역이라면 바꾸려는 용기의 마음을 내고, 바꿀 수 없는 일이라면 받아들일 수 있는 평온한 마음을 가지며, 그리고 이것이 바꿀 수 있는 일인지 아닌지를 구별할 수 있는 핵심인 바로 그 '지혜'를 허락해 달라는 마음. 이런 것을 보면, 불교든 기독교이든 진리는 하나라는 생각이 든다. 우리의 삶이 꼬이게 되는 가장 근본적인 원인이 바로 '어리석음'이다. 욕심 때문일 수도 있고, 무지해서 그럴 수도 있고, 여러가지 이유로 우리는 어리석은 선택을 하게 되는데, 그 순간의 선택은 삶을 어둠의 길로 안내한다.

'지혜'는 앞에서도 언급했듯이, 마음 속 어둠을 밝히는 내면의 빛이므로 어리석음을 벗어나게 하여 바르고 좋은 선택을 하도록 이끌기 때문에 최고의 운명을 만드는 데 반드시 필요한 것이다. 사람들이 어찌해야 하는지를 물을 때마다, 욕심을 내어 되는 일인지 아닌지를 구별할 수 있는 지혜가 나에게 있기를 얼마나 간절히 원했는지 모른다. 그런 내 앞에, 내 마음을 훤히 꿰뚫은 듯한, 이 신학자의 기도문이 나타난 것이다. 이것이 바로 내 생의 손꼽히는 귀인(貴人)인 것이다.

또 다른 귀한 기도문도 있는데, 느낌은 다르지만 '이런 마음은 정말로 크고 대단한 마음이구나.' 하는 생각이 절로 들게 하는, 늘 도사(?)가 되고 싶었던 내 마음을 너무나도 아름답게 표현한 것 같아서 저절로 고개가 숙여지는 기도문이다.

"내가
버림받은 이들의 보호자가 될 수 있기를
길 가는 이들의 길잡이가 되고
행복의 언덕을 갈망하는 이들의 나룻배가 되고
다리가 되어 줄 수 있기를

거친 풍랑에 안전한 섬이 되어 주고
어두운 세상에 지혜의 등불이 되기를

침대가 필요한 이들에게는 침대가 되기를
기적의 돌, 보물단지, 마법의 주문, 치유의 약초, 소원의 나무,
풍요로운 암소가 될 수 있기를

우주가 존속하는 한
중생들이 존재하는 한

나 역시 여기 남아 그들의 고통을 대신 받고 위로할 수 있기를."

– 샨티데바 –

달라이라마 존자가 아꼈던 기도문이라는 이 글은 특별하게 힘을 준 것도 아니고, 꾸밈이 없으면서도 모든 사람을 위하고자 하는 그 마음이 고스란히 느껴지는 기도문이 아닐 수 없다. 이런 글을 매일 읽으며 염원하고 살아가는 삶은 분명히 다른 결과를 가져올 것이다. 이러한 기도문들을 혼자만 알고 있기에는 너무나도 아까운 마음이 들고 널리 퍼뜨리고 싶어서, 지금도 수업시간에 수강생들에게 소개한다.

나아가 이러한 기도문을 바탕으로, 본인만의 신념이 있는 분들은 '본인만의 기도문'을 만들어보길 권하고, 15강의 수업이 끝날 때 혹시라도 만든 분이 있다면 발표해 달라며 공유하고 있다. 나 역시도 나만의 기도문을 한번 만들어보고자 열심히 적어보았으나 10년이 지난 지금까지도 이처럼 와닿는 기도문을 만들지 못했다. 한 가지 소원을 정해 빌기만 하면 반드시 이루어준다는 그 한 가지 소원을 결정하지 못한 것처럼, 아직 마음공부가 부족한 나는 기도하고 싶은 것이 너무도 많아서 기도문을 완성하지 못했다. 그래서 이 기도문들을 지침으로 하루하루 성실히 살아가고 있는 중이다.

앞서 운을 바꾸기 위한 실천덕목으로 팔정도(八正道)를 이야기할 때, '정정진(正精進)'이라는 것이 있었는데, 바르게 꾸준히 행하는 것을 말한다. 이렇게 꾸준히 행하는 삶은 '마음'으로만 되는 것이 아니고, 이러한 결심, 명심을 지속적으로 해나가는 행동이 필요한데, 그것이 바로 '기도'가 될 것이다. 이러한 꾸준한 기도는 내 마음을 단단하게 만들어 어떠한 상황에도 크게 흔들리지 않는 중심추의 역할을 해주기 때문에, 나만의 좋은 기도문을 갖고 정진해나간다면 정말 두려울 것이 없을 것이다. 때문에 본인이 생각하는 삶을 대변하는 기도문을 만들어보기를 권한다.

아무리 해도 별다른 기도문이 떠오르지 않는다면, 종교와 관계없이 나처럼 이 기도문들을 활용해보는 것도 좋다. 이 기도문들을 읽으면 벅찬 마음과 함께 선량하면서도 강한 힘이 차오르는 것을 경험할 수 있다. 그러면서 동시에 고요하고 편안해짐도 느낄 수 있다고 믿는다.

그리고 이러한 경험은 순간순간 나를 행복하게 하고, 내 지금 비록 어려운 삶이라 할지라도 성실하게 살아가도록 해줄 것이며, 지금 잘나가는 풍요로운 삶이라면 더욱 더 단단하게 무너지지 않도록 해줄 것이다. 그리하여 결과적으로 당당하면서도 겸손하게 살아갈 수 있는 최고의 삶을 선물해줄 것이다.

고요하고 편안한 삶으로 항상 나를 이끌어줄 그 북극성은 바로, 다름 아닌 내 '마음'이기에…….

〈평온을 비는 기도〉

라인홀드 니부어(미국 신학자, 1892~1971)

하나님,

바꿀 수 없는 것을 받아들이는 평온과

바꿀 수 있는 것을 바꾸는 용기를,

그리고 그 차이를 분별하는 지혜를 주옵소서.

한 번에 하루를 살게 하시고, 한 번에 한 순간을 누리게 하시며,

어려운 일들을 평화에 이르는 좁은 길로 받아들이며,

죄로 가득한 세상을, 내가 갖고 싶은 대로가 아니라,

그분께서 그러하셨듯 있는 그대로 받아들이게 하시고,

제가 그분의 뜻 아래 무릎 꿇을 때

그분께서 바로잡으실 것을 믿게 하셔서,

이생에서는 사리에 맞는 행복을,

내생에서는 영원토록 그분과 함께

다함이 없는 행복을 누리게 하옵소서.

아멘.

에필로그

"로또 번호를 알려주세요!"

나는 오늘도 열심히 상담을 한다. 손님과 나에게 주어진 시간 동안 최대한 많은 것들을 알려드리고 싶어서 열심히 설명하고 있는데, 이 손님은 도무지 집중을 못 하시는 것 같았다. 40대 후반의 여성분이었는데, 매점을 운영하고 있다고 했다. 그런데 매점의 계약기간이 다돼서 곧 계약종료를 앞두고 있고, 재계약 해지 통보를 받으셨다고 했다. 유일한 경제활동 수단이 매점이었고, 평생 매점밖에 해본 것이 없는데 이것을 못 하게 된다 하니 앞으로 어떻게 살아갈지가 너무 막막한 상황이라고 했다. 심지어 안 되는 매점을 운영하며 아이들까지 키우느라 이미 빚도 진

상태였다. 당장 수입이 끊기면 이자와 빚을 감당할 수도 없고 본인과 아이들은 살아갈 수가 없다는 것이었다.

그러면서 아주 작은 목소리로 하시는 말씀. "저……, 그런데……, 정말 중요한 이야기인데……, 로또 당첨번호 좀 알려주실 수 없나요?" 이 말을 듣는 순간 나는 너무나 마음이 짠했다. 그분의 표정이 너무도 간절했기 때문이다. 나는 그분의 말을 진지하게 받아들이고, 정말로 죄송하지만 그것을 제가 알 길은 없다고 말씀드렸다. 물론, 개인에게 좋은 행운의 숫자 같은 개념은 알려드릴 수 있지만 그것이 로또 당첨번호와 관련이 있다고 말씀드릴 수는 없는 것이라고 했다. 그래도 이분은 내 말을 받아들이지 않고, 정말로 알려줄 수 없는지, 알면서도 안 알려주는 것이 아닌지 억지를 부렸다. 그러다 "어머니, 그거 알면 제가 삽니다."라는 말로 겸연쩍게 웃으며 상담을 마쳤다. '오죽하면 이런 걸 물으실까.' 그 절박한 마음이 너무 공감돼서 무척 안타까웠지만, 한편으로는 걱정도 되었다. 저러다가 사기라도 당하시는 게 아닐까 싶어서였다.

2주일 정도 후, 그분이 또 방문을 했다. 아니 어찌 또 오셨냐고 물으니, 이번에도 마찬가지로 정말로 마지막인데, 로또 번호를 좀 알려 달라는 것이었다. 본인이 이 상황을 해결할 수 있는 방법은 로또가 유일하고 다른 방법은 아무것도 없다고 하셨다.

간절히 원하면 소원이 이루어지는 것이 아니라, 판단력을 잃고 상황을 제대로 보지 못하게 만든다. 간절함이 사람을 수렁으로 끌고 가기도 하기 때문이다. 그래서 오늘은 좀 세게 말해야겠다 싶어서, "어머니, 이러다가 누가 굿하면 일등 당첨번호 알 수 있다고 하거나, 당첨되게 하는 비법이 있다고 하면 어머니는 지금 급전을 빌려서라도 그렇게 할 것 같네요. 하지만 세상에 그런 비법은 없습니다. 만약 있다면 그 사람들이 먼저 하지 왜 남에게 해주겠는가를 생각해보세요." 하면서 강하게 설득했다. 그랬더니 어머니는 지난번보다는 이해하는 듯했지만, 본인은 로또가 아니면 죽을 수밖에 없다는 말까지 남기며 그 후로는 다시 방문하지 않았다.

이 손님이 특히나 안타까웠던 것은, 당시에는 나도 그런 마음이 깊은 곳에 있었기에 마치 내 속마음을 들킨 것 같아서 더 예민했던 것도 같다. 나도 순리를 말하고는 있었지만, 요행을 바라고 기적을 바라는 그런 하루를 살고 있었기 때문이다.

미래를 예측한다는 것은, 신통방통한 도깨비방망이를 가져다주는 것이 결코 아니다. 적어도 내가 아는 사주명리라는 학문은 그러하다. 끊임없이 현재의 나를 확인하고 연구하여 내가 만들어가게 될 미래를 예상해보는 것이다. 더욱이 내가 24년간 만났던, 수많은 신(神)이었던 손님들이, 운명이 무엇인지 미래가 무엇인지 내게 하나하나 가르쳐주셨다.

그저 살기 위해 일하며 딴청을 부려보기도 했고, 다른이의 삶을 온전히 끌어안기에는 내 삶이 너무 버거워 도망치고 싶었던 적도 있었다. 이렇게 아쉬움도 많고 후회되는 일도 많지만, 그런 나를 여기까지 올 수 있게 해주신 것은 모두 '인연' 덕분이다. 그리하여 20여 년 전의 처녀보살이, 이선생이, 소림선생이 어떻게 변해왔는지를 알려드릴 수 있는 기회를 주셨다. 나를 치유하고 성장시켜 여기까지 이끌어주신 모든 인연들께 고개 숙여 감사드린다.

이 책을 쓰는 것이,
나만의 신성한 의식과도 같은 의미로 다가왔기에,
책을 쓰는 동안 나는,
한라산 정상 백록담에 올랐고, 제주 올레길 437킬로미터를 걸어서 완주했다.
덕분에 인증서가 2개나 생겼다.
문서운이 있었을까?

이 책의 문장은 책상에서 써졌지만, 글은 제주의 길 위에서 풀어졌다.

한 걸음 한 걸음 걸을 때마다 나와 인연이 되어 주셨던 많은 분들을 떠올렸고, 발톱에 멍이 들도록 낯선 길을 걷고 또 걸으며 나의 24년의 상담을 돌아볼 수 있었던 정말 귀한 시간이었다. 그리고 내가 얼마나 큰 복을 받은 감사한 삶을 살아왔는지를 느낄 수가 있었으며, 앞으로의 삶을 나와 남을 위해서 어떻게 살아야 할지를 정립할 수 있는 정말 값진 시간이었다.

이렇게 감사한 마음으로 가득찬 내 마음은, 한 걸음 걸을 때마다 축복의 기도를 떠올리게 했다. 길에서 풀어내고 있는 나의 이 글이 간절함으로 순간을 살아가는 누군가의 인생에 자그마한 길이 되어 주기를…….

한 가지 소원은 꼭 이루어준다는 기도터에 가서 지금 그 소원을 말하고 싶다.

'이 글이 누군가에게 작은 길이 되게 해주세요!'

글을 허락해준 제주도의 모든 자연과 모든 신들과 모든 사람들께 진심으로 감사드린다. 끝으로 이런 책을 쓰도록 제안해주신 출판사가 없었다면 여전히 이 글들은 내 머릿속에서 정리되지 않은 채 어지럽게 흩어져 있었을 것이기에 나를 찾아주신 트로이목마에 감사드린다.

20년 넘게 인생 상담을 하고도 나는, 여전히 백전백승의 필살기는 모른다. 하지만, 나에게 그랬듯이 이 한 권의 책이 누군가에게는 네잎클로버가 될 수 있기를…….

올해 식목일에는 나무를 많이 심어야겠다.